ökom verlag

Impressum

Bibliographische Information der Deutschen Bibliothek

Die Deutsche Bibliothek verzeichnet diese Publikation
in der Deutschen Nationalbibliographie;
detaillierte bibliographische Daten sind im Internet über
http://dnb.ddb.de abrufbar.

© 2003 ökom, München, 2. Auflage
ökom Verlag
Gesellschaft für ökologische Kommunikation mbH
Waltherstraße 29, 80337 München
Umschlaggestaltung: Véronique Grassinger
Druck: Digitaldruck Center Witten
Gedruckt auf holzfreiem Papier ohne optische Aufheller
Alle Rechte vorbehalten
ISBN 3-936581-03-7
Printed in Germany

Herausgeber: Thomas Kluge/Engelbert Schramm
Institut für sozial-ökologische Forschung (ISOE) GmbH
Hamburger Allee 45
D-60486 Frankfurt am Main
Tel.: ++49/69/7076919-0
Fax: ++49/69/7076919-11
info@isoe, www.isoe.de

Thomas Kluge / Engelbert Schramm (Hrsg.)

Aktivierung durch Nähe –

Regionalisierung nachhaltigen Wirtschaftens

Inhalt

Die Herausgeber
7 Vorwort

9 **Modellprojekte**

Kapitel 1: Die Region beginnt im Kopf

Andrea Baier/Veronika Bennholdt-Thomsen
12 Der „Stoff", aus dem soziale Nähe ist

Bettina Brohmann
22 Regionale Identität beginnt im Stadtteil

Christine Ax
30 Die Region wird, wofür sie sich hält…

Regina Gaitsch/Christian Ganzert
41 Der Zuschnitt von Regionen und seine Bedeutung für das Regionalisierungspotenzial nachhaltigen Wirtschaftens am Beispiel der Vermarktung von regionalen Nahrungsmitteln

Sabine Deimling/Reinhold Vetter
52 Regionalisierung aus verschiedenen Akteursperspektiven in der Wertschöpfungskette

Kapitel 2: Erfahrungen aus regionalen Aktivierungsprozessen

Joachim Hafkesbrink/Markus Schroll
58 Regionale Netzwerke ermöglichen Cooperationen für umweltschonenden Ressourcenaustausch (CURA)

Arnim von Gleich/Manuel Gottschick/Dirk Jepsen
71 Räumliche Nähe als Erfolgsfaktor für nachhaltigkeitsorientierte Modernisierung der Metallwirtschaft in einer Metropolen-Region

Uwe R. Fritsche
84 Regionalität als Bindeglied zwischen Quartier und Region: Potenziale und Ansatzpunkte für stoffstromökonomische Regionalaktivitäten

Michael Frank/Wolf Fichtner/Otto Rentz
94   Chancen und Hemmnisse von regionalen Unternehmenskooperationen
     zur Energieversorgung

Regina Gaitsch
103 Kommunikations- und Lernprozesse zur regionalen Produktion
     und Vermarktung von Nahrungsmitteln im Hunsrück

Christian Ganzert/Bernhard Burdick
112 Die „regionale Idee" als Zusatznutzen für Anbieter und Nachfrager
     von regionalen Lebensmitteln

Kapitel 3: Reflektionen
Engelbert Schramm/Alexandra Lux
124 Entfernungswiderstände – Grenzen der Regionalisierungsstrategie?

Thomas Sterr
134 Industrielle Ballungsräume und die regionale Umsetzung
     nachhaltigkeitsorientierter Handlungsweisen

Thomas Kluge/Michael Treina
150 Räumliche Nähe und Beziehungsnetzwerke
     als Innovationsgeneratoren regional nachhaltigen Wirtschaftens

Joachim Hafkesbrink
164 Kleiner Almanach der Mobilisierung von regionalen
     umweltorientierten Akteurs-Netzwerken

Thomas Kluge/Engelbert Schramm
166 Regionalisierung als Perspektive nachhaltigen Wirtschaftens –
     Übersicht und Ausblick

Die Herausgeber

Vorwort

Nachhaltige Entwicklung – dafür gibt es auch 10 Jahre nach der UN-Gipfelkonferenz von Rio kein Patentrezept. Die nachhaltigkeitspolitische Herausforderung wird aber von der Gesellschaft geteilt. Auch Forscherinnen und Forscher haben sich neugierig und engagiert auf die spannende Aufgabe gestürzt, den zunächst abstrakten Begriff der Nachhaltigkeit mit Leben zu füllen. Seit 1999 hat das Bundesministerium für Bildung und Forschung (BMBF) in Deutschland zahlreiche Modellprojekte gefördert, die insbesondere der Wirtschaft praktische Instrumente und Handreichungen zur besseren Umsetzung einer nachhaltigen Entwicklung an die Hand geben und fachübergreifend und praxisnah Orientierungssicherheit für den Prozess nachhaltiger Entwicklung gewinnen sollen.

Zunehmend werden die Regionen als Stützen einer nachhaltigen Entwicklung begriffen; die BMBF-Initiative hat diese Perspektive frühzeitig aufgenommen. Einer der Themenschwerpunkte der Forschungsförderung des BMBF zielte auf regionale Ansätze nachhaltigen Wirtschaftens: Die Region ist überschaubar; Berücksichtigung sozialer Nähe, so eine der dabei verfolgten Thesen, kann ein entscheidender Schritt auf dem Weg zum nachhaltigen Wirtschaften sein. Regionalisierte Wirtschaft ist umweltschonend und wirtschaftlich und belebt soziale Beziehungen. Im begrenzten Raum bleiben die Transportwege kurz, Verkehr mit seinen Belastungen für Umwelt und Gesellschaft kann so vermieden werden. Wenn Holz dort zum Bauen eingesetzt wird, wo es geschlagen wird, bleibt auch der Gewinn in der Region. Nachbarschaft erleichtert erforderliche Absprachen und Aushandlungsprozesse; letztlich ist man selbst betroffen von den Auswirkungen des Wirtschaftens. Regionale Identität, gemeinsame Kultur, gemeinsame Erfahrungen stellen so ein nutzbares Potenzial im Nachhaltigkeitsprozess und einen guten Ausgangspunkt für innovative Ansätze zur Stärkung der regionalen Ökonomie dar.

Im Verständnis der Förderinitiative bezieht sich also regionales Wirtschaften nicht nur auf unmittelbare wirtschaftliche Abläufe im Bereich der Produktion und Vermarktung. Es umfasst ebenso Aktivitäten wie Einkaufen, Kochen für Schulkinder oder Studenten und die Organisation des sozialen Umfelds z.B. über lokale Feste und durch die Bildung von sozialen Netzwerken.

Das Bundesministerium für Bildung und Forschung hat in einer ersten Phase 15 Machbarkeitsstudien und Modellprojekte mit insgesamt 7,5 Millionen Euro gefördert. Am Ende dieser Phase stellt sich die Frage nach dem Ertrag der bisherigen Initiative. Das vorliegende Buch versammelt in den ersten Kapiteln Antworten, die Forscherinnen und Forscher aus BMBF-geförderten praxisorientierten Projekten aufgrund ihrer intensiven mehrjährigen Erfahrungen geben. Diese Perspektive wird im dritten Kapitel durch zusammenführende Überlegungen ergänzt, die weitere, auch internationale Erfahrungen und Theoriedebatten einbeziehen. Ziel dieser Synthese der Förderinitiative ist die Überprüfung und Differenzierung der oben genannten Thesen, um so zu einer genaueren Kenntniss der nachhaltigkeitsorientierten Potenziale und Hemmnisse einer Regionalisierung des Wirtschaftens zu kommen.

PD Dr. Thomas Kluge
Dr. Engelbert Schramm
Institut für sozial-ökologische Forschung (ISOE) GmbH
Hamburger Allee 45
D-60486 Frankfurt am Main

Modellprojekte

Liste der Modellprojekte

■ TU München-Weihenstephan, TAGWERK Genossenschaft, Institut für Sozialwissenschaftliche Forschung ISF München: Nachhaltigkeit durch regionale Vernetzung – Erzeuger-Verbraucher-Gemeinschaften im Bedürfnisfeld Ernährung (TAGWERK-Genossenschaft)
■ Humboldt-Universität Berlin, Technische Universität Berlin, Zentrum Technik und Gesellschaft der TU Berlin: Wege zur Verbreitung ökologisch produzierter Lebensmittel in Berlin Brandenburg
■ Forschungszentrum Arbeit – Umwelt – Technik und ZWE „Arbeit und Region" Universität Bremen: Informieren-Anbieten-Verordnen. Wege zu nachhaltigen Konsummustern zwischen Konsens und Konflikt
■ TAURUS-Institut Universität Trier, Wuppertal Institut, Büro für ökologische Landentwicklung: Entwicklung eines Lernmodells zur regionalen Vermarktung von Lebensmitteln
■ Fraunhofer Institut Materialfluss und Logistik IML: Nachhaltige Wirtschaftsansätze für Ver- und Entsorgungssysteme in der Gemeinschaftsverpflegung
■ Fraunhofer Institut Systemtechnik und Innovationsforschung ISI: CuRa: Regionale Unternehmensvernetzung zur Schließung von Energie- und Stoffkreisläufen
■ Institut für Umweltwirtschaftsanalysen IUWA, Universität Heidelberg, Universität Mannheim: Aufbau eines nachhaltigkeitsorientierten Stoffstrommanagements in der Industrie-Region Rhein-Neckar
■ Fachhochschule Hamburg, Universität Hamburg, Ökopol, SUmBi: Effizienzgewinnung durch Kooperation bei der Optimierung von Stoffströmen in der Region Hamburg

- Institut für Industriebetriebslehre und Industrielle Produktion IIP Universität Karlsruhe (TH): Entwicklung eines regionalen Energiemanagement-Konzepts und Anwendung auf die Technologie-Region Karlsruhe
- Öko-Institut Freiburg/Darmstadt: Nachhaltige Stadtteile auf innerstädtischen Konversionsflächen: Stroffstromanalyse als Bewertungsansatz
- Stiftung Bauhaus Dessau, IÖW: Zukunft der Arbeit und nachhaltiges regionales Wirtschaften in einer altindustriellen Region Ostdeutschlands
- Universität GH Kassel, IMU Dresden: Nachhaltiges Wirtschaften durch Regionalisierung von Wertschöpfungsketten unter globalen Rahmenbedingungen (Machbarkeitsstudie)
- Institut für umweltgerechte Landbewirtschaftung IFUL: Maximale Nutzung von nachwachsenden Rohstoffen zur Förderung regionaler Stoffkreisläufe – Beurteilung der Hemmnisse und Möglichkeiten auf dem Gebiet des Bauwesens
- ITPS Institut für Theorie und Praxis der Subsistenz e.V.: Ansätze regionalen Wirtschaftens in der ländlichen Gesellschaft: Die Warburger Börde
- Institut für Produktdauerforschung (ipf)/Hochschule für Gestaltung Offenbach: Stärkung regionaler Ökonomien: New Arts and Crafts als exemplarischer Beitrag des Tischlerhandwerks

Die Region beginnt im Kopf

Kapitel 1

Andrea Baier/Veronika Bennholdt-Thomsen

Der „Stoff", aus dem soziale Nähe ist
Erfahrungen aus dem Projekt „Ansätze regionalen Wirtschaftens in der ländlichen Gesellschaft: Die Warburger Börde"

Der lokale Versorgungskreislauf als Basis des regionalen Wirtschaftens

Eine wichtige Erkenntnis im Rahmen unseres Projekts lautet, dass es keinen Sinn macht, eine Re-Regionalisierung des Wirtschaftens als Alternative zur Globalisierung des Wirtschaftens oder gar gegen diese gerichtet zu begreifen. Der Globalisierungsprozess ist vielmehr in zahlreichen Aspekten des Wirtschaftens vollzogen und in manchen Aspekten womöglich auch wünschenswert, wenn er auch in vielen anderen Aspekten eher zerstörerisch wirkt. Manche Produkte und Produktionsabläufe wiederum, die inzwischen weite Teile unseres Lebens bestimmen, gehören untrennbar zu diesem Prozess dazu, so die elektronische Datenverarbeitung. Aber es gibt andere Produkte, die typischer Weise in der lokalen Kompetenz am besten aufgehoben sind. Es sind die Subsistenzprodukte, also das, was wir zu unserer alltäglichen Versorgung brauchen, für das Essen, Trinken, Hausen, Kleiden, die Geselligkeit, kurz, das, was wir für das gute, einfache Leben brauchen.

Bei der Herstellung dieser Produkte findet vieles von dieser Produktion bzw. Abschnitte von ihr tatsächlich nach wie vor lokal statt, zumal auf dem Land. Wir unterscheiden dabei drei Ebenen, die man sich am besten pyramidal übereinandergeschichtet vorstellt: Die haus-/hofwirtschaftliche Ebene an der Basis, die Ebene des informellen Wirtschaftens in der Mitte und die Ebene des formellen, insbesondere handwerklichen Wirtschaftens an der Spitze. Den meisten von uns ist nur diese Spitze als Wirtschaften bewusst, der große Rest, auf dem die Spitze aufbaut, bleibt von einem ökonomischen Standpunkt aus unsichtbar oder, kritisch gewendet, bleibt dem ökonomistisch verengten Blick verborgen. Deshalb nennen wir diese Pyramide auch einen Eisberg, dessen größter Teil unter Wasser liegt, den Blicken entzogen.

Die Basis der Versorgungswirtschaft bildet das Kochen in den Häusern, die Betreuung von Kindern und Alten im Haus, das Einkochen und Haltbarmachen, das Backen von Kuchen und Torten für die Gemeinschaft; das Putzen, Waschen, Bügeln usw. nicht zu vergessen. Vieles davon ragt in den Bereich des informellen Wirtschaftens mit hinein, wo unbezahlt oder ohne formellen Vertrag gearbeitet wird. Hierher gehört vor allem die Nachbarschaftshilfe, etwa beim Hausbau oder bei Reparaturen, und die gemeinschaftliche Arbeit zum Nutzen aller, wie etwa die Schotterung der Feldwege oder das Schmücken der Schützenhalle. Auch die Nutzgärten mit den entsprechenden, damit verbundenen Tauschgeschäften und dem Geschenktausch gehören zum informellen Wirtschaften – wie auch die Kleintierzucht; Eier, Fleisch, Wurst, Milch und Käse werden verkauft oder verschenkt bzw. gegen andere Produkte oder Hilfeleistungen getauscht. Klassischerweise gehören in der Warburger Börde auch die Hausschlachtung und das Wursten zum informellen Wirtschaften hinzu, sind andererseits aber auch am Übergang sowohl zur Haus/hofwirtschaft als auch zum formellen Wirtschaften angesiedelt. Nicht zuletzt die in den Geschäften viel gepriesene „Wurst nach Hausmacher Art" macht deutlich, dass das handwerkliche, formelle Fleischergewerbe auf der informellen und haushofwirtschaftlichen Hausschlachterei beruht. Wegen dieses Zusammenhangs gibt es in der Börde noch wesentlich mehr Metzgereien als in der Stadt, denn sie können auf ihre Stammkundschaft rechnen. Die geht davon aus, in ihrer Metzgerei eine Güte und Qualität anzutreffen, wie sie sie von zuhause und vom Hausschlachter gewohnt sind.

Die Hauswirtschaft, das Hausschlachten, die Nachbarschaftshilfe und die Hofwirtschaft dienen der guten eigenen Versorgung. Sie pflegen das Eigene und die Spezialitäten. Aber sie schaffen damit auch die Voraussetzung für das besondere Können und die besondere Wertschätzung des heimischen Handwerks: Fleischerei, Schlachterei, Bäckerei, Partyservice, Landschaftsgärtnerei, Raumausstattung, Tischlerei, Baugewerbe, Floristik, Geschenkartikel, Schneiderei usw. Auf dieser Grundlage entsteht so etwas wie ein Versorgungskreislauf, zu dem die haushofwirtschaftliche und die informelle Ebene den entscheidenden Beitrag leisten, ohne sich aber in Gegensatz zur formellen Marktwirtschaft zu setzen, wie fälschlich öfter vermutet. Vielmehr tragen die informellen Ebenen der Versorgungswirtschaft sogar zur Steigerung des Umsatzes, ja überhaupt zum Überleben der regionalen, formellen Ebene bei.

Der lokale/regionale Versorgungskreislauf in der Warburger Börde aus informellem und formellem Wirtschaften umfasst vor allem das gute Essen (Fleischwaren, Brot, Kuchen, Gartengemüse) sowie das Bauen und Wohnen unter Einsatz des eigenen handwerklichen Könnens. Um dieses Zentrum herum kreisen die Wertschätzung für das Eigene und das Wirtschaften für das Eigene. Es sind diese Kreise, die gestärkt und ausgeweitet werden können. Hier liegt das Potenzial für das regionale Wirtschaften und die Re-Regionalisierung. Gestärkt werden können diese Kreise weiter hinsichtlich des Essens, aber auch hinsichtlich des Kleidens, Hausens, Bauens, wie hinsichtlich der Arbeit/Produktion in heimischer Architektur, im Kunsthandwerk, in der bildenden Kunst, der Musik, der Literatur, der Geschichtsforschung und vielem mehr. Auf dieser Grundlage können Arbeitsplätze in der Region geschaffen werden, deren Wertschöpfung auch wieder in der Region bleibt, also in ihr erneut verwertet wird, statt aus ihr abzufließen. Das Gegenbild zu dieser Art von regional sich integrierendem Wirtschaften ist die typische Exportzone, in der nur einige wenige Produktlinien oder Monokulturen für den Export angesiedelt sind und die zum verarmten Billiglohnstandort für internationale Investoren degradiert worden ist.

Soziale Nähe braucht einen „Trägerstoff"
Mit anderen Worten, der bestehende Versorgungskreislauf kann wie ein Stein begriffen werden, der ins Wasser fällt und Ringe wirft. Entscheidend daran, dass er auch so wirken kann, ist nicht so sehr der strikt materielle Beitrag, sondern sind der ideelle und der kulturelle Beitrag. Die Wertschätzung des Eigenen, die Selbstbewusstsein und Kreativität stützt, ist bekanntlich eng mit der Versorgungsebene verknüpft, mit dem guten Essen, der Kleidung, dem Bau- und Wohnstil. Darüber identifizieren sich Gruppen von Menschen miteinander und stützen sich gegenseitig, eben auch wirtschaftlich. Und die Versorgungs- oder Subsistenzebene ist eng mit der Schaffung einer eigenständigen regionalen Kultur verbunden.[1] Außerdem stellt die Versorgungswirtschaft die Nähe zwischen den Menschen her, die notwendig ist, um der Fragmentierung und Zersplitterung entgegenzuwirken, die aus dem Einzelnen einen anonymen, abhängigen Konsumenten macht, der dem konzernwirtschaftlichen globalisierten Marktgeschehen mit seiner Einheitskultur ausgeliefert ist.

Das Dorf ist der Nukleus, der die Versorgungswirtschaft mit der entsprechenden räumlichen und sozialen Nähe noch am ehesten stützt und aufrechterhält. Das Dorf, wie wir es kennen, schafft soziales Kapital: In den Vereinen, im Gasthof, auf dem Schützenfest, beim Gespräch auf der Bank vorm Haus, beim Wursten, beim Tausch über den Gartenzaun... Man kennt sich, ist aufeinander angewiesen, deshalb ist es weniger möglich, das ökonomische Kapital gezielt auf Kosten der anderen zu mehren, wie es etwa in den Weltmarktfabriken der Exportzonen geschieht. Noch könnte dem Raubkapitalismus etwas entgegengesetzt werden, noch könnte das Wirtschaften den Reichtum der Region bewahren.

Unser Argument vor dem Hintergrund unserer empirischen Erfahrungen lautet nun, dass sich gerade die Elemente des regionalen Versorgungskreislaufes gut dafür eignen, die sozialen Netze zu konsolidieren oder auch neue zu schaffen. Sie bestehen nämlich aus all dem, was man braucht zum (vergnüglichen) alltäglichen Leben, allem voran dem Essen. Sie eignen sich sozusagen als Stein, um im Wasser Kreise zu ziehen. Dem ist so, weil soziale Nähe eines „Trägerstoffes" bedarf – sie ist nicht nur etwas Ideelles – und dieser besteht in erster Linie aus den Notwendigkeiten und Annehmlichkeiten des alltäglichen Lebens.[2]

So sind wir, von den sozialen Beziehungen ausgehend, beim „Stoff" gelandet. Nahrung, Essen, Gerichte („Kommunion") und andere alltäglich wichtigen Dinge sind der Stoff, der uns nicht nur materiell, sondern genauso auch kulturell verbindet. Es ist dieser Stoff, der vordringlich wieder stärker regionalisiert werden muss, eben weil er auch wieder stärker regionalisiert werden kann, denn die Ansätze dazu sind vorhanden. Und es wäre eine interessante empirische Aufgabe für die Zukunft, zu untersuchen, welche Kreise die Re-Regionalisierung der Versorgungsproduktion hinsichtlich der regionalen Integration von zahlreichen anderen Gütern und Elementen zieht.

Gute Voraussetzungen für einen regionalen Versorgungskreislauf
Der soziale Zusammenhalt in der Warburger Börde existiert nach wie vor, die Identifikation der Leute mit ihrer Region ist hoch. Das wird nicht zuletzt an den vielen Vereinen mit ihrer relativ hohen Mitgliederzahl deutlich.

Außerdem ist hier in den 90er Jahren eine Bürgerinitiative entstanden, um eine Giftmülldeponie abzuwehren. Nachdem diese Aktion erfolgreich war, haben sich einige Aktivisten nicht zufrieden zurückgelehnt, sondern gefunden, dass das Engagement gegen die Deponie nur der Anfang sein sollte für ein weiteres Nachdenken darüber, wie es weitergehen könnte in Bördeland und Diemeltal, wie ein lebenswertes Leben in dieser Region aussehen würde. Und auch sie sind der Meinung, dass die Regionalisierung von Produktion und Konsum ein entscheidender Punkt ist. Seit mehreren Jahren organisieren AktivistInnen in der Bürgerinitiative den Tag der Regionen, der das letzte Mal sogar bundesweit stattfand.

Eine Börde ist eine landwirtschaftliche Gegend in Gunstlage. Prinzipiell ist die untersuchte Region also sehr gut in der Lage, sich selbst zu versorgen. Seit den 80er Jahren verwandelt sie sich aber zusehends in ein Zentrum für Schweinemast in Massenställen für den überregionalen bzw. für den Weltmarkt. Es sind schon Befürchtungen entstanden, die Börde könnte sich zu einer weiteren Region mit Konzentration auf Massentierhaltung entwickeln, ähnlich der Gegend um Vechta in Niedersachsen.

Es ist offensichtlich, dass die Schweineproduktion auf überregionale Märkte hin ausgerichtet ist. Die Schweine, die hier gemästet werden, könnten unmöglich alle hier gegessen werden. Wir sind mit unserem Projekt nicht angetreten, diesen Zustand verändern zu wollen. Das wäre nur sehr langfristig möglich und nur über die Veränderung der Rahmenbedingungen, wenn also landwirtschaftliche Erzeugnisse relativ gesehen teurer würden bzw. die Erzeuger mehr für ihre Produkte bekämen und nicht gezwungen wären, ihr Einkommen über die Zahl der gehaltenen Tiere zu sichern.

Aber selbst in der Schweinefleischproduktion gibt es noch mehr wirtschaftlich regional ausgerichtete Produktion, als es zunächst den Anschein hat. Es gibt auch einen lokalen Schweinezyklus. Es gibt noch die kleineren landwirtschaftlichen Betriebe mit relativ wenigen, meist auf Stroh gehaltenen Schweinen. Diese Tiere werden von den örtlichen Metzgern sehr gerne genommen, weil deren Fleischqualität meist besser ist, vor allem, weil die Tiere langsamer gemästet werden. Es gibt mitunter zwischen Mäster und Metzger auch Absprachen, was die Fütterung angeht. Für die regionale Spezialität, die Mettwurst, benötigt man ohnehin eher das Fleisch von älteren Schweinen, hier gibt es spezielle Geschäftsbeziehungen zwischen Ferkelzüchtern und Metzgereien, die dann die Alt-Sauen gerne abnehmen.

Es gibt im Kreis Höxter 90 handwerkliche Fleischereien, während beispielsweise in Bielefeld nur noch 47 zu finden sind. Und in Bielefeld leben rund 300.000 EinwohnerInnen, also ungefähr doppelt so viele wie im Kreis Höxter.[3]

Das liegt nicht zuletzt daran, dass die Tradition der Hausschlachtungen bis heute beibehalten wird. Es gibt, allen anderslautenden Behauptungen zum Trotz, erstaunlich viele Leute, die noch selber schlachten, zwei, drei Familien, die sich zusammen ein Schwein vom Bauern holen, um es mit einem Hausschlachter zusammen zu verwursten. Das fällt vielleicht mengenmäßig nicht ins Gewicht, aber ganz sicher atmosphärisch. Da, wo noch selber geschlachtet wird, geht man eher in die Metzgerei als in den Supermarkt.

Das ist nicht unbedingt Resultat eines bewussten Entschlusses, sich regional orientieren zu wollen. Es ist schlicht die Überzeugung, dass das Fleisch vom Metzger besser ist als das, was man im Supermarkt kauft. Man weiß eher, wo das Fleisch herkommt, was dort in den Auslagen liegt. Teilweise kommt natürlich hinzu, das man Metzger und Metzgerin kennt, aus diesem Verein oder jenem Kegelclub und sich auch sozial verpflichtet fühlt.

Vorgeblich gibt es die Versorgungsproduktion nur „noch"
Auffallend ist, dass es die kleinen Bauern, das Schwein vom Stroh, die Hausschlachtungen, dass es das im Bewusstsein der Leute immer alles nur „noch" gibt. Da scheinen sich alle einig zu sein. Der Bauer mit den 30 Schweinen im Stall, mit denen er regelmäßig den örtlichen Metzger beliefert, meint ganz erstaunt, als wir sagen, wir interessierten uns für das regionale Wirtschaften und insofern für ein Interview mit ihm: „Aber ich wirtschafte doch gar nicht. Da müssen Sie doch zu dem großen Schweinebauern dahinten gehen. Der wirtschaftet. Ich doch nicht."

Solche Reden gibt es zuhauf. Das kleine Wirtschaften sei a) im Verschwinden begriffen, b) der Rede nicht wert. Dieses Verständnis, dass nur das große Wirtschaften, das auf Geld, Markt und Betriebsökonomie ausgerichtete Wirtschaften richtiges, zukunftsträchtiges Wirtschaften sei, steht dem regionalen Gedanken natürlich sehr entgegen.

Wir sind da ganz anderer Meinung. Deshalb haben wir mit Hilfe einer Ausstellung, die vom 4.–15. Januar 2002 in der Schützenhalle von Borgentreich (dem zentralen Ort der Börde) gezeigt wurde und rund 1000 Besucher anzog, versucht, deutlich zu machen, dass das kleine und das informelle Wirtschaften a) sehr wohl der Rede wert ist und dass b) bei entsprechender Wertschätzung sein Verschwinden womöglich verhindert werden könnte.

Wir wollten den Leuten eine Stimme geben, die sich sehr bewusst für eine andere als die Wachstumsrationalität entschieden haben. Die keineswegs den Weg zurück suchen, aber auch nicht glauben, das Heil läge darin, immer nur so weiterzumachen wie bisher, wo das Kleine dem Großen weichen muss:

■ Dem Lagerarbeiter, der sich bewusst gegen einen beruflichen Aufstieg entscheidet, obwohl er ihm eine finanzielle Besserstellung beschert hätte. Seine Lebensqualität würde, so sieht seine Rechnung aus, erheblich leiden. Er müsste häufiger Überstunden machen und hätte weniger Zeit für seine Familie, seine Kleintierhaltung und seine Vereinsaktivitäten. Mehr Geld bedeutete für ihn nicht mehr Lebensqualität, im Gegenteil.

Unter dem Strich steht er sich mit seiner Entscheidung womöglich sogar wirtschaftlich besser. Weil es fraglich ist, ob die Gehaltserhöhung wirklich ausreichen würde, die Fleischqualität, über der er momentan verfügt, dann käuflich zu erwerben. Auf jeden Fall hätte er an Selbstversorgungsvermögen eingebüßt, hätte sich abhängiger vom Geldeinkommen gemacht.

▪ Der Bäuerin, die dafür sorgt, dass die Sauen nicht abgeschafft werden, obwohl das gegen die Maßgabe verstößt, sich möglichst wenig Arbeit zu machen, und die sich damit ihren Bereich auf dem Hof erhält. Und wo der Hof ihr Haupterwerb bliebe, auch wenn der Mann sich entschließen sollte, außerhäusig arbeiten zu gehen. – Die Tendenz zur ausschließlichen Schweinemast ist auch deshalb so problematisch, weil sie die Frauen vom Hof verdrängt bzw. zu Aushilfskräften macht.

▪ Dem Vereinsvorsitzenden, dem die Jugendarbeit wichtig ist und dass die alten Leute auch noch etwas vom Leben haben, und dem wichtig ist, dass das Bier auf dem Fest aus Warburg kommt: „Dass die Kollegen da auch Arbeit haben.", und der es selbstverständlich findet, dass das Fleisch für die Vereinssitzung beim örtlichen Fleischer bestellt wird.

▪ Der Frau, die den klassischen Bäuerinnenplatz auf ihrem Hof neu besetzt, indem sie die landwirtschaftlichen Produkte weiter verarbeitet und selbst vermarktet. Ich verdiene soviel wie andere Frauen mit einer Halbtagsstelle, sagt sie. Ihre Freundinnen sagen: „Sie arbeitet allerdings doppelt so viel." Sie lacht darüber, sagt, dass das schon stimmt, „aber andererseits", sagt sie, stimmt es auch wieder nicht. Ich bin ja zuhause, ich kann die Arbeit auch mal unterbrechen oder liegen lassen, es ist schon anders, als würde ich arbeiten gehen."

▪ Dem Schweinemäster, der seine Tiere in die Region verkauft, der sie länger mästet und damit Qualität produziert, an der den örtlichen Fleischern gelegen ist. Der das macht, weil er da besser verdient. Dem aber offensichtlich auch gefällt, die Vermarktung selbst in der Hand zu haben und von Westfleisch – dem Fleischvermarktungsunternehmen der Region – unabhängiger zu sein.

▪ Den Frauen, die auf den Höfen weiter ihre Hühner halten, auch wenn ihre Männer sagen, sie sollten die Eier doch lieber in der Apotheke kaufen; die neue Zuerwerbsmöglichkeiten auf ihren Höfen entdecken, Kindergeburtstage ausrichten, Hunde hüten, Milch käsen.

Ihnen allen ist gemeinsam, dass sie vorgeblich unwirtschaftlich wirtschaften. Dass sie umsonst oder für wenig Geld arbeiten. Ihnen allen gemeinsam ist, dass sie anders rechnen. Nicht nur das Geld in der Kasse, sondern auch die Lebensqualität. Dass sie überzeugt sind, dass sich Lebensqualität nicht nach Geld bemisst, sondern dass die Eigenständigkeit in der wirtschaftlichen Tätigkeit ein nicht zu unterschätzender Wert ist. Dass es überhaupt darum geht, das Eigene zu schätzen. Dass dörfliche Gemeinschaft ein hoher Wert ist. Dass die sich nicht von alleine herstellt, dass es Menschen braucht, die sich ihrer annehmen.

Das Dorf gibt es, weil es zum Beispiel die Bäuerin und den Bauern gibt, die – gegen die Empfehlung der Landwirtschaftskammer – an ihrem mittleren Mischbetrieb festhalten, um sich nicht zu sehr zu verschulden und dann zuviel für das Abtragen der Zinsen arbeiten zu müssen. Denen es wichtig ist, dass sie auch noch Zeit haben, sich um Dorfangelegenheiten kümmern zu können.

Das Dorf gibt es, weil es den Handwerker gibt, der nie aus seinem Ort weg wollte – nicht mal ins Gewerbegebiet –, dem die Arbeit, die er tut, wichtiger ist als die Auftragslage, der lieber weniger Geld verdient, dafür aber handwerklich gefragt ist.

Das Dorf gibt es, weil es die Kuchenkultur gibt, weil es die Frauen gibt, die zu allen möglichen Gelegenheiten Torten backen. Ihre – auch wirtschaftliche – Bedeutung wird dabei aber gerne übersehen, dabei gibt jeder Konditor zu: „Wenn eine Torte im Geschäft 50,- DM kostet, backt ihnen dafür jede Frau sechs."

Das Selbstverständliche aufgreifen...
Aus der Stadt kommend sahen wir sehr klar, was den Leuten hier allzu selbstverständlich ist: Wie viele hier immer noch die Möglichkeiten nutzen, die es gibt, sich ein Stück weit selber zu versorgen und sich auf dieser Grundlage mit anderen auszutauschen. Obwohl wir natürlich immer zu hören bekamen, dass Hausschlachtungen kaum noch stattfinden und dass die heimische Wurst immer weniger gilt, baute mitten in der BSE-Krise ein Metzger in Borgentreich ein neues Schlachthaus und kam es immer wieder vor, dass Leute ihre Verabredungen mit uns nicht einhalten konnten, weil sie plötzlich auf eine Hausschlachtung mussten.

Wir waren beeindruckt, wie viele Frauen – oft Bäuerinnen – einen Garten bewirtschaften, obwohl sie bestimmt auch ansonsten genug Arbeit haben und obwohl sich die Gartenbewirtschaftung nach landläufiger Meinung „nicht rechnet". Das hat uns interessiert, wenn Leute offensichtlich anders rechnen als nach strikt betriebsökonomischen Gesichtspunkten. Wenn nicht zählt, dass es den Kopf Salat im Supermarkt für 1,50 DM zu kaufen gibt, wo die kleine Salatpflanze schon 50 Pfennig kostet, sondern wenn zählt, dass der Salat frisch ist, nicht gespritzt ist, hinterm Haus steht, dass der Gemüsegarten, zumal im Sommer, eine Wohltat fürs Auge ist und die Arbeit darin – nicht immer, aber oft – eine Wohltat fürs Gemüt, und dass er besser schmeckt, dass er das befriedigende Gefühl vermittelt, dass man weiß, was man hat und ihn quasi selbst zum Wachsen gebracht hat. Außerdem hat, wer einen Garten bewirtschaftet, immer etwas zu verschenken, einen Grund, hier und dort in Kontakt zu treten und in Gesellschaft immer ein Gesprächsthema. Wenn man all das einberechnet, lohnt sich ein Garten allemal.

Ähnlich verhält es sich mit der Kleintierhaltung. Hier nutzen vor allem auch Jugendliche die Möglichkeiten, die das Land ihnen bietet. Dass sie den Platz und die Gebäude zur Verfügung haben, dass sie sich Futter organisieren können, dass ihnen das Know how in Gestalt der Erwachsenen zur Verfügung steht. Auch ein wichtiger Punkt übrigens, wie das kleine, informelle Wirtschaften vor Ort die Beziehungen zwischen den Generationen gestaltet. Bei der Kleintierhaltung meist die zwischen den

Jungen und den Vätern, aber oft auch den Großmüttern, die sich mit der Schlachtung von Kleinvieh noch auskennen. Im Garten wirtschaften oft (Schwieger-)Mutter und (Schwieger-)Tochter zusammen. Geht natürlich nicht immer gut. Jedenfalls erwirtschaften sich so einige Jugendliche ihr Taschengeld und eignen sich ganz nebenbei wichtige Kompetenzen an. Das ist wunderbarer Projektunterricht.

Wenn man aus der Perspektive von vor 30, 40 Jahren guckt, ist natürlich alles weniger geworden. Allerdings hat sich auch erstaunlich viel gehalten in der Zeit, der gängigen Rede und dem Zeitgeist zum Trotz. Manche Dinge, wie das Krautbundsammeln zu Maria Himmelfahrt, sind auch wieder neu aufgeblüht. – Das Sammeln von Heilkräuterbündeln hat insofern auch mit dem regionalen Wirtschaften bzw. seinen Voraussetzungen zu tun, als es die Identifikation mit der Region stärkt. Außerdem scheint sich in diesem Festhalten an bzw. in der Wiederbelebung der Tradition auch zumindest eine Kritik an den heutigen Lebensweisen – weniger an den Wirtschaftsweisen – auszudrücken, als da wären: die Verarmung der Sozialbeziehungen, das zunehmend distanzierte Naturverhältnis, der menschliche Machbarkeitswahn.

Der informelle Wirtschaftskreislauf in den Dörfern sichert vielleicht weniger die wirtschaftliche Existenz, dafür aber umso mehr die soziale Existenz. Oder noch mal anders formuliert: Dass es die wirtschaftlichen Beziehungen zwischen den Leuten noch gibt und geben kann, sichert die sozialen Beziehungen untereinander, gibt den sozialen Beziehungen sozusagen einen – materiellen – Grund. Würde es das Wirtschaften miteinander nicht mehr geben, würden auch die sozialen Beziehungen beliebiger, kurzlebiger. Wie das eine Frau aus dem Schützenverein formulierte: „Ich habe Hühner und bin froh, wenn ich von Bekannten dann auch mal drei Bund Stroh bekomme. Sonst müsste ich das kaufen oder mir sonst wie besorgen, so mache ich es über den Freundes- und Bekanntenkreis. ... Wer kein Viech hat oder kein Brot backt, der braucht es auch nicht (also der braucht auch keine Beziehungen). Der eine sagt: 'Du hast Hühner? So'n Quatsch!' Ich brauche das einfach. Es bringt ja auch mehr Miteinander, es bringt Gemeinschaft."

Heute stellen sich die sozialen Beziehungen der Leute nicht mehr – wie einst in der historischen lokalen Ökonomie – über die wirtschaftlichen Notwendigkeiten her. Die Leute sind wirtschaftlich und ansonsten relativ unabhängig voneinander. Sie verdienen Geld. Sie sind mobil. Sie haben Fernsehen. Heute braucht es tatsächlich den Entschluss, sich regional orientieren zu wollen, sozial und wirtschaftlich verbindliche Beziehungen miteinander eingehen zu wollen. Das wird insbesondere im Hinblick auf die dörfliche Infrastruktur deutlich.

Dass es eigentlich im eigenen Interesse ist, die kleinen Handwerker und Läden vor Ort zu erhalten, haben schon viele bemerkt. Es gibt durchaus diesen Diskurs: Dass die Leute es schade finden, wenn noch das letzte Lebensmittelgeschäft vor Ort schließt. Weil man sich dann weniger trifft, weil es die kommunikativen Orte braucht, ganz abgesehen von der Bequemlichkeit, die ein Geschäft in der Nachbarschaft bedeutet. Man bemerkt auch die Benachteiligung, die es für diejenigen ohne Auto bedeutet bzw.

den Zwang, sich ein zweites Auto anzuschaffen, wenn mehr und mehr gefahren werden muss. Dass es eine Frage von Lebensqualität ist, ob man die Milch im Dorf kaufen, die Waschmaschine vor Ort reklamieren kann, ob man den Handwerker kennt oder nicht. Das, was dagegen steht, sein Geld vor Ort auszugeben, ist häufig das Preisargument. Die Preisrationalität scheint sehr leicht alle andere Rationalität auszulöschen: „Ich habe mich gar nicht getraut, zu sagen, dass ich die Waschmaschine hier gekauft habe, dann halten mich doch alle für blöd", meint eine Frau.

Aber wir haben eben auch viel andere Stimmen gehört: „Die Leute besinnen sich", hatten manche der Gesprächspartnerinnen den Eindruck. Momentan scheint der dominantere Trend aber immer noch in Richtung Supermarkt zu weisen. So sagt eine Ladnerin, befragt nach der Infrastruktur in ihrem Dorf, dass ganz bestimmt niemand ihren Laden weiterführen wird. „Es lohnt sich eigentlich nicht", sagt sie, „dass ich hier tagein, tagaus im Laden stehe. Eigentlich könnte ich mir auch einen 630-Mark-Job suchen."

Allerdings gibt sie zu, dass damit ein anderes Sozialprestige verbunden wäre. Als Ladnerin im Dorf ist sie nämlich wer, das würde sich in normalen 630-Mark-Jobs sehr anders darstellen. Aber sie ist gekränkt, dass die DorfbewohnerInnen ihrer Situation zu wenig Aufmerksamkeit entgegen bringen, was dazu führt, dass sie so schwer über die Runden kommt. Sie überlegt, ob sie ihre Waren gefälliger präsentieren könnte, damit der Kaufanreiz größer wäre, aber dafür, meint sie, müsste sie viel Geld investieren. Eigentlich müsste sie mit dem werben, was sie für die DorfbewohnerInnen bietet im Unterschied und nicht in Konkurrenz zu den großen Läden, mit Erlebnisshopping kann sie ohnehin nicht konkurrieren. Aber dafür fehlt ihr selbst das entsprechende Selbstbewusstsein, und dafür fehlt auch ihren Mitbewohnern und Mitbewohnerinnen der Begriff eines solidarischen wirtschaftlichen Umgangs miteinander.

Trotz der durchaus bestehenden anderen Praxis ist der explizit formulierte Wirtschaftsdiskurs der Menschen vor Ort in der Warburger Börde von der maximierungswirtschaftlichen Rede beherrscht. Man sagt, je höher der Umsatz, umso besser läuft die Wirtschaft in einem Betrieb, Konkurrenz ist wichtiger als Kooperation, je billiger ein Produkt, desto besser würde es sich verkaufen usw. Alles Glaubenssätze, die sich natürlich auch bei allen alltäglichen kleineren und größeren wirtschaftlichen Entscheidungen auswirken. Wir denken, dass eine andere Rede auch eine andere Praxis fördern würde, zumal sie ja durchaus vorhanden ist.

Wir wollten mit unserem Projekt, mit der Präsentation der Forschungsergebnisse in einer Ausstellung dazu beitragen, diese andere Rede zu befördern. Wir denken, dass das auch gelungen ist. Zumindest haben wir das zwei Wochen lang, während Ausstellung und Veranstaltungen liefen, immer wieder zu hören bekommen: Dass es ja stimmt, dass das die Lebensqualität in der Region ausmacht: Das Miteinander, die Möglichkeiten, sich selbst zu versorgen, die Verfügung über bestimmte Ressourcen. So einigen Leuten schien aufzugehen, dass sie deshalb so an der Gegend hängen, nicht wegziehen mögen, obwohl sie doch längst auswärts ihr Geld verdienen müssen. Und wir haben viele gute Vorsätze gehört, diese Lebensqualität auch für die Zukunft bewahren zu wollen.

Endnoten:

1 Wenn der Musikverein beim Schützenfest – sehr früh morgens – den verschiedenen Honoratioren ein Ständchen bringt, dann freut man sich vor allem über die eigene Mettwurst, die es zum Dank dafür gibt; und man macht sich die viele Arbeit mit der eigenen Mettwurst, damit man bei solchen Gelegenheiten etwas zu geben hat.
2 So entsteht und realisiert sich soziale Nähe etwa in der Familie typischer Weise durch das gute Essen, die warme Decke, die fürsorglich übergebreitet wird oder die Plätzchen zu Weihnachten.
3 „Höxter" ist die nächst größere politische Verwaltungseinheit, in der die Forschungsregion liegt, Bielefeld heißt die ostwestfälische Stadt, aus der die Forscherinnen kommen.

Andrea Baier
Prof. Dr. Veronika Bennholdt-Thomsen
Institut für Theorie und Praxis der Subsistenz
August-Bebel-Str. 16
D–33602 Bielefeld

Bettina Brohmann

Regionale Identität beginnt im Stadtteil
Projekt „Nachhaltige Stadtteile auf innerstädtischen Konversionsflächen: Stoffstromanalyse als Berwertungsinstrument"

Region kann nicht nur funktional betrachtet werden, sondern auch ein identitätsstiftendes räumliches Gebiet darstellen (Ipsen 1993). Örtliche und überörtliche Raumbindungen sind jedoch keinesfalls räumlich homogen, sondern in ihrer jeweiligen Ausformung sehr stark von individuellen und sozio-kulturellen Erfahrungen und Zuordnungen geprägt (Ploch 1995). Eine derartige Raumbindung ist die soziokulturelle Grundlage dafür, dass eine gemeinsame Verantwortung für diesen Raum ausgebildet und in Hinblick auf ein nachhaltiges Wirtschaften auch auf der Ebene von privaten Haushalten wahrgenommen werden kann.

Regionale Identität kann ihren Ausdruck durch den Bezug auf typische Produkte der jeweiligen Region, Berücksichtigung kultureller und baulicher/handwerklicher Gepflogenheiten und sozialer Verbundenheit finden: Die Region stellt sich dar als Wirtschafts- und Planungsraum, z.T. definiert durch politisch-administrative Grenzen, häufiger jedoch markiert durch historische Bezüge und traditionelle Austauschbeziehungen, die den Landschafts- und Kulturraum – und damit auch den Lebensraum der Individuen – prägen.

Der Regionsbezug wird hier aus der Sicht von StadtteilbewohnerInnen verstanden und diskutiert. Der Stadtteil als Untersuchungsraum stellt einerseits den engsten möglichen Bezug für die Herausbildung und Orientierung auf einen regionalen Zusammenhang dar, andererseits bietet er einen zentralen Ansatzpunkt zur Entwicklung und Pflege identitätsstiftender Faktoren im personalen, aber auch akteursgruppenbezogenen Kontext.

Der Stadtteil, das Quartier, in seiner räumlichen, territorialen wie auch sozialen und kulturellen Gestalt ist ein Kristallisationspunkt für die Entwicklung von Identität mit einer Stadt und der sie umgebenden Region. Die räumlichen und freiräumlichen Gegebenheiten und Qualitäten, sowie deren gleichzeitige Möglichkeit zur Gestaltung und Aneignung durch die Bewohnerschaft bestimmen auch die Qualität und Orientierung eines kommunalen Nachhaltigkeitsprozesses, wie im Modellprojekt „Nachhaltige Stadtteile auf innerstädtischen Konversionsflächen: Stoffstromanalyse als Bewertungsinstrument" in ersten Ansätzen gezeigt werden konnte.

Untersucht wurden dabei anhand der aktiven Konversion und Sanierung des Stadtteils sowohl in Freiburg (Stadtteil Vauban) als auch in Neuruppin (Vorstadt-Nord) stoffstromrelevante Bezüge innerhalb des Stadtteils wie auch der Bezug des Stadtteils zu seinem regionalen Umfeld.

Der gewählte Betrachtungszusammenhang wird theoretisch u.a. durch das Konzept der community identity (Puddifoot 1995) flankiert, das anhand von sechs Elementen ein multidimensionales Modell zur Bewertung des individuellen Bezugs einer Person oder Personengruppe zu ihrer politischen Gemeinde entwickelt hat (vgl. Bruppacher 2001)[1].

Eine hohe Wohnzufriedenheit und der Aufbau sozialer Bezüge im gewählten Quartier stellt einen der wichtigsten Motivanker zur Orientierung und Stabilisierung nachhaltiger Lebensstile dar (Schneider 2001). Lebensstilmuster sind identitätsstiftend; aufgrund der vielfältigen unterschiedlichen lebensweltlichen Bezüge spricht man nicht mehr von einheitlichen Lebensstilmustern, sondern von einem Lebensstil-Patchwork (Schneider 2001). Dieses Patchwork kann sich auch in einem vielgestaltigen, nachhaltigen Stadtteil widerspiegeln, der die Bedürfnisse des Wohnens, Arbeitens, der Freizeit und Kommunikation – zumindest partiell – abdecken will (Brohmann 2001).

Ziele bestimmen und überprüfen

Im Rahmen des Forschungsansatzes „Nachhaltige Stadtteile auf innerstädtischen Konversionsflächen" wurde großer Wert auf die frühzeitige Einbindung und Mitwirkung der Beteiligten gelegt, um „authentisch" die Vorstellungen und Wünsche erfassen zu können, die die Bewohner und Bewohnerinnen mit der Entwicklung ihres zukünftigen Stadtteils und ihrer eigenen Lebenssituation verbinden. Es sollte erfragt – und mit den Beteiligten diskutiert – werden, welche Zielvorstellungen im Hinblick auf eine nachhaltigere zukünftige Entwicklung bei verschiedenen Akteursgruppen vorhanden sind.

Dazu wurden zunächst die BewohnerInnen, wie auch PlanerInnen, PolitikerInnen und VertreterInnen verschiedener Initiativen nach früheren und aktuellen Leitvorstellungen im Zusammenhang mit dem Leben im Stadtteil befragt. Zielvorstellungen und Leitbilder wurden dann mit Unterstützung der Betroffenen in angemessene und funktionale Indikatoren übersetzt, um die Entwicklung der Situation beschreiben und bewerten zu können.

Das Indikatorenset, das sich aus sogenannten Erfolgs- und Kontextindikatoren zusammensetzt, enthält jeweils ca. zehn Messgrößen in den Dimensionen Ökologie, Ökonomie und Soziales. Die Dimension der sog. institutionellen Nachhaltigkeit, die vor allem die Realisierung bürgerschaftlicher Teilhabe abbilden soll, wurde zum Teil durch eine vorgezogene Bürgerbeteiligung und lernende Planung untermauert; sie hatte sich jedoch schon vor der Umsetzung einzelner Planungsschritte in den betrachteten Stadtteilen manifestiert. Die gefundenen Indikatoren stellen kein starres Korsett dar, sondern können weiterentwickelt werden und dienen der Erfolgsbilanz einzelner Handlungsschritte in den Stadtteilen – im Sinne der community identity sind sie ein zentrales Evaluationsinstrument für Qualität und Funktionalität.

Eine parallel durchgeführte Befragung bei den Bewohnern und Bewohnerinnen zeigte eine hohe Übereinstimmung bei den Zielen und Vorstellungen über den Status und die Entwicklung des jeweiligen Stadtteils. An erster Stelle der abgefragten positiven

Eigenschaften wurden in Freiburg-Vauban die Möglichkeiten der Mitgestaltung und die gute soziale Quartiersarbeit genannt. In beiden Stadtteilen identifizierten sich die Bewohner und Bewohnerinnen besonders mit der Gestaltung und dem Leitbild eines grünen Stadtteils und mit den strengen ökologischen Kriterien, die beim Bauen und Sanieren der Häuser zum Tragen kamen. Aufgrund der hohen Sensibilität und des Interesses der BewohnerInnen für den Bereich regionale Lebensmittel und Baustoffe aus der Region wurden diese beiden Themenfelder mithilfe einer Stoffstromanalyse in ihrer Wirkung näher untersucht[2].

Die Bewohnerschaft wurde dabei in ihrer Rolle als KonsumentInnen identifiziert und angesprochen. Dies umfasst z.B. die Zufriedenheit und die Präferenzen beim Einkaufen und den alltäglichen Besorgungen, aber auch die Nutzung von Freizeitmöglichkeiten, der sozialen und kulturellen Einrichtungen, der Grünanlagen und Plätze. Es wurde mit den Beteiligten über ihr Verständnis der Regionalität und der regionalen Reichweite diskutiert – für verschiedene Aktivitäten und Produkte besteht eine sehr differenzierte Einschätzung. So gehört in Freiburg z.B. auch der französische Grenzbereich zum regionalen Einzugsgebiet für den Einkauf von Lebensmitteln.

Mit den Ergebnissen von Befragung und Stoffstromanalyse wurden wiederum handlungsleitend Anregungen für strategische Schritte zur alltagstauglichen Umsetzung von Nachhaltigkeitszielen gegeben: diese mündeten z.B. in Gesprächen mit Anbietern regionaler Lebensmittel zur Verbreiterung ihres Angebotes sowie in einem Runden Tisch mit Bauträgern zur intensiveren Verwendung des regionalen Baustoffes Holz.

Funktionen sichtbar machen
Bewohnerinnen und Bewohner, Nutzungsinteressierte und Interessenvertreter bilden (im Sinne von Schnabel, Selle, Yachkashi 2000) eine Lokale Gesellschaft, die sich das frei gewordene und zur Bebauung anstehende Gelände insbesondere in Freiburg-Vauban z.T. bereits vor der eigentlichen Beplanung durch Stadt, Entwicklungsgesellschaften oder Bauträger „angeeignet" hatten und hier soziale und gewerbliche Zwischennutzungen durch Selbsthilfeprojekte realisiert haben. Hier gab es Verbindungen, die teilweise institutionalisiert, teilweise mittlerweile in andere Arbeitszusammenhänge (Arbeitsgruppen, Beiräte) übergegangen sind. Um dies – zumindest als Momentaufnahme – sichtbar zu machen, wurde eine Akteursanalyse durchgeführt, die in Bezug auf einzelne Themenbereiche erste Informationen darüber abgibt, wer sich auf dem Parkett des Stadtteils eigentlich bewegt und wo Zusammenhänge bestehen.

Durch die starke – in beiden Fällen zu konstatierende – Verbundenheit mit der sozialen und ökonomischen Gestaltung ihres Stadtteils sind die BewohnerInnen auch als AnbieterInnen sozialer und kultureller Dienstleistungen aktiv wahrzunehmen: BewohnerInnen suchen Räume und Gelegenheiten zum sozialen Austausch und sie bieten diese, z.B. über gemeinschaftlichen Küchendienst, Betreuung von Kindern, Kunst und Kultur, Baugruppen oder Stadtteilfeste wiederum für andere an.

In der Funktion der Orientierung und des Verhältnisses zu einem Stadtteil drückt sich – folgt man dem Ansatz der community identity – auch das jeweils eigene Engagement aus, das in die betroffenen beiden Stadtteile investiert wird. Dies bezieht die Beteiligung an der Gestaltung des Wohnumfeldes als räumlichem Kontext (Territorialität) ein, wie z.B. die Anlage von Gemeinschaftsplätzen und -gärten, aber auch die Organisation und Unterstützung von Selbsthilfe- und Nachbarschaftsgruppen, die den sozialen Zusammenhang ausdrücken.

Dadurch steigen die Attraktivität, die emotionale Sicherheit und die Verbundenheit nicht nur mit dem Stadtteil, sondern auch mit der betreffenden Kommune und ihrem regionalen Umfeld. Die Verbundenheit manifestiert sich z.B. durch die Orientierung auf Zukunft – wie lange plant man, dort zu leben, oder die Quantität und Qualität sozialer Kontakte – werden Freundschaften im betreffenden Stadtteil aufgebaut und gepflegt? Auch in diesem Zusammenhang sind sowohl der Bezug zum Territorium, wie auch die sozialen und kulturellen Bezüge zu analysieren: beide Stadtteile werden als außerordentlich kinderfreundlich und zukunftsorientiert wahrgenommen.

Verbindung über Netzwerke
Ein grundlegendes Ziel für Nachhaltigkeitsprozesse besteht in der Unterstützung oder Neugestaltung von Kooperationsmöglichkeiten zwischen unterschiedlichen Akteuren – einzelnen Personen oder/und Gruppen, die in Verbindung zum Stadtteil stehen.

Eine zentrale netzwerkartige Einheit stellen im Stadtteil Freiburg-Vauban die Bau- und Selbsthilfegruppen dar, die als Zusammenschluss bauinteressierter Familien oder Einzelakteure die Realisierung von Eigenheimwünschen – auch mit geringem Kapitalaufwand – verfolgten. Sie haben in verschiedenen Phasen des Aufbaus des Stadtteils ökologische, ökonomische und soziale Funktionen wahrgenommen und trugen zur starken Identifikation der Teilnehmer mit dem Wohnumfeld bei.[3]

Um neue Verbindungen in diesem Sinne aufzubauen oder zu optimieren, gehört dazu – wie schon beschrieben – das Identifizieren von Funktionen und interessierten Akteuren, die nicht nur rein zufällig aufeinandertreffen, sondern sehr gezielt auf ihre Kooperationsmöglichkeiten angesprochen werden können. Um den Aufbau von Kooperationen weiter zu unterstützen, müssen bestehende Verbindungen – beispielsweise auch für neu Hinzugezogene – zunächst überhaupt sichtbar werden. Dabei kann bereits eine erste Bestandsaufnahme, die sich an den folgenden Fragen orientiert, schon ausreichend sein:

- Welche Gruppen – oder wichtige Einzelakteure – arbeiten explizit zum Thema Nachhaltigkeit oder in Bezug auf den Stadtteil? Welche Gruppen werden möglicherweise benachteiligt, d.h. sind nicht an der Gestaltung des Stadtteils beteiligtWelche Gruppen erzielen Vorteile, wer arbeitet zusammen? Ist die Zusammenarbeit funktional und gleichzeitig flexibel? Sind neue Kooperationen notwendig?

▨ Ist Transparenz über die Zielsetzungen der einzelnen Gruppen gegeben? An welcher Stelle findet man Dissens in den Vorstellungen und Wünschen? Ist dieser Dissens relevant für das Ziel der Nachhaltigkeit?
▨ Werden außerhalb des Stadtteils Diskurse zur Nachhaltigkeit geführt, die für die Entwicklung insgesamt bedeutsam sein könnten?

Netzwerke bilden und binden soziales Kapital und stabilisieren damit einerseits den Stadtteil sowie andererseits den Nachhaltigkeitsprozess selbst. Sie verdeutlichen den Zusammenhang der verschiedenen notwendigen Funktionen und Handlungsebenen und bedürfen einer ständigen Beziehungsarbeit im Sinne eines tauschsystemischen Ansatzes (Kappelhoff 2000).

Im weiteren Verlauf des Forschungsvorhabens gründeten BewohnerInnen der Neuruppiner Vorstadt-Nord einen eigenen Stadtteilbeirat, um ihre Interessen gegenüber der Stadt gezielt und gebündelt wahrnehmen zu können. In Freiburg-Vauban konnte der Erhalt und die Sanierung des Bürgerzentrums mithilfe des starken Engagements einzelner Gruppen und des Forums durchgesetzt werden; daneben wurde begonnen, die soziale Quartiersarbeit zu strukturieren und institutionell im Netzwerk u.a. durch einen Jour fixe abzusichern.

Empowerment und Verstetigung durch Intermediäre
Diese Austauschakte zur Gestaltung und Verstetigung eines sozialen Gefüges bedürfen der Unterstützung durch einen verlässlichen Agenten, der Vertrauen bei allen Beteiligten genießt (Oswalt 2002). Durch den Agenten – oder auch Intermediär – können Interessen nach übergeordneten, z.B. fachlichen Prioritäten gebündelt werden. Er leistet Motivationsarbeit und fördert die Integration durch Orientierung und Information von neuen BewohnerInnen und interessierten Investoren. Kooperationsansätze und Kooperationsziele bedürfen – zumindest übergangsweise – einer gewissen Betreuung durch institutionelle Einrichtungen wie den Intermediär.

Im Fall von Freiburg-Vauban liegt diese Funktion bei der Institution des Forum Vauban. Das Forum wurde als Verein von 15 privaten Baugruppen gegründet; es wurde von der Stadt als Träger der erweiterten Bürgerbeteiligung und als Gremienvertreter anerkannt.. Mittlerweile ist das Forum Vauban in einem sehr breiten Spektrum tätig. Die BewohnerInnen der Vorstadt Nord in Neuruppin haben einen Stadtteilbeirat gegründet. Dieser nimmt für sie in einem ersten Schritt vor allem ihre Interessen gegenüber der Stadtverwaltung wahr; gemeinsam wurden von hier aber auch Informationsveranstaltungen und Stadtteilfeste ehrenamtlich organisiert.

Das Angebot von Plattformen und Veranstaltungen (Verzahnung von Kultur- und Sozialarbeit, Kulturcafé, Einbindung städtischer Ämter, Workshops) ist ein zentraler Motor für lebendigen Austausch, Diskurs und Kommunikation – wie sich in beiden Stadtteilen zeigt.

In beiden Stadtteilen ist außerdem die Sicherung von erreichten Qualitätsstandards und die Motivation zur fachlichen Zusammenarbeit (Beratung von Investoren, Baugruppen, Planern und Architekten) eine relevante Aufgabe der Intermediären. Dabei wird zukünftig die Kontrolle und Rückspiegelung der Zielerreichung über Indikatoren möglich.

Intermediäre haben eine moderierende und vermittelnde Funktion. Diese drückt sich in den untersuchten Stadtteilen z.B. bei der Veranstaltung von themenbezogenen Runden Tischen aus, bei denen auch potenzielle Wirtschaftspartner angesprochen werden konnten. Damit können u.a. weitere Projekte initiiert werden, die bspw. auch die eigene Finanzierung absichern helfen.

Erfolgsbedingungen und Hindernisse
Identität mit dem Stadtteil und seinem regionalen Umfeld wird in einer ersten Stufe durch die Möglichkeit der Mitwirkung und Teilhabe an Entscheidungen „unseres" Wohnumfelds fundiert. Das Engagement drückt sich aus durch langfristige Entscheidungen, wie im Bereich der Umfeldgestaltung, des Bauen und Wohnens, aber auch in alltäglichen, kurzfristigen Entscheidungen des Konsums oder der Mobilität.

Die Verbundenheit mit dem Stadtteil und mit der Region – wie sie im vorliegenden Forschungsvorhaben untersucht und mit den BewohnerInnen diskutiert werden konnte[4] – bezieht sich auf folgende regional bzw. kleinräumig orientierten Teilaspekte nachhaltigen Lebens und Wirtschaftens:
- die Aufmerksamkeit für regional erzeugte Lebensmittel,
- die Nutzung regionaler Baustoffe,
- regional orientiertes Freizeitverhalten und Pflege sozialer Bezüge,
- die Wahrnehmung und das Angebot kultureller Veranstaltungen im Stadtteil.

Nachhaltiges Verhalten muss sich „lohnen", d.h. niemand wird im Alltag einem abstrakten – rein „idealistischen" – Konzept regionaler Nachhaltigkeit folgen. Es bedarf der Übersetzung und der Handlungsalternativen, die verbunden sind mit einem individuellen Gewinn, der messbar ist und sich sehr unterschiedlich gestalten kann mit Elementen wie: soziale Anerkennung, finanzieller Vorteil, Zeitersparnis, Sicherheit, Gesundheit u.v.a.

Differenzierte Identifikationen?
In der Diskussion mit BewohnerInnen wurde deutlich, dass eine Veränderung des Verhaltens und der Identifikation mit dem Stadtteil beim Zuzug der nächsten Generation (Besiedelung weiterer Bauabschnitte in beiden Stadtteilen) erwartet und z.T. befürchtet wird. Man wird konfrontiert sein mit unterschiedlichen Erfahrungshintergründen und Interessenslagen, die auch zu unterschiedlichen regionalen Bindungen führen können.

Das Konzept der Lebensstilorientierung sieht – ebenso wie das Konzept des sozialen Umwelthandelns – die soziale Anerkennung durch das direkte Umfeld als einen wesentlichen Bestimmungsfaktor für ein Engagement und die Veränderung und Neuorientierung von „herkömmlichem" Verhalten auf nachhaltigere Verhaltens- und Konsumweisen an. In diesem Zusammenhang sind die neueren Ergebnisse der nachbarschaftlichen Wohn- und Konsumforschung interessant.[5] (Gruner 2000; Hinding/ Klingner 2000). Hier könnte es segregationsbedingt zu Hemmnissen kommen, wenn eine starke Umstrukturierung der Stadtteile zu erwarten wäre.

In diesem Zusammenhang kann wiederum der Intermediär eine wichtige Rolle spielen, da er die Integration und Identitätsfindung und -stabilisierung durch verschiedene – sehr flexibel zu gestaltende – Angebote unterstützen könnte. Vorrangig sind dies das Vermitteln von Informationen auf allen Ebenen bis hin zur Beratung und das Bereitstellen von Räumlichkeiten zum Aufbau von Kontakten und Vertrauen.

Derzeit weisen beide Stadtteile ein mehr (Vauban) oder weniger (Vorstadt-Nord) hohes Maß an sozialer Kontrolle auf; auch existiert eine Einbindung mit ähnlichen Mentalitäts- und Milieutypen: inwieweit diese bisherige Konstellation auch für die nächsten Generationen von BewohnerInnen, die nicht mehr den Gründerstatus haben, ein tragfähiges Konzept auch für ein regional orientiertes Leben und Wirtschaften darstellt, wird sich in der weiteren Entwicklung der Stadtteile zeigen.

Quellen:
Brohmann, B. (2001): Lebenswerte Städte von morgen: ökologisch, sozial und nachhaltig?, in: Öko-Mitteilungen Heft Nr. 1, Freiburg
Bruppacher, S. (2001): Umweltverantwortliches Handeln im Privathaushalt – Chancen und Grenzen der Selbstmodifikation, Regensburg
Gruner, S. (2000): Öko und sozial – Zauberworte für den zukunftsfähigen Konsum? Analyse der Interviews In: H.-J. Harloff et al. (Hg.): Wohnen und Nachhaltigkeit. Interdisziplinäre Forschung vor der Haustür. Berlin
Hinding, B./Y. Klingner (2000): Die Bedeutung von Kohäsion in der Nachbarschaft für die Nachhaltigkeit des Konsumverhaltens. In: H.-J. Harloff et al. (Hg.): Wohnen und Nachhaltigkeit. Interdisziplinäre Forschung vor der Haustür. Berlin
Ipsen, D. (1993): Regionale Identität, Überlegungen zum politischen Charakter einer psychosozialen Raumkategorie. Raumforschung und Raumordnung Nr. 51
Kappelhoff, P. (2000): Der Netzwerkansatz als konzeptueller Rahmen für eine Theorie interorganisationaler Netzwerke. In: J. Sydow/A. Windeler (Hg.): Steuerung von Netzwerken. Konzepte und Praktiken, Opladen/Wiesbaden
Oswalt, Ph./U. Catalyst (2002): www.urban-os.com
Ploch, B. (1995): Regionale Identität in Hessen. Ein Forschungsbericht. In: H. Schilling/B. Ploch (Hg.): Region. Heimat der individualisierten Gesellschaft. Kulturanthropologie Notizen 50. Frankurt am Main
Puddifoot, J. E. (1995): Dimensions of community identity, in: Journal of community and applied social psychology, No. 5(5)

Schnabel, B./K. Selle, S. Yachkashi (2000): Einen „nachhaltigen Stadtteil" gemeinsam entwickeln? In: K. Selle (Hg.), Siedlungen bauen, Quartiere entwickeln. Dortmund

Schneider, L. (2001): Stellungnahme zum Hearing „Verhaltensbedingte Energiesparpotenziale" der Enquête-Kommission Nachhaltige Energieversorgung unter den Bedingungen der Globalisierung und der Liberalisierung, Berlin

Endnoten:

1   Da das Konzept der community identity als besonders geeignet zur Analyse des umweltverantwortlichen Handelns von Individuen im Setting von Kommunen eingeschätzt wird, wurde der Ansatz zur Unterstützung der Interpretation hier zusammengetragener Ergebnisse im Kontext der Nachhaltigen Entwicklung herangezogen. Das Modell umfasst zur Beschreibung und Bewertung die sechs Elemente „locus", „distinctiveness", „identification", „orientation", „evaluation of quality of community life" und „evaluation of community functioning".

2   Vgl. Beitrag von Uwe Fritsche im vorliegenden Band.

3   Die privaten Baugruppen realisierten 30% der ca. 1300 Wohneinheiten in Freiburg-Vauban.

4   Die Ergebnisse werden gestützt durch neuere Untersuchungsergebnisse aus dem laufenden Jahr (Forum Vauban 2002: Umsetzungsbegleitung des Verkehrskonzepts im Stadtteil Freiburg-Vauban) sowie die Bürgerumfrage 2001 der Stadt Freiburg, die für Vauban das höchste bürgerschaftliche Engagement aller untersuchten Stadtviertel konstatiert.

5   Zum Aspekt Konsumverhalten und nachbarschaftliche Kohäsion vor allem den Werkbericht „Wohnen und Nachhaltigkeit" des BMBF-Forschungsprojekts „Die Bedeutung von Wohngruppen für die Bildung nachhaltiger Konsummuster" (Hans-Joachim Harloff et.al (Hg.): Wohnen und Nachhaltigkeit. Interdisziplinäre Forschung vor der Haustür. Berlin 2000).

Dr. Bettina Brohmann
Öko-Institut e.V.
Elisabethenstr. 55–57
D-64283 Darmstadt

Christine Ax

Die Region wird, wofür sie sich hält...

Am Beispiel der Metropole Hamburg und vor dem Hintergrund des Bedürfnisfeldes Wohnen, wird im nachfolgenden Essay die Frage bearbeitet, unter welchen Bedingungen die MöbelmacherInnen in Hamburg heute arbeiten und wie ihre Stellung im regionalen Markt gestärkt werden kann. Die Bedeutung der Region für die „möbelmachenden" KünstlerInnen und HandwerkerInnen und die Bedeutung dieser Unternehmen für die Region wird aus der Zielperspektive „nachhaltige Regionalentwicklung" betrachtet. Die ökonomischen und sozialen Bedingungen einer (Re-)Regionalisierung von Produktion und Konsum werden unter besonderer Berücksichtigung der technologischen, ökonomischen und ästhetischen Rahmenbedingungen für Hamburg diskutiert.[1]

Wer ist Hamburg?
Wer in Europa an Hamburg denkt, der denkt an den Hamburger Hafen und vielleicht auch an die Reeperbahn und den Fischmarkt. So klischeehaft dies klingen mag, so klischeehaft sind die Verhältnisse - bis heute. Im großen Festsaal des Hamburger Rathauses malte Ende des 19. Jahrhunderts der Maler Hugo Vogel im Auftrag des Senats Hamburgs Selbstverständnis in epischer Breite. Hoch oben über dem vergoldeten Sitz des Bürgermeisters und den geringfügig weniger prächtigen Sitzen der Senatoren sehen wir die Elbe, die rauchende Schlote und den Hamburger Hafen.

Hamburgs Hafen ist mit dem Zentrum der Macht aufs Engste verbunden. Der Hafen und der Handel mit der neuen Welt hat Hamburg groß gemacht. Groß und bedeutend für die ganze Welt möchte Hamburg am liebsten auch bleiben: Standort für die großen Unternehmen (Dienstleister), Tor zu Welt für China, Japan und andere Nationen, Brücke nach Nord- und Osteuropa, Standort für „Zukunftsindustrien", von Airbus Industries bis AOL. Das hat Tradition.

Wer die Hamburger Wirtschaftspolitik über längere Zeit aufmerksam begleitet, stellt fest, dass diese Prioritäten in den letzten vier Jahrzehnten konsequent in Politik umgesetzt wurden. Die SPD, fest in der gut organisierten Arbeitnehmerschaft verankert und treu den Gewerkschaften und dem öffentlichen Dienst verbunden, zögerte nicht, wenn es darum ging, die aus ihrer Sicht notwendigen industriepolitischen Entscheidungen zu treffen. Die großen Industrieansiedlungen an der Unterelbe bezeugen dies ebenso, wie die in die Schlagzeilen geratene Verfüllung des „Mühlenberger Lochs". Eine Maßnahme, die trotz hoher Risiken für den Hamburger Haushalt und gegen alle Widerstände der Anwohner und Umweltschutzverbände[2] durchgesetzt wurde. Die Flächenerweiterung für die Flugzeugindustrie soll die Voraussetzungen für rund 2.000 Arbeitsplätze schaffen. Diese werden von der Landesregierung mit über 275.000 Euro je Arbeitsplatz subventioniert. Zugleich nötigen Hamburgs leere Kassen das Land, Lehrerstellen an Hamburgs Schulen zu streichen.

Die Beziehungen zwischen dem Hamburger Rathaus und der die Wirtschaft vertretenden Handelskammer – die Häuser stehen Rücken an Rücken – sind durchaus eng und von Respekt geprägt. Respekt der Politik vor der Wirtschaft – weniger umgekehrt. Ein Respekt, der vor allem aus der Einsicht erwächst, dass die politische Legitimation von Herrschaft auch in Hamburg maßgeblich vom Wohl und Wehe der Wirtschaft abhängt.

Dies gilt nicht in gleichem Umfang für die politischen Beziehungen des Rathauses zur zweiten Hamburger Wirtschaftskammer, der Handwerkskammer. Deren 13.000 Kleinstbetriebe in Hamburg sind zwar zweitgrößter „Arbeitgeber"; sie sind jedoch aus der Perspektive der „groß" denkenden Hamburger Wirtschaftspolitik ein traditionell zu vernachlässigender Faktor.

Die Jahresabschlussfeier der Hamburger Handwerkskammer, zu der sich einmal im Jahr Politik, Verwaltung und Handwerk versammeln um über das abgelaufene Jahr zu raisonnieren, gipfelt regelmäßig in der mit Spannung erwarteten Rede und Gegenrede von Handwerkskammerpräsident und Bürgermeister. Und diese verhandeln die immergleichen Themen: die Klage des Handwerks über die fehlende Unterstützung durch die Hamburger Politik, die Abwanderung der Betriebe ins Umland, die unbezahlbaren Flächen für Produzenten und Dienstleister in der Innenstadt, die Schwachpunkte des Schulwesens und all die anderen kleinen und unbedeutenden Dinge, die den Kleinbetrieben in dieser Metropole das Leben so schwer machen. Was sonst?

Von Künstlern und Handwerkern: Auf der Suche nach Arbeit und nach Sinn
Was Hamburger Tischlerwerkstätten einst technisch und gestalterisch vermochten, können wir heute in verschiedenen Ausstellungen in Hamburgs Museen bewundern. Prachtvolle und aufwändig gearbeitete Möbel zieren die Säle des Museums für Kunst und Gewerbe oder des Jenisch-Hauses. Großzügige Spenden und das Engagement großer Hamburger Vermögen machten und machen es möglich, diese kostbaren Erinnerungen zu bewahren und zu pflegen. Handwerkliche Arbeit in Gestalt von Antiquitäten finden wir auch in den Wohnzimmern wohlhabender Haushalte. Sie stehen neben Designermöbeln aus Italien, neben Shakermöbeln und anderen hochwertigen Importen.

Die ökonomischen Rahmenbedingungen: der Möbelmarkt

In den Landesgrenzen der FHH leben rund 1,8 Millionen Einwohner, Tendenz steigend. Wobei sich die Metropolregion Hamburg selber in der gleichlautenden Broschüre wie folgt vorstellt:

„Das Wirtschaftszentrum für Nordeuropa ist die Metropolregion Hamburg. Neben dem Stadtstaat Hamburg, der zweitgrößten Stadt Deutschlands, besteht sie aus einem wirtschaftlich leistungsfähigen Umland mit dem Wirtschaftsraum Brunsbüttel sowie den Landkreisen Cuxhaven, Harburg, Herzogtum Lauenburg, Lüchow-Dannenberg, Lüneburg, Pinneberg, Rotenburg (Wümme), Segeberg, Soltau-Fallingbostel, Stade, Steinburg, Stormarn und Uelzen. Sie gehören zu den Bundesländern Niedersachsen und Schleswig-Holstein, die den Stadtstaat Hamburg umgeben. Damit erstreckt sich die Metropolregion Hamburg im Nordwesten von Cuxhaven an der Mündung der Elbe in die Nordsee über das Elbland und die Lüneburger Heide bis zu den Grenzen des Bundeslandes Sachsen-Anhalt im Südosten. In diesem Gebiet von über 18.000 Quadratkilometern leben mehr als vier Millionen Menschen. Die Metropolregion Hamburg ist seit dem Mittelalter das Handels- und Wirtschaftszentrum für Nordeuropa, insbesondere für den Ostseeraum. Auch für die nahe gelegene deutsche Hauptstadt Berlin ist Hamburg als Außenhandelszentrum von großer wirtschaftlicher Bedeutung." Auch der Wirtschaftsfaktor Handwerk finde hier seinen Platz: als Zulieferer für die Industrie.

Möbel für Hamburg – Hamburger Möbel

Die Versorgung der Bevölkerung mit Möbeln übernimmt wie überall der Möbelhandel, dessen Struktur sich grob wie folgt beschreiben lässt: In der Innenstadt überlebt derzeit noch eine schwindende Zahl von Möbelhäusern, die sich durch ein ebenso exklusives wie hochpreisiges und vielfältiges Angebot auszeichnen. Die großen Möbelhäuser und Möbeldiscounter mit ihren wachsenden Marktanteilen (ein schwedisches Möbelhaus hat gerade einen zweiten Standort in Hamburg eröffnet) finden Ihren Platz in den verkehrsgünstig gelegenen Randlagen (Gewerbegebiete) oder im Umland. Die Lage der Branche ist seit Jahren schwierig und durch eine wachsende Spaltung des Marktes gekennzeichnet. Es gibt sowohl eine wachsende Nachfrage nach sehr hochpreisigen und exklusiven Möbeln (darunter auch Vollholzmöbel) als auch ein Wachstum im unteren Preissegment: den Mitnahme- und Billigmöbeln.

Für Möbel (incl. Büromöbel) gaben Deutschlands Privathaushalte 1997 rund € 35 Mrd. aus. Der Umsatz des Möbeleinzelhandels ist in den letzten zwei Jahren (2000 und 2001) leicht rückläufig. Pro Kopf lagen die Ausgaben in den Privathaushalten bei Euro 290 im Jahr 1997. Bezogen auf das Land Hamburg wären dies etwas über € 500 Mio., die jährlich für Möbel ausgegeben werden. Für die gesamte Region lägen demnach die Ausgaben für Möbel in einer Größenordnung von ca. € 1 Milliarde.

Geht man davon aus, dass rund 25% des im Möbeleinzelhandel gemachten Umsatzes mit Möbeln aus dem oberen Preissegment gemacht wird, so kann hieraus abgeschätzt werden, dass das Marktsegment, in dem Hamburgs Möbeltischler preislich mithalten könnten, in der Größenordnung von rund 125 Millionen Euro jährlich liegen dürfte. Was also sollte Hamburgs Möbeltischler daran hindern, diese Nachfrage zu bedienen.

Hamburgs Möbeltischler: Künstler, Handwerker und Unternehmer
Die Ausbildung zum Tischler erfolgt heute in Deutschland in der Regel in einer dreijährigen Lehre. Nur die in die Handwerksrolle eingetragenen Tischlereien dürfen ausbilden. Die Meisterausbildung ist kostenpflichtig und dauert ein Jahr. Die Kosten nur für die Schule liegen bei ca. € 5.000–7.500. Sie steht allen Gesellen und Gesellinnen offen, die mindestens fünf Jahre Berufstätigkeit nachweisen können. Ausnahmen bestätigen die Regel. Neben der Ausbildung zum Tischlermeister steht den Gesellen die Ausbildung zum Holztechniker offen. Diese Ausbildung dauert zwei Jahre und ist eine Vollzeitmaßnahme. Die Schule ist kostenfrei. Die Zahl der Tischlerbetriebe in Hamburg ist seit dem zweiten Weltkrieg rückläufig. Im gleichen Zeitraum ist die Betriebsgröße deutlich gestiegen, so dass sich dieser Schrumpfungsprozess zum Teil als Konzentrationsprozess darstellt. Seit Anfang der 80er Jahre ist der Betriebsbestand bei leichten Rückgängen tendenziell konstant.

Der Innung für Holz- und Kunststoff sind in Hamburg zwar Tischlereien bekannt, die auch Einzelmöbel herstellen. Allerdings geht die Innung davon aus, dass es in Hamburg faktisch keine Tischlerbetriebe gibt, die vom Möbelbau leben können. Von den rund 30 Hamburger Innungsbetrieben des Tischlerhandwerks, die im Internet mit einer eigenen Website vertreten (www.tischler.de) sind, werben rund ein Viertel der Betriebe auch mit Einzelmöbeln. Wobei das Möbelangebot ganz überwiegend im Zusammenhang mit Angeboten der Inneneinrichtung stehen (Einbauschränke, Tresen u.a.) und der funktionale Aspekt bei der Konstruktion überwiegt. Dies entspricht dem geringen Stellenwert, den die Gestaltung in der Ausbildung und in der praktischen Arbeit in den Betrieben hat. Die Tischler verstehen sich als Dienstleister und als Problemlöser und nicht als Designer oder Kunsttischler. Die wirtschaftliche Lage der größeren Tischlereibetriebe in Hamburg schien in den letzten Jahren überwiegend zufrieden stellend zu sein. Wobei der Umsatz pro Beschäftigten mit knapp € 80.000 vergleichsweise bescheiden ist.

Ist das Handwerk zu teuer?
Auf der Suche nach den Ursachen für den vernachlässigbaren Anteil, den Handwerkermöbel am Hamburger Markt haben, wird deutlich, dass nicht die gehobenen Preise hierfür ausschlaggebend sein können; heute nicht mehr und in Zukunft schon gar nicht.

Ein Preisvergleich zwischen den in guten Lagen in Hamburg zum Verkauf angebotenen exklusiven Möbel mit den von Hamburger Kunsttischlern als Unikate gefertigten

Möbeln macht deutlich, dass die handwerklichen MöbelmacherInnen nicht nur ab Werkstatt zu Preisen anbieten, die durchaus im Rahmen dieses Marktsegmentes liegen.

Wenn die kaufkräftige Kundschaft heute lieber italienische Designermöbel von der Stange kauft als sich „ihr Möbel" von ihren Kunsttischlern entwerfen und fertigen zu lassen, dann liegt es nicht am Preis. Dieses Konsummodell ist schlichtweg nicht mehr üblich und es ist auch nicht in Mode. Echte Kennerschaft bezogen auf handwerkliche Qualität ist selten und ein ausgesprochenes Oberschichtenphänomen[3]. Der Zeitgeist der veröffentlichten Meinung, der maßgeblich beeinflusst, was als „schön" empfunden wird, weht aus einer anderen Richtung und kann im Übrigen auch gar nicht anders: denn auch im Anzeigengeschäft spielen die Kleinen und Mittleren Unternehmen keine Rolle.

Und doch wäre es heute möglich, auf Basis von CAM-Lösungen preislich und ästhetisch konkurrenzfähige Möbel in kleinen Serien oder kundenindividuelle Möbel in Hamburg zu erzeugen. Möbel, die preislich auch für den regionalen Möbelhandel noch von Interesse wären. Die neuen Fertigungswerkzeuge stellen ökonomisch manches auf den Kopf. Industrie und Handwerk arbeiten heute vielerorts mit den gleichen Werkzeugen aber immer noch nicht unter den gleichen Bedingungen.

Tendenziell begünstigt werden die Chancen des Handwerks durch den Umstand, dass der Möbelkauf weniger als andere Konsumbereiche durch Marken dominiert wird[4] als durch seine Vertriebskanäle. Der Standort sowie die Qualität und die Vielfalt des Angebotes im Handel sind für die Kunden die entscheidenden Anreize. Und diesem Möbelfachhandel haben die vielen kleinen Handwerksproduzenten nichts Eigenes entgegenzusetzen. Weder im Internet noch real. Wer sie finden will, muss sich mit einem Zweizeiler in den gelben Seiten begnügen. Oft genug fehlt gerade den Künstlern unter ihnen nicht nur der Platz am richtigen Ort sondern auch das Geld, Möbel auf Vorrat für (Dauer-)Ausstellungen zu fertigen. Was fertig ist, muss verkauft werden. Und was im Auftrag von Kunden gefertigt wurde, wandert in deren Wohnungen und kann nicht mehr besichtigt werden. Gerade die gestalterisch Ambitioniertesten leben von der Hand in den Mund. Ähnliches gilt für die B2B Ebene: regionale Tischlereibetriebe als Lieferanten von Möbeln oder maßgeschneiderten Lösungen für hochwertige Möbelhandelshäuser gibt es kaum. Die beiden Welten (Handel und regionale Produzenten) haben keine Überschneidungspunkte. Es gibt faktisch kein Wissen voneinander und auch keine Ereignisse und keine Foren auf denen sich formell oder informell Geschäftsbeziehungen ergeben könnten.

Gehen wir hypothetisch davon aus, dass die Bedingungen unter denen Handwerker ihre Möbel anbieten mit den Bedingungen vergleichbar sind, die sich für den Vertrieb eines anderen, ähnlichen „Nischenproduktes" ergeben – gemeint sind „ökologische Möbel" – dann lassen sich neben dem Preis noch eine Reihe weiterer Rahmenbedingungen für den Erfolg am Markt definieren. Hinweise liefert eine auf Umfragen basierende Studie der Universität Lüneburg die Anfang der 90er durchgeführt wurde, deren Kernaussagen jedoch noch immer relevant sein dürfte. Die Befragungsergebnisse weisen darauf hin, dass neben den immer kritisch betrachteten Preisen insbesondere die Zugangsmühe und der Echtheitszweifel für das Kaufverhalten entscheidend sind. Außerdem sind die Befragten nicht bereit für ein Nischenprodukt weite Fahrwege auf sich zu nehmen.[5]

Arbeiten dürfen ...
Während es eine beachtliche Zahl größere Tischlereien gibt, die erfolgreich im Innenausbau tätig sind und im Auftrag von Architekten, Innenarchitekten und Kunden von der Schrankwand bis zum Schreibtisch Räume gestalten und – seltener – planen, ist der Bau von „Einzelmöbeln" im „offiziellen Handwerk" rar geworden. In die Handwerksrolle eingetragene Tischlereien die sich auf Möbelbau spezialisiert haben, waren im Rahmen der Untersuchung nicht zu finden.

Möbelmacher finden wir in Hamburg eher in der Kategorie Kunsthandwerk und Kunsttischler, arbeitslose Designer als Kleinstbetriebe in Hinterhöfen, in Handwerkerhöfen oder am Stadtrand. In den Grenzbereichen zwischen Kunst und Design, zwischen Architektur und Handwerk.

Und trotz den zum Teil schwierigen, ja prekären Arbeitsbedingungen, unter denen produziert wird, ist die Liebe zur eigenen Profession in diesen Werkstätten groß. Es ist vor allem die Genugtuung, die diese Möbelmacher in der kreativen Auseinandersetzung mit dem Material finden oder es ist der gelungene Entwurf, der ihnen ihre Arbeit so kostbar macht, dass sie auf vieles verzichten, was die Gewerkschaften an sozialen Errungenschaften für Arbeitnehmer erkämpft haben. Diese Arbeit ist zwar mit viel Anerkennung durch die Kunden und manchmal auch die Öffentlichkeit verbunden aber auch mit viel Mühe und für die meisten mit einem vergleichsweise bescheidenen Auskommen.

Diese TischlerInnen befinden sich in der ökonomischen Falle der Unikatproduktion. Ihre oft auf die funktionalen und ästhetischen Wünsche eines einzigen Kunden hin maßgeschneiderten Möbel, die durchweg von höchster handwerklicher und ästhetischer Qualität sind, bleiben unbezahlt. Der hohe Dienstleistungsanteil am Produkt, der sich durch die zeitintensiven Gespräche und individuellen Entwurfsarbeiten ergibt, ist am Markt nur selten realisierbar. Und auch wenn ihre Entwürfe preisgekrönt und ebenso genial sind, wie die berühmter Designer, so streichen sie doch nicht deren Rendite ein: Lizenzgebühren, die in der „economie of scale" im Kaufpreis ebenso enthalten sind, wie die hohen Kosten, die mit der Einführung und der ständigen Pflege einer Marke verbunden sind. Erst in der Reproduktion, in der Kleinserie wäre diese Produktionsweise so lohnend, dass ein Einkommen entsteht, das den heutigen gesellschaftlichen Standards entspräche.

Als Engpass erweisen sich auch hier die schwierigen oder fehlenden Vertriebs- und Vermarktungsstrukturen. Ganz gleich, ob es um die Vermarktung von Einzelmöbeln geht oder um die Vermarktung von Entwürfen, die TischlerInnen sind hiermit in der Regel überfordert. Sie können diese Aufgabe nicht auch noch ganz nebenbei professionell genug bearbeiten. Und um solche Leistungen zuzukaufen, fehlt das Geld. Die Armut kommt auch hier von der pauverté. Eine Infrastruktur, die sie hierbei unterstützt oder kooperative Ansätze und Netzwerke, die dies erleichtern gibt es in Hamburg nicht. Werkstätten an den privilegierten Standorten mit Publikumsverkehr geht es vergleichsweise gut. Werkstätten in Randlagen haben es schwer. Sie suchen ihre Kunden auf Messen und Ausstellungen und die Kunden finden zu den Hamburger Möbeltischlerinnen nur durch „Mund zu Mund-Propaganda", auf Kunstgewerbeausstellungen oder durch Zufall.

Die meisten MöbelmacherInnen sind sich dieser Herausforderungen und ihrer Chancen durchaus bewusst. Fast alle können sich vorstellen, gelungene Möbel in die Serienfertigung zu geben. Auch an kooperativen Lösungen, einer Zusammenarbeit sind sie im Prinzip interessiert. Doch wer hat die Kraft und die Ressourcen sie aufzubauen – neben dem Tagesgeschäft? Und wer außer ihnen selbst hätte daran Interesse? Wer schaut hin? Hamburgs Wirtschaftspolitik schwebt weit oben – weit über diesem Kleinkram. Während die Millionen zwei- bis dreistellig für Großprojekte locker fließen – sind die bescheidenen Beträge, die die Entwicklung eines solchen Wirtschaftsbereiches möglich machen würden unfinanzierbar. Förderbar wären derartige Maßnahmen der lokalen Wirtschaftsförderung höchstens im Rahmen von „Armutsprogrammen". Kurioserweise wird die Existenzgründung in Hamburg als Alternative zur Arbeitslosigkeit gleichzeitig massiv gefördert. Doch was kommt danach?

Cool in silver oder: Was ist heute hamburgisch?
Obgleich diese Frage bezogen auf die Gegenwart in Hamburg niemand beantworten mag, ist es von außen betrachtet und vor allem im Unterschied zu anderen europäischen Regionen durchaus möglich, hierauf Antworten zu geben. Ja, es gibt sie heute noch immer: die regionalen Unterschiede und Eigenheiten in diesem Europa der Regionen. Im Rahmen eines kürzlich durchgeführten Workshops mit Kunsthandwerkern[6] aus vier europäischen Regionen, in dessen Verlauf die Künstler- und Handwerker gebeten waren, ihren Region durch Formen und Farben einen Ausdruck zu geben, war dies unübersehbar. Die Unterschiede und die Eigenheiten springen im Vergleich nämlich sofort ins Auge. Das Hamburger Selbstbild wurde mit der liebevoll-ironisch gemeinten Überschrift: „cool in silver" charakterisiert und war formal, farblich und inhaltlich ebenso unverwechselbar wie die Selbstverständnisse der anderen europäischen Regionen. Auch wenn die Globalisierung und Europa für eine Homogenisierung der Warenwelt sorgen und sich die Bilder in den Einkaufsstraßen und in den Supermärkten zunehmend gleichen, das regionale Kunsthandwerk, die regionale Lebensmittelproduktion und das regionale Bauhandwerk sind bis heute Träger von eigenständigen regionalen Identitäten oder anders gesagt: sie geben ihnen ihren Ausdruck. Und sie brauchen, ähnlich wie seltene, vom Aussterben bedrohte Pflanzen, die richtige Umwelt um zu überleben. Ihr Bestand braucht eine gewisse Dichte und Chancen für identitäts-

stiftende Diskurse. Sie brauchen ökonomische Lebensräume und Kontinuität im Sinne des Weitergebens von Erfahrungen und von handwerklichen Fertigkeiten im Austausch mit der Region.

Der Blick nach Europa lehrt uns auch: die Regionen gehen sehr unterschiedlich mit ihrem kulturellen Erbe um. Die Produktivkraft der „cultural industries" sowohl als Standortfaktor als auch als Exportfaktor wurde von Italien oder den UK schon lange erkannt. Andere Regionen hingegen machen sich erst heute auf den Weg oder sie machen es ganz einfach: sie ignorieren es.

Elektronisches Handwerk: Chancen für die regionale Arbeit?
Am „Ende der Massenproduktion" (Piore/Sabel[7]) zeichnet sich heute die Perspektive eines „nachindustriellen" Strukturwandels ab, der sich im Modell der „virtuellen Produktion" (Davidow/Mallone[8]) verdichtet. Dieses durch neue Technologie ermöglichte Produktions- und Wirtschaftsmodell wurde in der Vergangenheit hauptsächlich aus der Perspektive der Industrie untersucht: und wird in der zeitgenössischen Literatur als „Mass-Customization" (B. Joseph Pine[9]) oder „kundenindividuelle Massenproduktion" (Frank Piller[10]) diskutiert.

Doch stellen die neuen Technologien keineswegs nur die Industrie, sondern auch das Handwerk vor neue Herausforderungen[11]. Im Tischlerhandwerk, exemplarisches Beispiel dieser Studie, verfügen heute bereits 10 bis 15 Prozent aller Betriebe über einen Internet-Anschluß und CNC-Maschinen. Technologisch und ökonomisch ist das Handwerk somit – erstmals seit der Industrialisierung vor über 150 Jahren – wieder konkurrenzfähig.

Dennoch fehlen viele Voraussetzungen für eine Renaissance der handwerklichen Produktion. Um die spezifischen Stärken der neuen informations- und computergesteuerten Fertigungstechnologie für eine neohandwerkliche Produktion voll nutzen zu können, erscheint ein umfassender Strukturwandel notwendig, der ähnlich wie im Schuhmacherhandwerk[12] die gesamte Prozesskette – Produktentwicklung, Kunden-Kommunikation, Produktion und Distribution – umfasst.

Neben Defiziten in der betrieblichen Organisation, in der Kundenansprache, in der Ausbildung und im Bewusstsein der neuen Möglichkeiten erweist sich vor allem der Mangel an neuen, CNC-resonanten Produktentwürfen[13] als ein zentraler Engpass für die Implementierung der „virtuellen Produktion" im Handwerk. Für einzelne Tischlereibetriebe sind die Kosten für Entwicklung und Gestaltung solcher Produktentwürfe freilich untragbar. Traditionell wurde dieses Problem durch Musterbücher behoben, aus denen Entwürfe ausgewählt und in Absprache mit den Kunden individuell variiert werden konnten. Tatsächlich eröffnen sich durch die digitale Technologie Möglichkeiten, die über das Musterbuch und die Blaupause weit hinausgehen: Datensätze definieren nicht nur die technischen Einzelheiten eines Möbelentwurfs, sie umfassen das gesamte Steuerungsprogramm für die computerunterstützte Produktion. Solche gebrauchsfertigen Datensätze, die wir als „virtuelle Produkte" bezeichnen, können durch die Veränderung von Parametern quasi auf Knopfdruck an die Kundenwünsche angepasst werden.

Die neohandwerkliche Produktionsweise, die durch Merkmale wie Einzelstückfertigung, direkten Kundenkontakt, Einsatz von Universalwerkzeugen, kleine Betriebseinheiten und dezentrale Strukturen charakterisiert werden kann, erfordert und begünstigt in Industrie und Handwerk gleichermaßen einen „neohandwerklichen Produktstil" und das „virtuelle Design".

So wie die traditionelle handwerkliche Fertigung und die industrielle Massenproduktion zu einer herstellungsspezifischen Produktgestaltung führten, so benötigen auch die digitalen Werkzeuge ein verändertes kulturelles Umfeld und ein neues Produktdesign. Erstens muss das „virtuelle Design" an die technischen Möglichkeiten der CNC-Fräsen angepasst werden. Wobei die gestalterischen Möglichkeiten vom technischen Entwicklungsstand der jeweiligen CNC-Bearbeitungszentren abhängig sind. So gewährt eine fünfachsige Fräse dem Produzenten naturgemäß eine größere gestalterische Freiheit, als eine dreiachsige Maschine, die letztlich nur für die Bearbeitung von Holzplatten geeignet ist. Doch auch hier ist der technische Fortschritt ein nicht zu unterschätzender Motor von Entwicklung. In den USA, aber auch in Deutschland entsteht eine „CNC-Sculpture"- oder „Computer-Sculpture"-Szene, die mit CNC-Fräse, Laserstrahlschneider oder 3D-Plotter Kunst und Handwerk verbindet. War es bisher auf die industrielle Massenfertigung zurückführen, dass künstlerische Aspekte und eine handwerkliche Ornamentik am Gebrauchsgegenstand ihres Wertes beraubt und völlig verdrängt wurden, so begünstigt die individuelle Produktion heute wieder die individuelle Formgebung durch den Handwerker und den Kunden.

Die Frage nach der Renaissance einer handwerklichen Produktionsweise hat seit dem Siegeszug der industriellen Revolution immer wieder soziale Bewegungen und Intellektuelle inspiriert und bewegt. Dabei stand neben den ästhetischen Dissonanzen, die die industriell erzeugten Produkte verursachten, zumal in der Arts and Crafts-Bewegung, auch immer die Sehnsucht nach einer menschengerechten Arbeitswelt im Fokus. Einer Arbeitswelt, in der nicht die Maschine den Menschen beherrscht, sondern der Mensch unterstützt durch die „Maschine" in einem Akt der Freiheit seine Welt nach seinen Bedürfnissen gestaltet.

Die maschinelle Herstellung von „Kunst" und gestalterisch anspruchsvollen Produkten lag für Ruskin oder William Morris wie auch für andere Vertreter von Arts and Crafts außerhalb des Möglichen. Eine Einschätzung, die bezogen auf den Stand der Maschinentechnik Ende des 19. Jahrhunderts durchaus nachvollziehbar war. Der Gegensatz zwischen den Maschinenprodukten und den Ergebnissen echter Handwerkskunst musste damals für jeden ästhetisch gebildeten Betrachter ein Absturz ins Bodenlose gewesen sein. Es war die Geburtsstunde des „Industriedesigns", das nicht zuletzt mit dem „Bauhaus" die Brücke hin zu einer neuen, zu einer „funktionalen" Ästhetik schuf. Wobei nicht vergessen werden darf, dass die schlichte Funktionalität der gestalteten Produkte weder einem inneren Bedürfnis der Produzenten noch den dringenden Wünschen der Kunden entsprang: es war die mechanisch starre Unbeweglichkeit der Produktionsmaschinen, die letzlich nichts anderes an Gestaltung zuließ und doch Erfolg haben sollte. Denn in die Zeit passte diese Ästhetik allemal und war mehr als nur „Form". Sie war ein Wechsel auf eine bessere Zukunft. Versprachen die Maschinenwelt mit ihrer economie of scale doch zu Recht Wohlstand für alle in einer Zeit, in denen die meisten Menschen sozial und kulturell entwurzelt und verarmt waren.

Der Gegensatz zwischen Kunst und Maschine im Zentrum dieser nicht nur aus Sicht des Handwerks entfremdeten Arbeitswelt ist jedoch nichts Starres und kann heute durch den Einsatz neuer Technologien gemildert oder vielleicht sogar wieder aufgehoben werden. Die Vision eines elektronischen Handwerks stünde vielleicht am Ende eines Prozesses, dessen Ziel es sein könnte, dass sich das Handwerk die neuen gestalterischen Freiheiten die sich mit den flexiblen Werkzeugen ergeben, aneignet und in ein ökonomisch erfolgreiches Produktions- und Konsummodell umwandelt. Hierzu brauchen wir Labors und Werkstätten, in denen der kunstvolle Umgang mit den neuen technischen und gestalterischen Möglichkeiten im Zentrum der Ausbildung und des experimentellen Produzierens stehen: Orte der Freiheit und der Kommunikation in einer sich schnell verändernden Welt, die stets auf der Suche nach der ihr (individuell und kollektiv) angemessensten Gestalt ist. Das weltoffene Hamburg wäre hierfür kein schlechter Ort.

Endnoten

1 Der Aufsatz reflektiert die Ergebnisse der Machbarkeitsstudie „Stärkung regionaler Ökonomien: New Arts and Crafts als exemplarischer Beitrag des Tischlerhandwerks", die in den Jahren 2000/ 2001 von Prof. Jochen Gros, Dipl.Des. Dagmar Steffen, Hochschule für Gestaltung Offenbach und Dr. Willy Bierter, Christine Ax (M.A.), Institut für Produktdauer-Forschung, Hamburg und Giebenach erarbeitet wurde. Eine Umsetzung der Ergebnisse im Rahmen einer Hauptphase am Beispiel der FHH Hamburg ist in der Antragstellung. Weitere Informationen unter: http://www.hfg-offenbach.de/pubCont.hfg?fdId=32. Die Studie kann unter kann unter folgender Adresse bestellt werden: mailto:Scheld@em.uni-frankfurt.de. Weitere Informationen und Kontakt unter www.ipf-hamburg.net und christine-ax@ipf-hamburg.net.
2 Informationen unter www.elbbucht.de.
3 Eine repräsentative Befragung zum Thema handwerklich gefertigte Maßschuhe, die im Auftrag von ipf hamburg Ende letzten Jahres durchgeführt wurde belegt, dass die Wertschätzung handwerklichem Produkte vor allem bei Männern verbreitet ist und mit Einkommensniveau und Bildungstand wächst.
4 Vgl. Möbel, Zahlen, Daten, Fakten, Holzmann Verlag.
5 Quelle: Bänsch, A. 1990: 362 ff.
6 Im Rahmen des europäischen Projekts „eurocraft" fand im Jahr 2001 ein Workshop auf Rhodos statt, in dessen Verlauf mit Kunsthandwerkern aus Rhodos, Belfast, Erice (Sizilien) und Hamburg auf diese Weise gearbeitet wurde (www.craft2eu.de oder www.eurocraft.de).
7 Piore, Michael J. Sabel, Charles F., Das Ende der Massenproduktion, Berlin 1985.
8 Davidow, W.H., Mallone M.S., Frankfurt am Main 1993.

9 B. Joseph Pine, Maßgeschneiderte Massenfertigung: neue Dimension im Wettbewerb, 1994 Wien.

10 Kundenindividuelle Massenproduktion: Die Wettbewerbsstrategie der Zukunft, von Frank T. Piller mit einer Einführung von B. Joseph Pine II, München/Wien: Carl Hanser Verlag 1998.

11 Vgl. Christine Ax, „Das Handwerk der Zukunft – Leitbilder für nachhaltiges Wirtschaften", Kapitel: Maßproduktion statt Massenproduktion, Basel, Boston, Berlin 1997: 103ff. (vgl. auch www.ipf-hamburg.net).

12 ipf hamburg arbeitet seit fünf Jahren mit Schuhmachern an dem Aufbau einer wertschöpfungsübergreifenden CAM-Lösung für die handwerkliche Maßschuhfertigung, die im nächsten Jahr bundesweit als Produktionsplattform unter www.massschuh.de gelauncht wird (Informationen unter www.massschuh-galerie.de).

13 Nicht nur das C-Labor an der Hochschule für Gestaltung in Offenbach arbeitet unter der Leitung von Prof. Jochen Gros mit Handwerksbetrieben an Lösungen für dieses Problem. Auch der Fachverband des Tischlerhandwerks hat inzwischen die Zeichen der Zeit erkannt und fördert (z.B. durch den Wettbewerb „CNC-gerechter Entwurf" das Know-how im Handwerk.

Christine Ax (M.A.)
Institut für Produktdauerforschung
Meieinweg 274
D-22335 Hamburg

Regina Gaitsch/Christian Ganzert

Der Zuschnitt von Regionen und seine Bedeutung für das Regionalisierungspotenzial nachhaltigen Wirtschaftens am Beispiel der Vermarktung von regionalen Nahrungsmitteln

1. Zielstellung

Am Beispiel des Modellprojekts „Entwicklung eines Lernmodells zur regionalen Vermarktung von Nahrungsmitteln" wird gezeigt, wie für zwei Regionen (Hunsrück, Bergisches Land) der räumliche Zuschnitt präzisiert wurde und welche Anpassungen im Prozess notwendig waren. Auf der Basis dieser beispielhaften Darstellung und der vorliegenden Erfahrungen sollen erste Schlussfolgerungen zu Regionalisierungspotenzialen und zur optimalen Abgrenzung von Regionen für nachhaltiges Wirtschaften gezogen werden.

2. Regionen als Umsetzungsebene nachhaltigen Wirtschaftens

Der Aufbau regionaler Wirtschaftskreisläufe setzt zunächst die räumliche Abgrenzung einer geeigneten Region voraus. Generell wird der Begriff „Region" vielfältig verwendet, d.h. für Raumeinheiten unterschiedlicher Größe und unter Anwendung verschiedener Abgrenzungskriterien. Man unterscheidet u. a. Metropol- und Agglomerationsregionen, Stadt-Umland-Regionen, Wirtschaftsregionen, Raumordungsregionen, naturräumliche Regionen etc. (Brückner 2000: 11f.).

Ferner ist zu berücksichtigen, dass Regionen in eine Vielzahl von Verflechtungen interregionaler Art eingebunden sind, z.B. Import- und Exportbeziehungen, menschliche Wanderungsbewegungen, Wasserkreisläufe. Diese Austauschbeziehungen sollen keinesfalls verhindert werden, aber es soll berücksichtigt werden, wo Stoffströme und Wertschöpfungsketten im Sinne der Nachhaltigkeit sinnvoll und notwendigerweise engergeführt bzw. geschlossen und wie diese gerechter und ökologisch vorteilhafter gestaltet werden können (Majer 1995: 222f.; Majer et al. 1996: 18ff.).

Vor dem Hintergrund dieser Überlegungen sind bei der Abgrenzung von Regionen für regionale Wirtschaftsprozesse zwei Aspekte zu beachten:
- Beim Regionszuschnitt müssen die mit der räumlichen Nähe verbundenen förderlichen Bedingungen für nachhaltiges Wirtschaften Berücksichtigung finden (wie die Sicherstellung der Überschaubarkeit, der regionalen Identifikation, der Erreichbarkeit der Akteure etc.).
- Der abzugrenzende Raum muss darüber hinaus entsprechende Ansatzpunkte für die regionale Produktion und Konsumtion von Produkten und Dienstleistungen einschließen. Als solche Regionalisierungspotenziale werden betrachtet (Peters et al. 1996; Minsch et al. 2000):

Rohstoff-, Verarbeitungs- und Vermarktungspotenziale:
Die Produktion von Gütern und Dienstleistungen auf regionaler Ebene ist an dort erzeugbare bzw. vorhandene Roh- und Grundstoffe sowie deren Verarbeitung und Vermarktung in entsprechenden betrieblichen Kapazitäten gebunden.

Absatzpotenziale:
Die regional erzeugten Produkte müssen vor Ort auf eine entsprechende Nachfragemenge (Kaufpräferenzen, Konsumverhalten) treffen.

Know-how-Potenziale:
Spezifisches regionales Wissen, Fähigkeiten und Technologien stellen Voraussetzungen für innovative Produkte und Dienstleistungen mit besonderen Funktionen und Qualitätseigenschaften dar (z.B. traditionelle Produktionsmethoden für Nahrungsmittelspezialitäten).

Soziale Potenziale:
Eine Grundlage regionaler Kreisläufe ist die Bereitschaft der betroffenen Akteure vor Ort, sich an deren Aufbau zu beteiligen bzw. diesen zu unterstützen. Ausgangspunkte können dabei das bereits vorhandene Problembewusstsein bei den Akteuren hinsichtlich nachhaltigen Wirtschaftens sein sowie bereits engagierte Schlüsselakteure mit entsprechenden Erfahrungen, die als Motoren für neue Entwicklungen wirken.

Zeitpotenziale:
Hierunter sind Ansatzpunkte für Wirtschaftsstrategien zu verstehen, bei denen sowohl kurzfristig Erfolge hinsichtlich der Regionalisierung zu erreichen sind als auch mittel- und langfristige Stabilisierungs- und Ausbaumöglichkeiten vorhanden sind.

Die Suche nach einer adäquaten Regionsabgrenzung, die beide Aspekte berücksichtigt und möglichst hohe Regionalisierungspotenziale erschließt, lässt neben Synergieeffekten auch Zielkonflikte erwarten. Während der erste Aspekt eine kleinräumige Abgrenzung nahe legt, wird die Berücksichtigung des zweiten Aspekts bestimmt durch die unterschiedliche räumliche Verteilung der genannten Regionalisierungspotenziale, für die – aufgrund der etablierten räumlichen Arbeitsteilung – eine weitaus großräumigere Verteilung angenommen werden muss.

Vor diesem Hintergrund ist eine funktionalen Kriterien folgende Regionsabgrenzung notwendig, die sich nach dem zu produzierenden bzw. konsumierenden Produkt (z.B. Nahrungsmittel, Bekleidung) oder der Dienstleistung und den dafür benötigten Produktions-, Verarbeitungs-, Vermarktungs- und Konsumstrukturen richtet. Der Regionszuschnitt erfolgt somit als räumliche Optimierung der identifizierten Regionalisierungspotenziale und setzt eine detaillierte Untersuchung der vorhandenen regionalen Strukturen (Wirtschaftsstruktur, naturräumliche Bedingungen, Nachfragestruktur, Interessen und Handlungsspielräume der Akteure etc.) voraus.

3. Der Zuschnitt von Regionen anhand regionaler Nahrungsmittel-Produktlinien

Das Modellprojekt „Entwicklung eines Lernmodells zur regionalen Vermarktung von Nahrungsmitteln" verfolgte das Ziel, in Zusammenarbeit mit Praxispartnern in zwei Regionen Aufbau- und Stabilisierungsprozesse der Regionalvermarktung von Nahrungsmitteln zu initiieren und auf Umsetzungs- und Erfolgsbedingungen zu untersuchen. Unter der Regionalvermarktung von Nahrungsmitteln wurde dabei die Verarbeitung heimischer Rohstoffe aus der Landwirtschaft in Verarbeitungsbetrieben vor Ort und die Vermarktung der erzeugten Nahrungsmittel an regionale Verbraucher verstanden. Die mehrheitliche Wertschöpfung bei der Herstellung dieser Nahrungsmittel erfolgt somit innerhalb der Region. In diesem Zusammenhang wird die regionale Herkunft der Nahrungsmittel explizit als Marketingargument eingesetzt (Gärtner et al. 1999: 6f.).

Für die Identifikation von Ansatzpunkten für die Initiierung solcher regionaler Wirtschaftskreisläufe wurde ein Konzept zur Untersuchung der Ernährungsbereiche beider Regionen entwickelt, das im Folgenden hinsichtlich seiner Ziele und Verfahrensschritte sowie seiner Ergebnisse für beide Untersuchungsregionen beispielhaft erläutert wird.

Dabei wurden folgende Ziele für die Entwicklung und Anwendung des Analysekonzepts formuliert:

- Der Ernährungsbereich der Regionen – verstanden als Gesamtheit der Handlungen, Strukturen und Kontexte in Zusammenhang mit der Produktion, Verarbeitung, dem Handel und Konsum von Nahrungsmitteln – sollte systematisch auf Regionalisierungspotenziale untersucht werden. Bezugspunkt der Untersuchung bildeten einzelne Produktlinien, d.h. Produktions- und Konsumtionswege von Nahrungsmitteln über die Stufen Landwirtschaftliche Produktion, Verarbeitung, Handel und Konsum.
- Der Rechercheaufwand sollte durch stufenweise Eingrenzung des Untersuchungsgegenstandes minimiert werden, um ein rationelles Vorgehen zu gewährleisten. Die statistische Datenlage wurde als beschränkt eingeschätzt, da Informationen über regionale Liefer- und Absatzverflechtungen nicht erfasst werden. Neben der amtlichen Statistik kam daher Expertengesprächen eine besondere Bedeutung zu. Unter Berücksichtigung der Datenverfügbarkeit wurden zunächst administrative Grenzen (d.h. Landkreise) als Regionszuschnitte der Untersuchung gewählt.
- Die Praxisakteure, deren Erfahrungen und Interessen stellen eine wesentliche Grundlage des Aufbaus der Regionalvermarktung dar. Daher sollten die relevanten Akteure kontinuierlich in den Analyseprozess einbezogen werden und auf diesem Wege auch für den Aufbau der Regionalvermarktung aktiviert werden.

Das entwickelte Analysekonzept, welches im Folgenden erläutert wird, gliedert sich in fünf Untersuchungsschritte, denen die Ernährungsbereiche beider Regionen parallel unterzogen wurden (vgl. folgende Abb.).

Abb.: Analysekonzept für die Regionen:

1. **Strukturen des regionalen Ernährungsbereichs:**
   Landwirtschaft – Verarbeitung – Handel – Konsum

2. **Eingrenzung:**
   Selbstversorgungsgrad der Region

3. **Untersuchung der Verarbeitungs- und Vermarktungskapazitäten**

4. **Eingrenzung:**
   Expertengespräche mit Schlüsselpersonen des regionalen Ernährungsbereichs

5. **Regionaler Workshop mit Schlüsselpersonen**
   Ergebnis: Auswahl der Produktlinien

1. Schritt: Strukturen des regionalen Ernährungsbereichs
In einem ersten Schritt wurde der regionale Ernährungsbereich – gegliedert nach den Stufen *landwirtschaftliche Produktion, Verarbeitung, Handel und Konsum* – auf seine Strukturmerkmale untersucht. Dabei standen die Analyse der Betriebsgrößenstrukturen, der Produktionskapazitäten, der Angebotspaletten und räumlichen Verteilung der Unternehmen in Landwirtschaft, Nahrungsmittelhandwerk und -gewerbe sowie Lebensmittelhandel und Gastronomie im Vordergrund. Daneben wurden Kaufkraftpotenzial, Ernährungs- und Einkaufsgewohnheiten in den Regionen untersucht bzw. überregionale Studien als Vergleich herangezogen. Quer zu den vier Stufen wurden Informationen zu den wirtschaftlichen, politischen, rechtlichen und natürlichen Rahmenbedingungen des jeweiligen Ernährungsbereichs zusammengetragen.

2. Schritt: Selbstversorgungsgrad der Region
Ein erster Eingrenzungsschritt für die weitere Untersuchung stellte die Überprüfung des potenziellen *Selbstversorgungsgrades der Region* mit Nahrungsmitteln dar. Dieser beinhaltete die Gegenüberstellung von in der Region erzeugten landwirtschaftlichen Produkten und dem regionalen Nahrungsmittelverbrauch, um erste Anhaltspunkte zu erlangen, wo Produktlinien sinnvoll regional organisiert werden können. Da auf der Ebene der untersuchten Regionen diesbezüglich keine Daten vorlagen, wurde der potenzielle Selbstversorgungsgrad aus dem Vergleich der regionalen Pro-Kopf-Produktion landwirtschaftlicher Erzeugnisse (Quotient aus Produktionsmenge und Bevölkerungszahl) mit dem bundesweiten Pro-Kopf-Verbrauch des jeweiligen Nahrungsmittels bestimmt. Die weitere Untersuchung konzentrierte sich vornehmlich auf Nahrungsmittel-Produktlinien, bei denen die regionale Selbstversorgung sichergestellt war.

3. Schritt: Regionale Verarbeitungs- und Vermarktungskapazitäten
Für die weiterverfolgten Produktlinien wurden nun die möglichen regionalen *Verarbeitungs- und Vermarktungskapazitäten* untersucht. Im Vordergrund standen dabei vor allem kleine und mittlere Strukturen, da vielfach ausschließlich diese in der Lage sind, die – erwartungsgemäß zunächst kleinen – regionalen Rohstoffmengen getrennt zu verarbeiten und zu vermarkten.

4. Schritt: Expertengespräche
Im folgenden Schritt wurden die vorliegenden Untersuchungsergebnisse im Rahmen von *Expertengesprächen mit Vertretern des regionalen Ernährungsbereichs* (Landwirtschaftskammer, Arbeitsgemeinschaft bäuerliche Landwirtschaft, Bioland-Verband, Handwerkskammer, IHK, Einzelhandelsverband, Wirtschaftsförderung, Verbraucherzentrale etc.) diskutiert. Dabei ging es sowohl um die Ergänzung der Datenlage als auch um Information über Interessen und Handlungsspielräume der von den Befragten vertretenen Klientel sowie um Hinweise auf innovative Ansätze und Personen mit Schlüssel- und Motorenfunktion.

5. Schritt: Regionaler Workshop
Abschließend wurde in beiden Regionen ein *Workshop mit Vertretern des regionalen Ernährungsbereichs* – mit Schwerpunkt auf Akteuren potenzieller regionaler Produktlinien – veranstaltet. Der Workshop diente der Diskussion und der Ergänzung der Analyse mit den Erfahrungen der Anwesenden wie auch der Abstimmung der Interessen am Aufbau der regionalen Produktlinien. Auf der Grundlage der Workshopergebnisse wurde in beiden Regionen der Aufbau regionaler Produktlinien initiiert und begleitet.

Im Folgenden sollen Ergebnisse der Analyse für beide Regionen exemplarisch dargestellt werden.

3.1 Fallstudie Hunsrück
Für die überblicksartige Untersuchung des Ernährungsbereichs der Region Hunsrück wurden – um die Datenverfügbarkeit sicherzustellen – als räumliche Abgrenzung zunächst die administrativen Grenzen des Landkreises Birkenfeld gewählt. Zu Beginn der Analyse zeigte sich allerdings, dass diese Grenzziehung nicht den bestehenden Wirtschaftsverflechtungen gerecht wird, die Zuständigkeitsbereiche von relevanten Interessenorganisationen (wie der Landwirtschaftskammer) nicht entsprechend erfasst sowie aufgrund der zu starken Kleinräumigkeit zu wenige Potenziale (Rohstoffe, Verarbeitungskapazitäten etc.) und engagierte Akteursgruppen für regionale Produktlinien einschließt. Vor diesem Hintergrund wurde die Untersuchungsregion Hunsrück zunächst auf die Landkreise Birkenfeld, Rhein-Hunsrück und Bad Kreuznach ausgeweitet.

Hinsichtlich der natürlichen Bedingungen für die Landwirtschaft ist die Region überwiegend als Grenzertragsstandort zu kennzeichnen, der durch die ungünstigen klimatischen Verhältnisse des Hunsrücks bestimmt wird. Hinsichtlich der Erzeugung landwirtschaftlicher Produkte stehen Getreide, Rindfleisch, Schweinefleisch und Milch im Vordergrund, während Obst und Gemüse im Hunsrück (anders als im Nahetal) nur in geringem Umfang angebaut werden. Die Landwirtschaft ist kleinteilig strukturiert. Neben wenigen Großbetrieben finden sich in der Region noch kleine und mittlere Betriebe der Nahrungsmittelverarbeitung sowie inhabergeführte Einzelhandelsunternehmen. In touristisch orientierten Gebieten hat sich entsprechende Gastronomie etabliert. Aufgrund der geringen Bevölkerungszahl und des niedrigeren Einkommensdurchschnitts in der überwiegend ländlichen Region wurde die Kaufkraft als beschränkt eingeschätzt. Die (potenzielle) regionale Selbstversorgung wird bei der Getreide- und Milcherzeugung erreicht.

Die Untersuchung der Verarbeitungs- und Vermarktungskapazitäten für Getreide und Milch ergab, dass besonders hinsichtlich der Verarbeitung von Getreide zu Brot und Backwaren geeignete regionale Strukturen vorhanden sind. Es befinden sich Mühlenbetriebe in der Region bzw. angrenzenden Gebieten sowie Betriebe des Bäckerhandwerks, die besonders aufgrund ihrer kleinen und mittleren Betriebsgrößenstruktur entsprechende Voraussetzungen für eine regionale Verarbeitung und Vermarktung aufweisen.

Hinsichtlich der Verarbeitung von Milch bestätigte sich auch für die Region Hunsrück die allgemein hohe Konzentrationstendenz in diesem Verarbeitungsbereich. Es befindet sich ein großes Unternehmen mit überregionaler Ausrichtung in der Region. Daneben existieren nur kleine Hofmolkereien. Die regionalen Verarbeitungsstrukturen für Milch wiesen daher für den Aufbau einer regionalen Zusammenarbeit weitaus ungünstigere Bedingungen auf.

Die durchgeführten Expertengespräche führten zu dem Ergebnis, dass die Regionalvermarktung von Nahrungsmitteln bisher nur im Rahmen von Direktvermarktungsansätzen (Bauernmärkte, Hofläden, Lieferservice etc.) etabliert war. Bei einer bäuerlichen Erzeugergemeinschaft für Getreide war allerdings bereits die Idee für den Aufbau der regionalen Backwarenproduktion in Kooperation mit dem Bäckerhandwerk gereift. Daneben ließ sich feststellen, dass besonders das Bäckerhandwerk im Naheraum nach neuen Wegen der Differenzierung des eigenen Angebots gegenüber den industriellen Produkten von Supermärkten und Backshops suchte.

Der durchgeführte Workshop führte zu dem Ergebnis, dass von Seiten der Erzeugergemeinschaft und des Bäckerhandwerks Interesse bestand, in Kooperation mit dem Forschungsprojekt die regionale Produktlinie Brot/Backwaren zu initiieren. Den Aufbauprozess begleitete das Forschungsprojekt annähernd zwei Jahre (vgl. auch den Beitrag von R. Gaitsch in diesem Buch).

Im Laufe des Prozesses ergaben sich weitere Anpassungen der Regionsabgrenzung entsprechend den Erfordernissen der regionalen Organisation der Produktlinie. Für die Produktlinie Brot/Backwaren wurde z.B. die ursprüngliche Regionsabgrenzung Hunsrück auf den Raum Hunsrück-Nahe-Rheinhessen erweitert. Die folgenden Gegebenheiten trugen maßgeblich zur Veränderung der Regionsabgrenzung bei:

■ Im Naheraum erwies sich das Engagement und Interesse des Bäckerhandwerks am Aufbau der regionalen Vermarktung als besonders hoch, da dort sowohl der Konkurrenzdruck der Supermärkte stärker empfunden als auch die Kaufkraft aufgrund der Nähe zum Rhein-Main-Raum entsprechend höher eingeschätzt wurde als im zentralen Hunsrück.

■ Darüber hinaus wurden die klimatischen Verhältnisse des Hunsrücks von den beteiligten Bäckern und Mühlenbetrieben als zu unsicher für die Bereitstellung gleichbleibend hoher Backqualitäten des Getreides beurteilt. Als ergänzende Standorte in benachbarten Klimazonen boten sich der Naheraum und Teile Rheinhessens an. Parallel dazu bekundete eine rheinhessische Erzeugergemeinschaft für Getreide aus dem integriert-kontrollierten Anbau Interesse, am Aufbau des Backwarenprojekts mitzuwirken.

■ Im Hunsrück selbst existierten außer einer Kleinstmühle keine entsprechenden Verarbeitungsstrukturen für das Getreide. Im Naheraum fanden sich dagegen interessierte kleine und mittlere Mühlen für die getrennte Vermahlung.

■ Beschränkend wirkte auf die Regionserweiterung das Interesse der beteiligten Betriebe vor dem Hintergrund des Ziels einer nachhaltigen Entwicklung keine Transportwege über 50 km anfallen zu lassen.

■ Im Zuge der Vergrößerung des Regionszuschnitts vom Hunsrück auf den Raum Nahe-Hunsrück-Rheinhessen ergab sich für das Vermarktungsprojekt die Frage, wie die Verbraucher mit einem Werbekonzept auf ihre Identifikation mit der Herkunftsregion und in diesem Zusammenhang mit den Produkten des Projekts angesprochen werden können. Da es sich nun um eine Region mit drei Teilräumen handelte, wurde der gemeinsame Dialekt als verbindendes Element für den Projektslogan gewählt („E gut Stick").

3.2 Fallstudie Much

In der zweiten Fallstudie wurde eine bevölkerungsreiche, ballungszentrumsnahe Region, der Rhein-Sieg-Kreis mit der kreisfreien Stadt Bonn untersucht, die im Überschneidungsbereich verschiedener naturräumlicher und kultureller Regionen liegt: der vom Grünland dominierten Gebirge Eifel und Bergisches Land, dem von Gemüseanbau geprägten Vorgebirge und der fruchtbaren Ackerbauregion in der Köln-Aachener Bucht. Die Bezeichnung Bonn und Rhein-Sieg-Kreis ist eine administrative Abgrenzung, mit der sich die Bevölkerung wenig identifiziert.

Der Rhein-Sieg-Kreis weist von allen Landkreisen in NRW die höchste Zuwachsrate an Einwohnern auf. Darüber hinaus ist er von geringerer Arbeitslosigkeit, hohem Einkommen und hohem Bildungsniveau geprägt. Aufgrund seines attraktiven Umlandes (Rheintal, Siebengebirge, Ahrtal, Eifel, Bergisches Land, etc.) ist er eine Fremdenverkehrsregion mit überregionaler Bedeutung.

Entsprechend der hohen Diversität an naturräumlichen Bedingungen bestehen breite landwirtschaftliche Produktionspotenziale. Im Vordergrund stehen Getreide,

Rindfleisch, Milch und Milchprodukte, Gemüse und Obst. Sie weisen hohe Potenziale in der regionalen Selbstversorgung auf. Im Bereich Geflügel-, Schweine- und Rindfleisch sowie bei ökologisch hergestellten Nahrungsmitteln bestehen potenzielle Versorgungsdefizite.

Regionale Verarbeitungs- und Vermarktungskapazitäten sind vor allem in der Verarbeitung

- von Getreide zu Mehl durch kleinere Mühlen und zu Brot- und Backwaren durch Bäckereien,
- von Fleisch durch Fleischereibetriebe und
- von Obst durch Keltereien festzustellen.

Darüber hinaus gibt es in der Region noch eine Reihe von inhabergeführten Supermärkten sowie viele Fachhändler. Sie sind allerdings stark im Rückgang begriffen. Im Bereich der ökologischen Produkte sind die Handelsstrukturen vergleichsweise gut ausgebaut.

In den Expertengesprächen wurde offensichtlich, dass in der Region eine lange Direktvermarktungstradition besteht. Die Nähe zu den Ballungszentren förderte eine Vielzahl an landwirtschaftlichen Direktvermarktungsformen. Der Produktschwerpunkt liegt dabei in den Bereichen Gemüse, Obst, Eier und Kartoffeln. Diese Vermarktungsformen werden von der Landwirtschaftskammer unterstützt. Weitere Regionalvermarktungsansätze stellen eine Reihe von Zusammenschlüssen landwirtschaftlicher Erzeuger (in den Bereichen ökologische Produkte, Rindfleisch und Streuobst) sowie die vereinzelte Zusammenarbeit von Direktvermarktern mit inhabergeführten Lebensmitteleinzelhändlern dar. In den Gesprächen wurde immer wieder auf einen sehr engagierten Einzelhändler und Landwirt mit Fleischrinderzucht in Much hingewiesen, der eine Vielzahl lokaler und regionaler Produkte in seinem Laden anbietet (Kartoffeln, Rindfleisch, Obst, Gemüse, Eier- und Geflügelfleisch, Milchprodukte und Streuobstapfelsaft).

Generell sieht der inhabergeführte Lebensmittelhandel die regionalen und ökologischen Produkte sowie zusätzliche Dienstleistungen als Profilierungschance gegenüber den großen Discountern und Filialunternehmen. Ein Problem für die Einzelhändler stellt allerdings das erforderliche zusätzliche Engagement dar, um die regionalen Bezugsquellen zu finden.

Die Diskussionen im Workshop zeigten deutlich, dass das Angebot an regionalen Produkten in der Region bereits relativ gut ist. Die Teilnehmer empfahlen, sich vorrangig auf eine Kommunikation der regionalen Angebote an die Verbraucher zu konzentrieren und die Projektaktivitäten nicht auf einzelne Produktlinien einzugen. Im Interesse der Verbraucher sollte man im Projekt eine Marketingstrategie für eine breite Produktpalette entwickeln. Darüber hinaus wurde bei der Diskussion des Regionsbegriffs deutlich, dass die Kreisgrenze für die Handlungsorientierung der Wirtschaftsakteure nur wenig Bedeutung hat und der Kreis keine eigene regionale Identität aufweist. Identifikationsmöglichkeiten böten eher ein Ort oder eine Teilregion.

Als Konsequenz wurde im Forschungsprojekt beschlossen, in der Gemeinde Much (Bergisches Land) das Engagement des Einzelhändlers und seiner Zulieferer zu unterstützen (vgl. hierzu den Beitrag von Ch. Ganzert/B. Burdick in diesem Buch).

Die Untersuchungsregion Rhein-Sieg-Kreis wurde letztlich aus folgenden Gründen auf eine Gemeinde eingeengt:

- Die Vermittlung der regionalen Idee an die Verbraucher, die als Bearbeitungsschwerpunkt gewählt wurde, ist im lokalen Kontext wesentlich leichter zu realisieren. Auch sind auf lokaler Ebene die Wirkungen der Interventionen leichter zu erfassen.
- Für den Lebensmittelhändler als Schlüsselakteur ist das Einzugsgebiet seines Marktes die relevante Region für die Vermarktungsaktivitäten.
- Der lokale Kontext stellte den kleinsten gemeinsamen Nenner aller aktiver Kooperationspartner dar.
- Bereits auf der lokalen Ebene konnte eine breite Produktpalette den Verbrauchern angeboten werden.

4. Schlussfolgerungen

Der vorliegende Artikel beschäftigte sich mit der Frage des Aufbaus regionaler Wirtschaftskreisläufe als Strategie nachhaltigen Wirtschaftens in der Nahrungsmittelproduktion und -vermarktung. Es wurde gezeigt, wie sich anhand der Auswahl und des Aufbaus von Nahrungsmittel-Produktlinien mit entsprechenden Regionalisierungspotenzialen Veränderungen des jeweiligen Regionszuschnitts ergeben. Das angewandte Analysekonzept basiert auf einer systematischen Untersuchung des Ernährungsbereichs der Region auf der Grundlage seiner Produktlinien. Als besonders wichtig hat sich dabei die kontinuierliche Einbeziehung der regionalen Akteure erwiesen, da nur auf diesem Wege eine entsprechende Datengrundlage für die Untersuchung sicherzustellen war. Als wesentliche Voraussetzung für den Aufbau der regionalen Produktlinien hat sich das soziale Potenzial vor Ort erwiesen, d.h. die regionalen Akteure mit ihren jeweiligen Interessen, Engagements und Schlüsselfunktionen.

Die These, dass Regionsabgrenzungen für regionale Wirtschaftskreisläufe eine Optimierung der Regionalisierungspotenziale der betrachteten Produktlinie erfordern, hat sich innerhalb beider Fallstudien bestätigt. Diese Optimierung kann sowohl zu einer Regionserweiterung als auch zu einer räumlichen Einengung führen.

Literatur

Brückner, C. (2000): Strukturen eines regionalen Nachhaltigkeitspfades. In: Zukunftsgestaltung durch nachhaltige Regionalentwicklung, hg. vom Institut für Landes- und Stadtentwicklungsforschung des Landes Nordrhein-Westfalen (ILS), Dortmund, 9-20

Gärtner, S./P. Moll/G. Schumacher (1999): Marketing regionaler Produkte. Wuppertal

Geelhaar, M./M. Muntwylwer (1998): Ökologische Innovationen in regionalen Akteurnetzen. Fallbeispiele aus der schweizerischen Güterverkehrs- und Nahrungsmittelbranche. Bern

Hesse, M. (1994): Nachhaltigkeit und Region. Querdenken, Vernetzen, Modernisieren. IÖW/VÖW-Informationsdienst, 6, 10-12

Lucas, R. (1998): Innovationsaufgabe Nachhaltige Regionalentwicklung. Ökologisches Wirtschaften, 5, 10-11

Majer, H. (1995): Nachhaltige Entwicklung. Vom globalen Konzept zur regionalen Werkstatt. WSI-Mitteilungen, 4, 220-230

Majer, H./J. Bauer/Ch. Leipert/U. Lison/F. Seydel/C. Stahmer (1996): Regionale Nachhaltigkeitslücken. Ökologische Berichterstattung für die Ulmer Region. (= Schriftenreihe des Ulmer Initiativkreises nachhaltige Wirtschaftsentwicklung e.V., 2). Berlin

Minsch, J./A. Eberle/B. Meier/U. Schneidewind (1996): Mut zum ökologischen Umbau. Innovationsstrategien für Unternehmen, Politik und Akteursnetze. Basel, Boston, Bonn

Peters, U./K. Sauerborn/H. Spehl/M. Tischer/A. Witzel. (1996): Nachhaltige Regionalentwicklung – ein neues Leitbild für eine veränderte Struktur- und Regionalpolitik. Trier

Sauerborn, K. (1996): Die Regionalisierung der Wirtschaft als Beitrag zu einer nachhaltigen Entwicklung. Das Beispiel der Holznutzung in der Region Trier. In: Regionen im Aufbruch hg. von Bildungswerk der KAB Trier und TAURUS-Institut, 1996. (=Arbeit und Menschenwürde, 4). Trier, 21-28

Schwaderer, G. (1996): Nachhaltige Regionalentwicklung im Bodenseeraum. (= Manuskripte des Geographischen Instituts der Freien Universität Berlin, Metar Band, 30). Berlin

Spehl, H. (1997): Nachhaltige Raumentwicklung. Konzepte, Ansätze und Erfahrungen. In: Das Prinzip der nachhaltigen Entwicklung in der räumlichen Planung, hrg. von Akademie für Raumforschung und Landesplanung (ARL), 1997. (= Arbeitsmaterial, 238). Hannover, 8-18

Thierstein, A./M. Walser (2000): Die nachhaltige Region: ein Handlungsmodell. (= Schriftenreihe des Instituts für Öffentliche Dienstleistungen und Tourismus, Beiträge zur Regionalwirtschaft, 1). Bern, Stuttgart, Wien

Dipl.-Geogr. Regina Gaitsch
TAURUS-Institut
Universität Trier
Fachbereich IV
Postkasten DM 20
D-54286 Trier

Dr. Christian Ganzert
Büro für ökologische Landentwicklung
Teutoburger Straße 17
D-50678 Köln

Sabine Deimling/Reinhold Vetter

Regionalisierung aus verschiedenen Akteursperspektiven in der Wertschöpfungskette

Der Begriff „Region" wird von jedem einzelnen Akteur entlang von Produktlinien bzw. in Wertschöpfungsketten sehr unterschiedlich verstanden. Am Beispiel des Modellprojekts „Maximale Nutzung von nachwachsenden Rohstoffen" lässt sich das entlang der Kette von der Erzeugung nachwachsender Rohstoffe bis hin zum fertigen Endprodukt und dessen Nutzung im Gebäude gut zeigen. Die Mitglieder der Projektgruppe (siehe Abbildung 1) haben den Begriff der Region sehr differenziert diskutiert. Es stellte sich sehr bald heraus, dass ein fester Regionsbegriff als solcher weder existiert noch zu schaffen ist. Das Regionalverständnis ergibt sich aus den jeweiligen Aktivitäten und ihren Interaktionen.

Für die landwirtschaftliche Produktion und die als nachwachsende Rohstoffe anzubauenden Kulturen erfolgte in Teilen des Projekts eine sonst sicherlich selten herangezogene Definition der Region über klimatische Kriterien. Bei der Auswahl der landwirtschaftlichen Kulturart als Basis für Bauprodukte aus nachwachsenden Rohstoffen wurden Sisal, Kokos oder Baumwolle ausgeschlossen, da sie aus klimatischen Gesichtspunkten hier (in Baden-Württemberg, in Deutschland, in Mitteleuropa) nicht angebaut werden können und damit nach dem gängigen Regionsbegriff keine regionalen Produkte sind. So wurden Kulturarten gewählt, die von der heimischen Landwirtschaft vor Ort produziert werden können oder könnten und somit zur Stärkung hiesiger ländlicher Räume und zur Schaffung zusätzlicher Einkommensquellen beitragen.

Eine weitere Definition der Region ergibt sich im Bereich der nachwachsenden Rohstoffe im Bauwesen in Bezug auf den Arbeitsplatz:

Der Landwirt als Rohstoffproduzent ist mit seinem landwirtschaftlichen Betrieb in der Gemarkung und mit der vor- und nachgelagerten Hand verknüpft. Insofern definiert er die Region aus Sicht seines Betriebsverständnisses.

Berater, insbesondere Fachberater, beziehen sich, ausgehend von demselben Ort, auf sehr unterschiedliche Regionsbegriffe. Je höher die Nachfragedichte nach ihren Leistungen, desto kleiner werden sie „ihre Beratungsregion" definieren. Umso spezieller die angebotenen Leistungen werden und desto geringer (räumlich gesehen) die Nachfragedichte ist, desto größer wird die Region.

Werden Produkte aus nachwachsenden Rohstoffen im konventionellen Hausbau eingesetzt, so definieren die Handwerker ihre Region als das Gebiet, in dem sie tätig sind. Der Bedienstete eines Fertighausherstellers, der im Werk in der Herstellung arbeitet, definiert ausgehend vom lokalen Standort des Werks die Region in Bezug auf den Wohnsitz der Werksarbeiter. Demgegenüber bezeichnet der zum selben Werk gehörende Montagearbeiter als Region den Bereich, in dem er überwiegend die Häuser errichtet.

Bezogen auf Rohstoffe, Bauprodukte oder ganze Häuser (im Falle des Fertighausbaus) ergibt sich die Definition der Region u.a. auch aus dem wirtschaftlichen Wert der Produkte, vorzugsweise je Volumeneinheit, welcher die Transportwürdigkeit bestimmt. Je höher ein Produkt verarbeitet bzw. veredelt ist, desto weiter wird die Region gefasst. So bestimmt im Fall der Faserproduktion die Transportentfernung für die Ballen vom Feld bis zur Aufbereitungsanlage die Produktionsregion. Sie grenzt sich dort ab, wo der Transport nicht mehr wirtschaftlich ist. Demgegenüber sind die aus dem landwirtschaftlichen Rohstoff gewonnenen Fasern weitaus transportwürdiger, so dass die Lieferregion für die Fasern weit über die Transportregion hinausgeht.

Am Beispiel eines größeren Fertighausherstellers wird deutlich, dass mit dem Regionsbegriff sehr unterschiedlich umgegangen wird. Insbesondere ist auch die Grenze zwischen regional und überregional fließend. Die Rohstoffproduktion, die Verarbeitung und der Zusammenbau zu Gebäudeteilen selbst findet im Wesentlichen im ländlichen Raum statt, vor allem nahe der Produktionsstandorte für Holz. Dies deshalb, um Transportentfernungen zu minimieren. Der Absatz der Fertighäuser jedoch muss über diese Region hinaus erfolgen, da der ländliche Raum zu schwach besiedelt ist und die auf die Herstellung bezogene Region nicht ausreicht, um die vor Ort fabrizierten Häuser auch dort zu vermarkten. So definiert die Marketingabteilung des Unternehmens ihre Vermarktungsregionen anders als der Produktionsbereich. Aus Unternehmenssicht werden sog. Verkaufsregionen festgelegt. Deren Grenzen sind zumeist geographisch fixiert und folgen politisch-administrativen Grenzen. Es ist auch festzustellen, dass sehr hochwertige Bauteile aus Sicht der Werksarbeiter überregional bezogen werden, gleichwohl der Produktionsstandort für diese Teile aber in einer vom Marketingbereich abgegrenzten „regionalen" Region liegen kann (siehe Abbildung 2).

Organisationen wie Industrie- und Handelskammern oder Handwerkskammern definieren ihre Region ebenfalls an administrativ-politischen Grenzen. Dabei ist aber festzustellen, dass häufig nicht die aktuellen, sondern historisch bedingten Regionsgrenzen noch gelten.

In produkt- und produktionsbezogenen Regionsabgrenzungen wird häufig ein territorialer Ansatz gewählt. Im Rahmen des Projekts finden die Akteure deshalb zu keiner für sie allgemein gültigen Regionsdefinition. Sie verwenden den Regionsbegriff im Wesentlichen in Bezug auf die von ihnen zu vertretenden Bereiche und nehmen dementsprechende Abgrenzungen vor.

Diese Projekterfahrungen im Umgang mit dem Regionsbegriff decken sich mit dem Verständnis der modernen Regional-Geographie, wonach Regionen Konstrukte in einem doppelten Sinn sind (vgl. Kilper 1998): Zum einen reduzieren sie komplexe, ökologische, wirtschaftliche, soziale oder kulturelle Systemzusammenhänge auf ihre räumliche Dimension; zum anderen sind Regionen Ergebnis bzw. Folge menschlichen Handelns.

Blotevogel (1996) kommt angesichts des erkenntnistheoretischen wie des historischen und sozialen Konstrukt-Charakters von Regionen zu der treffenden definitorischen Formel: „Wer sieht (mit welchem Interesse, mit welchen Zwecken und mit welcher Wirkung) einen Raum als zusammengehörig an?" Dies kann nach Kilper (1998) auch so ausgedrückt werden: „Regionale Zuschnitte gewinnen an Plausibilität aus Kriterien und Argumenten, die begründet darlegen können, weshalb für welchen Zweck welche räumliche Grenzziehung Sinn macht".

Nach Reuleke (1998) vom Institut für europäische Regionalforschung (IFER) zählt der Begriff „Region" zu den „weichen" Konzepten, die sich einer eindeutigen Definition entziehen, ohne damit allerdings ihren erkenntnisfördernden Reiz zu verlieren. Die Frage, wie Regionalbewusstsein überhaupt entsteht, wer die Agenten und Multiplikatoren sind, wird vom IFER folgendermaßen beantwortet: „Die historisch nachvollziehbare, relativ langfristig ablaufende Herausbildung von 'mental maps', mit anderen Worten: das 'kognitive Kartieren', erfolgt durch Interaktion, also durch intensives Propagieren von regional bezogenen Denk- und Deutungsmustern sowie durch die spezifische Wahrnehmung des jeweiligen Raumschicksals."

Reuleke (1998) kommt zu der Feststellung: „Regionalbewusstsein konstituiert also Region und umgekehrt – und beruht auf einer sozial vermittelten symbolischen Konstruktion (= Konstruktion von Symbolwelten), die zentral mit dem Rückgriff auf die regionale Geschichte zu tun hat (bis hin zur „invention of tradition" und zur Konstruktion von Mythen!)".

Literatur

Blotevogel, H.H. (1996): Auf dem Weg zu einer „Theorie der Regionalität": Die Region als Forschungsobjekt der Geographie. In: Brunn, G. (Hg.): Region und Regionsbildung in Europa. Baden-Baden, 44–68

Kilper, H. (1998): Regionalisierung. Prinzipielle Überlegungen und Denkanstöße aus der Internationalen Bauausstellung Emscher Park. In: Institut Arbeit und Technik: Jahrbuch 1997/98. Gelsenkirchen, 114–129

Reuleke, J. (1998): Regionalgeschichte heute: Chancen und Grenzen regionalgeschichtlicher Betrachtungsweise in der heutigen Geschichtswissenschaft. Bestandsaufnahme und Perspektiven. IFER, Interregiones, H. 7

Die Region beginnt im Kopf

Abb. 1: Netzwerk der Akteure im Projekt

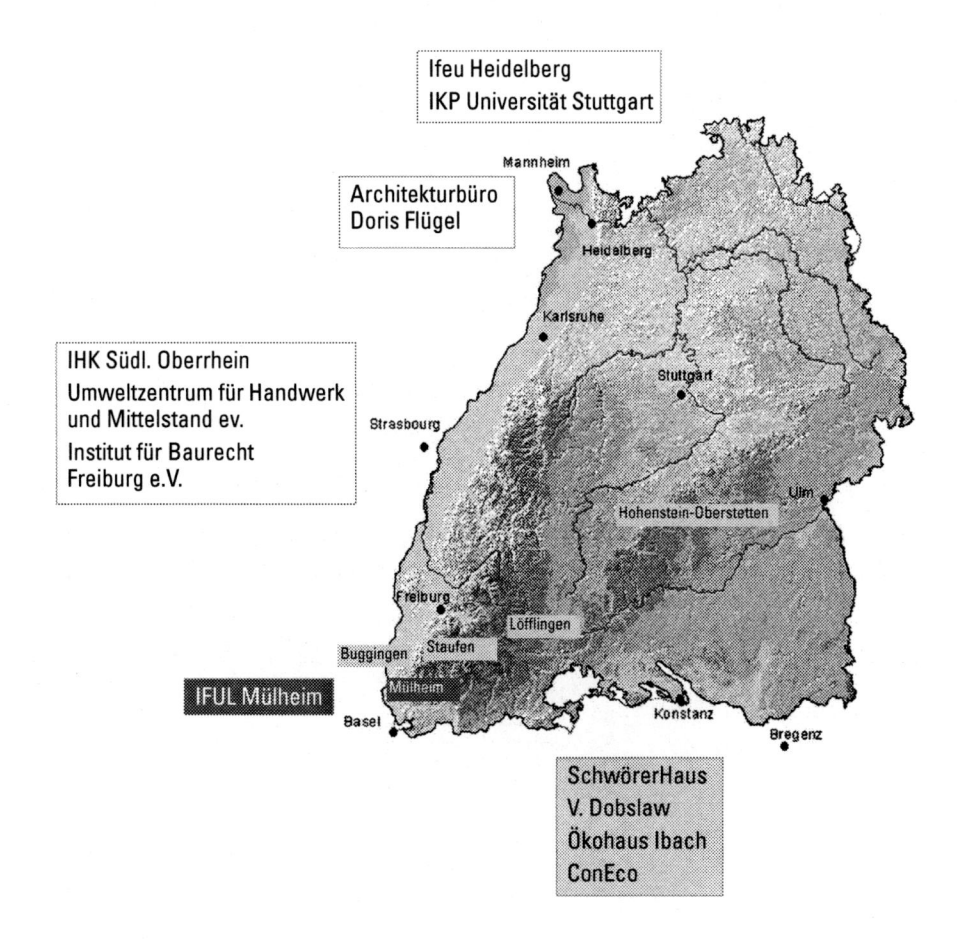

Ifeu Heidelberg
IKP Universität Stuttgart

Architekturbüro
Doris Flügel

IHK Südl. Oberrhein
Umweltzentrum für Handwerk
und Mittelstand ev.
Institut für Baurecht
Freiburg e.V.

IFUL Mülheim

SchwörerHaus
V. Dobslaw
Ökohaus Ibach
ConEco

Abb. 2: BMBF-Modellprojekt – Ein Instrument zur Stärkung baden-württembergischer Innovationsfähigkeit

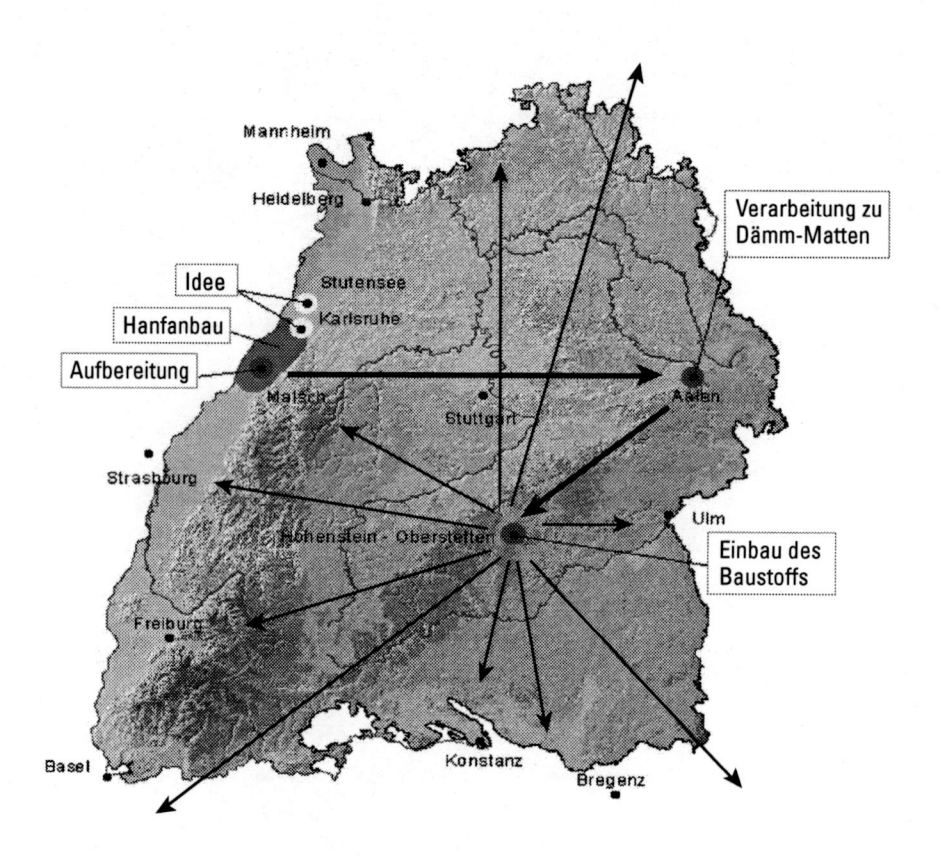

Dr. Sabine Deimling
Dr. Reinhold Vetter
Institut für umweltgerechte Landbewirtschaftung (IfuL)
Auf der Breite 7
D-79379 Mülheim

Erfahrungen aus regionalen Aktivierungsprozessen

Kapitel 2

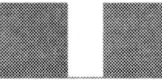

Joachim Hafkesbrink/Markus Schroll

Regionale Netzwerke ermöglichen Cooperationen für umweltschonenden Ressourcenaustausch (CURA)

1. Einleitung

Stoffstrommanagement ist ein relativ neuer Ansatz in der innovationsorientierten Umwelt- und Nachhaltigkeitsdebatte. Dieser Ansatz löst die an den einzelnen Umweltmedien orientierte Umweltpolitik auf der Mikro- und Makroebene zugunsten einer prozess- und akteursorientierten, in jedem Fall ganzheitlichen Sicht auf die verantwortliche Lenkung und Gestaltung von Stoff- und Produktströmen ab. Auf den Ebenen des betrieblichen und des globalen Stoffstrommanagements ist die Diskussion um Rahmenbedingungen, Ziele, Methoden und Instrumente auf theoretischer Ebene relativ weit fortgeschritten; dort liegen erste Erkenntnisse im Rahmen der Umsetzung vor. Dagegen ist das Thema „zwischen- oder überbetriebliche Stoffstrommanagement-Netzwerke mit regionalem Bezug" eher nachrangig behandelt worden; insofern steht hier eine breite Diffusion dieser Netzwerke noch aus. Hierzu liegen derzeit allenfalls fragmentarische Erfahrungen aus überwiegend öffentlich geförderten Pilotprojekten vor.

Aus diesen Pilotprojekten kann resümiert werden, dass die Wissensdefizite für den Aufbau von Netzwerken mit stoffwirtschaftlichen Zielen noch relativ groß sind. Forschungsbedarf besteht dabei weniger im Bereich technischer Vernetzungsprobleme und deren Lösung (Lösung von „Hardware-Problemen"), sondern vor allem im Bereich der Akteursvernetzungen, d.h. im Bereich der ökonomischen, organisatorischen und sozialen Voraussetzungen und Mechanismen der Netzwerkbildung mit stoffwirtschaftlichen Zielen (Lösung von „Software-Problemen"). Insbesondere ist auch das Phänomen zu erklären, warum stoffwirtschaftliche Vernetzungen sich trotz vermuteter oder tatsächlicher Wirtschaftlichkeitseffekte nicht quasi als Selbstläufer entwickeln (vgl. Fichter et al. 1999: 199). Eine Antwort auf diese Forschungsfragen versucht der vorliegende Beitrag zu geben; dabei werden die neueren Ergebnisse und Forschungsströmungen des (Neo-)Institutionalismus und verwandter Gebiete an den praktischen und empirischen Ergebnissen aus dem Modellprojekt „CuRa: Cooperation für umweltschonenden Ressourcenaustausch – Teilprojekt Mittleres Ruhrgebiet"[1] gespiegelt.

Für zwei ausgewählte Industrieregionen mit unterschiedlichen strukturellen Voraussetzungen sollte das CuRa-Projekt die Möglichkeiten der Stoffstromvernetzung im Sinne der Prinzipien einer „Industrial Ecology" (vgl. z.B. Ayres/Ayres 1996; Ayres 2002) identifizieren, analysieren und für die Umsetzung in Fallbeispielen vorbereiten. Ausgehend von ausgewählten Stoffströmen mit regionaler Bedeutung oder von Akteursgruppen und deren Einbindung in regional bedeutsame Stoffströme sollten die

Gestaltungsoptionen für ein überbetriebliches Stoffstrom-Management und deren Einflussfaktoren offengelegt und die Freiheitsgrade beim Management überbetrieblicher Stoffströme anhand konkreter Beispielfälle beschrieben und bewertet werden. Dabei sollten Anreizmechanismen und Hemmnisse bei der zwischenbetrieblichen bzw. regionalen Stoffstromverwertung analysiert, Kooperationsmöglichkeiten im Abfall- und Wertstoffmanagement zwischen produzierenden Betrieben sowie Logistikdienstleistern, Entsorgungsträgern usw. definiert, sowie daraus hervorgehende Synergiepotenziale erfasst und in Form von übertragbaren Modellabläufen aufbereitet werden.

Im Teilprojekt CuRa: Mittleres Ruhrgebiet konnte nach einer akteursorientierten Vorphase[2] im weiteren Verlauf des Vorhabens ein Netzwerk von Kfz-Betrieben und Tankstellen („Ökoeffizienz-Netzwerk Kfz") angestossen werden, das ein koordiniertes und innovatives Vorgehen im Bereich der Entsorgung von Fest-Flüssig Abfällen – insbesondere Öl- und Benzinabscheiderinhalte – (und später auch von anderen werkstättenspezifischen Abfällen) vorsieht.

2. Einige Thesen und Befunde aus dem Projekt CuRa: Mittleres Ruhrgebiet

2.1 Räumliche Aspekte von Stoffstrommanagement

Im Zusammenhang mit der räumlichen Komponente des Stoffstrom-Managements wird häufig die Forderung gestellt, dass innerhalb der durch die Region beschriebenen geographischen Einheit in einer nachhaltigen Wirtschaft die Stoffflüsse geschlossen werden müssen. Dies wird mit der Forderung an die Wirtschaft verbunden, ihre unternehmerische Zielsetzung, Logistik der Rohstoffe und Produkte an diese Gegebenheiten anzupassen (Regionalisierung des Wirtschaftens, vgl. etwa Flatz 1996: 112). Begründet wird dies u.a. damit, dass viele der in die wirtschaftlichen Austauschprozesse einbezogenen Stoffe, vor allem aber die als Sekundärrohstoffe in den Kreislauf zurückgeführten Stoffe, sich nur sinnvoll im regionalen Kontext weiterverarbeiten lassen und sich dabei auch räumliche Besonderheiten der Ressourcenverfügbarkeit und der ökologischen Tragfähigkeit sinnvoll berücksichtigen lassen (vgl. Fichter et al. 1999: 198ff.).

Wesentlich ist dabei, die Region nicht als politisch verfasste geographische Einheit zu begreifen, sondern über das Geflecht wirtschaftlicher, sozialer und auch ökologischer Beziehungen zu definieren. So wird die politisch, über Kammerbezirke o.ä. definierte Wirtschaftsstruktur einer Region i.d.R. nur ein eingeschränktes Bild der tatsächlichen, auf Basis der Transaktionsbeziehungen ermittelten erweiterten Wirtschaftsstruktur wiedergeben.

Beispielsweise ist das von uns betrachtete Mittlere Ruhrgebiet raumgeographisch gesehen eine Agglomeration verschiedener Städte im Ruhrgebiet (340 qkm, 740.000 Menschen); es kann damit zunächst als ein durch bestimmte Merkmale gekennzeichneter zusammenhängender Teilraum mittlerer Größenordnung in einem Gesamtraum (hier Ruhrgebiet) gekennzeichnet werden (vgl. Sinz 1996: 805). Mit der Städteagglomeration Bochum, Witten, Herne und Hattingen verfügt das Mittlere Ruhrgebiet über einen urbanen, dichtbesiedelten polyzentrischen Aktionsraum, geprägt durch besondere räumliche und soziale Nähe der Akteure. Wie das Ruhrgebiet hat auch das Mittlere Ruhrgebiet vor diesem Hintergrund eine spezifische Beziehungs- und Milieustruktur ausgebildet, die die Transaktionsbedingungen für die handelnden Akteure wesentlich prägt und – je nach Betrachtungsperspektive – innovationshemmend oder auch innovationsfördernd wirkt.[3]

Im Teilprojekt „Mittleres Ruhrgebiet" des Vorhabens CuRa spielt vor dem Hintergrund der empirischen Befunde die geographische Abgrenzung des Regionsbegriffs eine eher untergeordnete Rolle. Im Vordergrund stehen vielmehr eine durch räumliche Nähe begründete soziale Beziehungsstruktur (Interaktionsraum) und damit die in räumlichen Zusammenhängen begründeten Transaktionsbedingungen für die wirtschaftlichen und sozialen Interaktionen der handelnden Akteure.

Die Befunde im Rahmen des Teilprojekts CuRa: Mittleres Ruhrgebiet zeigen, dass diese spezifischen Beziehungsstrukturen wesentliche Voraussetzung für die Umsetzung von innovativen Ansätzen sind, vorausgesetzt, der Innovator kann die, innerhalb der regional herausgebildeten Beziehungsstrukturen ablaufenden, kollektiven Lernprozesse für die Genese und Umsetzung seiner Absichten nutzen.

Äußerlich sichtbares Zeichen dafür ist, dass das regionale „Ökoeffizienz-Netzwerk Kfz" seine Mitglieder aufgrund von gleichen oder ähnlichen inhaltlichen Interessenlagen einschließt und nicht etwa aufgrund von räumlichen Grenzen und Kammerbezirken. Insofern wurde die „Region" im Teilprojekt CuRa: Mittleres Ruhrgebiet als begrenzender Faktor aufgelöst und räumlich ausgedehnt auf alle Interessenten am Verwertungsnetz. Raumgeographisch begrenzender Faktor sind allenfalls Kostengesichtspunkte innerhalb der Routenplanung.

2.2 Zur Struktur und Funktion von Netzwerken
Netzwerke werden gekennzeichnet durch ein System von Beziehungen, die geknüpft werden durch die Ziele, Aktivitäten und Ressourcen der Akteure (vgl. Weyer 2000: 11). Unter einem sozialen Netzwerk wird dabei „eine eigenständige Form der Koordination von Interaktionen verstanden ..., deren Kern die vertrauensvolle Kooperation autonomer, aber interdependenter (wechselseitig voneinander abhängiger) Akteure ist, die für einen begrenzten Zeitraum zusammenarbeiten und dabei auf die Interessen des jeweiligen Partners Rücksicht nehmen, weil sie auf diese Weise ihre partikularen Ziele besser realisieren können als durch nicht-koordiniertes Verhalten."[4] Hellmer et al. (1999: 75) definieren Netzwerke ähnlich als „reziproke sowie lose gekoppelte Beziehungen zwischen einer größeren Anzahl relativ autonomer Akteure. Die Akteure stehen dabei in einer interdependenten Beziehung zueinander. Lose Kopplung gewährleistet einerseits eine Autonomie und verhindert andererseits eine Abschottung nach außen, so dass ein Ressourcenaustausch und interaktive reflexive Lernprozesse zwischen den Akteuren begünstigt werden."

Netzwerke stellen somit eine spezielle sozial-ökonomische Konfiguration zwischen Markt und Hierarchie dar. Sie stellen Leistungen zur Verfügung, die sonst nur entweder per Markt oder per Hierarchie zu erhalten sind: nämlich Flexibilität marktförmiger Interaktion und die Verlässlichkeit und Effizienz organisierter Strukturen zugleich.[5] Wichtig ist, dass Netzwerke offensichtlich durch ihre hybride institutionelle Organisationsform etwas ermöglichen, das als *Koopetition* bezeichnet werden kann, d.h. Simultanität von Konkurrenz und Kooperation innerhalb und zwischen verschiedenen organisatorischen Kontexten (vgl. Weyer 2000: 10).

Das im CuRa-Projekt etablierte „Ökoeffizienz-Netzwerk Kfz" ist dafür ein typisches Beispiel: Es nehmen Unternehmen teil, die in ihrem Kerngeschäft in extremen Wettbewerbsverhältnis zueinander stehen (Handels- und Werkstatt-Niederlassungen großer Fahrzeughersteller wie Daimler-Benz, Renault, Opel, VW etc.). Dennoch bieten sich für die Zusammenarbeit wettbewerbsneutrale Felder an, wie z.B. gemeinsame Entsorgung, Gesundheitsschutz- und Arbeitssicherheit etc.

Netzwerke ermöglichen damit, (ökonomische) Tauschakte durchzuführen, ohne sich auf die Unsicherheiten von Märkten einlassen zu müssen sowie gleichzeitig, das Verhalten einer Gruppe von Akteuren zu koordinieren, ohne rigide aufbau- und ablauforganisatorische Strukturen in Kauf nehmen zu müssen. „Netzwerke erfüllen somit zwei Funktionen, die keine andere Form der Koordination von Handlungen in dieser Form zur Verfügung stellen kann:
- Sie reduzieren die Unsicherheit bezüglich des Verhaltens anderer Akteure, z.B. Konkurrenten, Partner etc. (strategische Funktion).
- Sie ermöglichen eine Leistungssteigerung, i.e. eine Steigerung des eigenen Outputs (instrumentelle Funktion)."[6]

Für überbetriebliche horizontale Stoffstrommanagement-Netzwerke kann diese These aus den CuRa-Befunden bestätigt werden. Eine rein marktliche Koordination der infrage stehenden Entsorgungsdienstleistung im Ökoeffizienz-Netzwerk KFZ führt nicht zu Unsicherheitsabsorption, da auch in dem hier relevanten nicht-wettbewerbsbezogenen Bereich der Entsorgung z.B. Preise zwischen Konkurrenten (bezogen auf das Kerngeschäft) i.d.R. nicht kommuniziert werden. Die Netzwerkkoordination kann durch Kommunikation von Preisen und anderen institutionellen Regeln Wettbewerbsprozesse bei den Dienstleistungsanbietern des Kollektivgutes in Gang setzen, die für die Netzwerkteilnehmer hohe Effizienzvorteile erwirken und Unsicherheit absorbieren.

2.3 Vorteilhaftigkeit regionaler Netzwerke
Netzwerke werden auch im Innovationsgeschehen und im regionalen Kontext immer wichtiger (vgl. Meyer-Stamer 1995). Darauf verweist auch das Aufkommen neuer Begriffe wie „Clusterbildung" (Meyer-Stamer 2000, vgl. auch den Beitrag von Kluge/Treina in diesem Band), „regionale Innovationssysteme" (Braczyk et al. 1998), Regionen als „Innovationsmotoren" (Dohse 2000), die auf den generellen Bedeutungsgewinn

der regionalen Ebene hinweisen und damit als Prototyp einer neuen Arena dezentraler Steuerung und Vernetzung gelten (vgl. Hellmer et al. 1999: 50). Die Agglomeration in räumlicher Nähe wird in der Theorie der Transaktionskosten zunächst damit begründet, dass mit zunehmender vertikalen Arbeitsteilung Transaktionen zwischen Unternehmen zunehmen, und zwar in Form von Lieferbeziehungen, Informationsaustausch und Face-to-Face Kontakten, diese Transaktionen aber in der Regel mit entfernungs- und zeitabhängigen Kosten verbunden sind. Insofern tendierten die betroffenen Unternehmen dahin, in räumlicher Nähe zueinander zu produzieren.[7]

„Der Zusammenhalt und die Stärke derartiger Systeme flexibler Spezialisierung ergibt sich nicht nur aus vertraglicher Bindung, sondern auch aus persönlichen, z.T. verwandtschaftlichen Kontakten, aus dem in der Region kultivierten Gemeinschaftsgefühl sowie aus flankierenden politischen Maßnahmen, die den internen Wettbewerbsdruck verringern. In derartigen regionalen Netzwerken spielen persönliche, informelle Kontakte eine wichtige Rolle, über die die beteiligten Firmen sich mit Informationen versorgen und die sie nutzen, um Kontrakte zu schließen, aber auch um Unterstützung zu mobilisieren, etwa wenn ein Lieferant ausgefallen ist. Auf diese Weise können Netzwerke entstehen, in denen die beteiligten Unternehmen durch flexible Spezialisierung ganze Wertschöpfungsketten realisieren, die keiner der Beteiligten allein beherrschen würde" (Weyer 2000: 20f.).

Diese These kann anhand der CuRa-Aktivitäten in vollen Umfang bestätigt werden. Wichtigstes Moment war und ist der Umfang vorhandener Sekundärnetzwerke der beteiligten Schlüsselakteure und die darin bereits verankerten Vertrauensbeziehungen. Für die Mobilisierung von Netzwerken durch Intermediäre kann daraus die Empfehlung abgeleitet werden, zunächst zu versuchen, an bestehende institutionelle Arrangements anzudocken, bevor eine eigenständige Koordinierung eines Initialkollektives versucht wird.

Zur individuellen und kollektiven Vertrauensbildung sind Reziprozität und Rekursivität eine wesentliche Voraussetzung. Sie wirken quasi als mikro-konstitutionelle Regulationsmechanismen in Netzwerken (vgl. Cooke 1998: 17). Als wichtig wird jedoch zudem die Entstehung einer regionalen Vertrauensbasis erachtet (vgl. Heidenreich 2000: 103f.), etwa

- durch gemeinsame soziokulturelle Werte und Traditionen, Einbettung in eine gemeinsame Alltagswelt (characeristic-based trust),
- durch Schaffung von Institutionen (z.B. regionale Wirtschafts- und Industriepolitik, regionale Ausbildungs- und Forschungseinrichtungen, regionale Banken, gemeinsame Messen etc.; institutionally-based trust),
- als Ergebnis positiver Kooperationserfahrungen. Regionale Institutionen fungieren in diesem Fall als Arenen für die Selbstverständigungs-, Abstimmungs- und Aushandlungsprozesse regionaler Akteure (process-based trust).

Dieser raumbezogene Aspekt spielte für die Initiierung des Ökoeffizienz-Netzwerks KFZ eine zentrale Rolle: „man kennt sich in der Region", bedingt durch regionale Anlässe (Veranstaltungen der Kammern, Verbände etc.) bis zu persönlichen Beziehungsstrukturen, denen im Ruhrgebiet eine besondere Stabilität nachgesagt werden.

Zentrales Moment der Initiierungstätigkeiten im Rahmen der empirischen Phase von CuRa: Mittleres Ruhrgebiet war der Zugang zu einem bestehenden institutionellen Arrangement namens „Bochum Mobil". Diese Gruppe ist besetzt mit lokalen industriellen Machtpromotoren aus verschiedenen aber auch gleichen Branchen, intermediären Institutionen (Wirtschaftsförderung) und den „richtigen" politischen Akteuren (Oberbürgermeister etc.). In diesem Gremium besteht eine evolutionär entwickelte Vertrauensbasis (process-based trust), die über die Zeit ihre eigenen soziokulturellen Werte aufgebaut haben (characteristic-based trust; etwa bei der Wahl des Tagungsortes, der Gastgeberfunktionen etc.) und die über die enge Verflechtung mit regionalen Intermediären gezielt von institutionellen Vertrauensbeziehungen profitieren (institutionally-based trust).

Die regionale Bedeutung von Netzwerken verbindet sich mit der Diskussion um regionales Lernen (vgl. Heidenreich 2000: 96ff.). Regionalen Netzwerken werden dabei zunächst folgende Vorteile zuerkannt:

- In niedrigschwelligen Kontakten auf regionaler Ebene sind eher Anregungen jenseits von etablierten Denk- und Verhaltensmustern zu erwarten.
- Innerhalb einer Region kann man sich leichter treffen. Häufigere Kontakte erhöhen die Chancen für die Entwicklung von Vertrauensbeziehungen.
- Die Weitergabe impliziten, kontextgebundenen Wissens vollzieht sich schneller.

Insofern können es regionale Netzwerke den Unternehmen erleichtern, bisherige Routinen zu hinterfragen und neue Handlungs- und Entscheidungsmöglichkeiten zu entdecken. „Die Leistungsfähigkeit von Wirtschaftsregionen kann sich immer weniger auf lokale Ressourcen, Transaktions- und Spezialisierungsvorteile stützen. Immer wichtiger werden die Lern- und Innovationschancen, die mit räumlicher Nähe verbunden sein können. Ein solches Lernen erfolgt in regionalen Kommunikations- und Kooperationsnetzwerken" (Heidenreich 2000: 95), wobei regionales Lernen erleichtert wird „durch diversifizierte Kommunikations- und Kooperationsnetzwerke, leistungsfähige kleinere und mittlere Unternehmen, regionale ‚Netzwerkmoderatoren' und durch die Bereitstellung kollektiver Güter" (Heidenreich 2000: 102).

So konnte im Rahmen der Befragung von Unternehmen im Vorfeld der Bildung des „Ökoeffizienz-Netzwerks Kfz" ermittelt werden, dass die meisten Akteure in einer solchen Plattform eine Anreizfunktion für einen systematischen Erfahrungsaustausch über Probleme des Tagesgeschäftes hinaus bis hin zur Möglichkeit gemeinsamer bilateraler oder multilateraler Projekte sahen. Das „learning by interacting" nahm dabei einen punktförmigen Beginn – ausgehend von einem Stoffstrom, mit einer wohl definierten und überschaubaren Ausgangssituation und Problemstellung – und war verbunden mit dem Ziel, dafür eine gemeinsame Problemlösung mit synergetischem Nutzen für alle

Beteiligten zu erarbeiten. Der Erfolg dieser Lösung trug zur Entwicklung eines „process-based trust", einer wachsenden Vertrauensbasis und einem eher informellen Regelwerk („gute Sitten der Kommunikation und Kooperation") bei, dass - angesteuert durch die stets offene Kommunikationspolitik des Moderators/Intermediärs - zu einer insgesamt offenen und diversifizierten Kommunikationsstruktur mit auch weitergehenden bilateralen Kontakten führte. Inzwischen hat sich das Netzwerk auch ein weitergehendes Programm gegeben, das eine Ausweitung der Kooperationen im Netzwerk auf andere Stoffströme und verwandte Themengebiete vorsieht.

In diesen regionalen Clustern sind somit zugleich economies of scale und scope erreichbar (sog. collective efficiency, vgl. Schmitz 1995). Die Wettbewerbsfähigkeit dieser Cluster beruht auf - durch gegenseitiges Lernen geförderte - rasche Diffusion inkrementeller Innovationen, die häufig selbst in diesen räumlichen Einheiten entstanden sind. Basisinnovationen sind hingegen seltener oder kaum beobachtbar. Gleichzeitig sind in diesen Clustern Kooperation und Konkurrenz nebeneinander möglich, da die zwischenbetrieblichen Beziehungen in ein dichtes soziales Netz eingewoben sind, das Vertrauen generiert.[8] Regionen bilden damit gleichsam einen vertrauensbildenden Katalysator und zwar durch räumliche Nähe auf ökonomischer und politischer Ebene (vgl. Hellmer et al. 1999: 61).

2.4 Zur Funktion von Intermediären

Zum Aufbau eines ökonomisch und ökologisch tragfähigen Stoffstrommanagement-Netzwerks müssen die handelnden Akteure, deren Interessenlagen, die Entscheidungs- und Informationsstrukturen (Transaktionsstrukturen) sowie die damit verbundenen Verfügungsrechte über die Ressourcen und Stoffe in die Betrachtung einbezogen werden (vgl. Fichter et al. 1999: 1999, de Man 1995). Stoffstrommanagement ist damit im Wesentlichen Ergebnis unterschiedlicher Steuerungsimpulse von in einen Stoffstrom involvierten unterschiedlichen Akteuren.

Eine wichtige, wenn nicht zentrale Akteursgruppe für die Bildung und Stabilisierung von regionalen Stoffstrommanagement-Netzwerken sind Intermediäre (vgl. Fichter et al. 1999: 247). Dazu zählen Umweltdienstleister, Umweltagenturen oder Beratungseinrichtungen, die auf der horizontalen Ebene z.B. das Management von Informationen, auf der vertikalen Ebene die Aufgabe eines Stoffstrommanagements zwischen Betrieben einer Wertschöpfungskette oder etwa Interessenbündelungen wahrnehmen können.

Der Mobilisierungserfolg bei der Initiierung des „Ökoeffizienz Netzwerks Kfz" erklärt sich zum größten Teil aus der zentralen Rolle des identifizierten Intermediäres und dessen Macht- sowie Fachpromotion. Dieser Intermediär verfügt über die für eine regional breite Diffusion notwendigen eigenen lokalen und regionalen Primärnetzwerke mit vertrauten, historisch entwickelten Beziehungsstrukturen z.B. in die regionale Politik und Wirtschaftsförderung, Verbände, Kammern etc., über Verbindungen in hierarchische Transaktionsstrukturen (über die Eigenschaft als Geschäftsführer der intermediären Organisation, die gleichzeitig Tochtergesellschaft eines weltweit tätigen Großunternehmens ist), die in der Lage sind, die für eine Poollösung wichtige kritische Masse zu erzeugen usw..

Dieser Intermediär spielt(e) bei der Meinungsbildung eine zentrale Rolle für das Netzwerk. So fiel bei der Netzwerkbildung zunächst auf, dass sich der Gruppenkohäsion im Prozess an dem Phänomen ausrichtete, in welcher Weise sich die Initialgruppe und auch die neu hinzukommenden (potenziellen) Mitglieder des Netzwerks durch Diskussion innerhalb der Gruppe die Argumentation des Meinungsführers über die Vorteile einer Mitgliedschaft nach und nach zu eigen machten, wobei diese Argumentation nach dem Prinzip „learning by interacting" zu ihrem individuellen Zielsystem konvertierte. Hier kommt offensichtlich ein Mechanismus zum tragen, den man durchaus als „Imitation" („wenn ein Konzern so verfährt, kann dies nicht falsch sein") bezeichnen kann, wobei die Zuverlässigkeit und Glaubwürdigkeit der angebotenen Lösung nicht über formale Methoden, sondern über die dem Intermediär im Wege des Vertrauensvorschusses anvertraute Rolle als Fach- und Machtpromotor evaluiert wurde.

Hinzu kommt, dass der Intermediär die für die Vergemeinschaftung von Gruppen wichtigen Kompetenzen eindeutig besitzt. Hierzu zählen Dialog- und Kommunikationsfähigkeit, Monitoring- und Mediationskompetenzen sowie Rekursivität als die Fähigkeit zur Entwicklung von Handlungsstrategien unter Berücksichtigung der Rückwirkungen auf die Beteiligten.

Neben den persönlichen Kompetenzeigenschaften des Intermediäres, die seine Fach- und Machtpromotorenrolle prägen, ist natürlich von Bedeutung, in welche institutionellen Metastrukturen die handelnden fokalen Akteure eingebunden sind. Aufgrund der eigenen wirtschaftlichen Interessenlage des Intermediäres (d.h. wegen seiner Konzerneinbindung) kann jedoch unterstellt werden, dass der Intermediär bestrebt ist, ein Pareto-Optimum für das Netzwerk zu erreichen. Da mit dem Outsourcing der in der Organisation des Intermediäres gebundenen Funktionen der Umweltdienstleistungen gleichzeitig auch eine Profitcenter-Lösung organisatorisch verankert ist, hat der Intermediär keinen Anlass, gegenüber nicht-konzerngebundenen Netzwerkteilnehmern opportunistisch zu agieren und etwa verfälschte Preise für das Kollektivgut „kooperative Entsorgung" zu distribuieren.

Innerhalb des Projekts war es nun Forschungs- und Umsetzungsstrategie, ökonomische Mechanismen zu installieren, die dazu führen, dass der fokale Akteur (Intermediär) das Funktionieren des Netzwerks im Rahmen seiner eigenen Geschäftsstrategie verankert und damit eher mittel- bis langfristige Perspektiven verbindet. Aufgrund der implementierten Anreizmechanismen für den Intermediär verfolgt dieser damit quasi intrinsisch kollektive Ziele (die in sich eine Double Dividend beinhalten). Zumindest im Verhältnis des fokalen Akteurs zu den übrigen Netzwerkteilnehmern bestehen keine Divergenzen zwischen individuellen und kollektiven Zielen. Im Gegenteil ist aufgrund der implementierten Anreizmechanismen für den Intermediär die Verfolgung kollektiver Ziele (aus seiner Perspektive mit dem Ziel der Kundenorientierung) mit einer Steigerung seiner individuellen Zielerreichung (Gewinn aus dem Netzwerk) verbunden.

Insofern kann sich für die Mobilisierung derartiger Netzwerke überbetrieblicher Stoffvernetzungen die Vorschaltung eines Intermediäres anbieten, der aus dem Poolgeschäft über economies of scale selbst ein „Geschäft" machen kann, um die Anreizwirkung für regionale Netzwerke in diesem Sinne zu fördern.

3. Schlußfolgerungen: Kontextbedingungen von regionalen Stoffstrommanagement-Netzwerken

Aus den Erfahrungen im Projekt CuRa: Mittleres Ruhrgebiet können im Hinblick auf die vorgetragenen Thesen und Befunde folgende regionale Kontextbedingungen für die Bildung von Stoffstrommanagement-Netzwerken herauskristallisiert werden:

a) Die Wirtschaftlichkeit von technischen und organisatorischen Vernetzungen auf der Ebene von Stoff- und Energieströmen ist eine notwendige aber nicht hinreichende Bedingung für funktionierende Netzwerke. Erst regionale Nähe, der Aufbau von Vertrauen unter den Partnern, die Fixierung von Regeln in der Kooperation sowie eine Vorlaufzeit, in der die Akteure die Situation ihrer zukünftigen Partner einschätzen lernen, ermöglichen es, die wirtschaftlich-technisch machbaren Konzepte in die Praxis umzusetzen.

b) Regionale Netzwerke mit zu engen Bindungen und ein- oder mehrseitigen Abhängigkeiten sind tendenziell innovationsfeindlich. Die potenziell mangelnde Kontinuität zu koppelnder Stoffströme, deren schwankende Qualität und Quantität, starre Prozessverkettungen, organisatorische Abhängigkeiten mit zu erwartenden „Geleitzugproblemen"[9] etc. müssen schon bei der Netzwerkplanung überwunden werden. Netzwerke bedürfen der Einrichtung von Redundanz, Puffern und organizational slack zur Wahrung der Flexibilität.

c) Die Erzeugung von Problembewusstsein ist ein wichtiger Schritt im Rahmen der Umsetzung von Nachhaltigkeitsstrategien via Netzwerkmobilisierung. Insofern ist verstärkt Psychologie im Spiel. Erfolgreiche Mobilisierung lebt deshalb vom Aufzeigen individueller Vorteile und Chancen jedes einzelnen Partners, aber auch vom erfolgreichen Zugang zu vertrauten Schlüsselpersonen in dem bestehenden regionalen Akteurssystem, die als Meinungsbildner fungieren. Gruppendynamische Prozesse in regionalen Verhandlungsarenen (z.B. Agenda-21-Prozesse) können solche Entwicklungen fördern, wenn sie entsprechend angelegt und gelenkt werden. Neben inhaltlichen Zielen ist die Gangbarkeit des Weges dorthin zu gewährleisten. Zentral ist auch die Ansprache der „richtigen Personen", d.h. die Auswahl von Macht- und Fachpromotoren in der Region.

d) Die Akteursregion bestimmt die Stoffstromregion, da erfolgversprechende Ansatzpunkte für Vernetzungsaktivitäten eher in bereits etablierten Akteursbeziehungen zu finden sind. Akteursorientierung wird deshalb zum entscheidenden Hebel für regionale

Stoffvernetzungen. Wichtig dabei sind regelmäßige Face-to-Face Kontakte und – je nach Thema – eine größere oder geringere räumliche Nähe.

e) Die Erfolgsbedingungen für zwischenbetriebliche und überbetriebliche Energie- und Stoffstromvernetzungen sind unterschiedlicher Natur: für überbetriebliche Stoffstromvernetzungen sind regionale Schlüsselakteure mit herausragender Reputation wichtig, für zwischenbetriebliche Netzwerke dagegen nicht zwingend. Zwischenbetriebliche Vernetzungen jenseits bestehender Handelsbeziehungen bedürfen höherer Risikobereitschaft der Partner und längerer Vorlaufzeiten, um Verlässlichkeit der Ströme und der Partner evaluieren zu können. Überbetriebliche Netzwerke in Form von Poollösungen erlauben dagegen aufgrund ihrer Redundanz eine stärkere Fluktuation von Partnern ohne Einbußen bei der Effizienz. Jede Form der Netzwerke hat ihre spezifische Stärke bei unterschiedlichen Stoff- oder Energieflüssen und unter unterschiedlichen Rahmenbedingungen.

f) Die regionalen Rahmenbedingungen für Stoffstrommanagement-Netzwerke werden bestimmt durch besondere institutionelle Arrangements und damit prädisponierte Transaktionsbedingungen für die Genese und Umsetzung von (neuen) Ansätzen nachhaltiger Entwicklung.

g) Die Herausbildung dieser spezifischen institutionellen Arrangements wird durch raumgeographische Faktoren zum Teil begünstigt, soweit engräumige sozio-ökonomische Beziehungsstrukturen zum Aufbau von nachhaltigem Beziehungskapital der handelnden Akteure beitragen. Unter Umständen kann das Herausbilden derartiger institutioneller Arangements jedoch auch behindert werden, wenn kognitive Lock-In Effekte raumgeographisch bedingt sind und damit Impulse von außen unterbleiben. Die räumliche Nähe im Sinne kurzer Wege (geographische Nähe) ist damit notwendige Voraussetzung für die Umsetzung von neuen Ansätzen nachhaltiger Entwicklung.

h) Hinreichende Voraussetzung ist darüber hinaus, dass ein Innovator (als Treiber nachhaltiger Entwicklung) in der Lage ist, das in einem regionalen Umfeld latent vorhandene Beziehungspotenzial („sozio-ökonomisches Milieu") zwischen den dort handelnden Akteuren für seine Zwecke zu nutzen. Die mentale Nähe im Sinne von Vertrauen und Wege kurzer Abstimmung und Kommunikation ist damit hinreichende Voraussetzung für die Umsetzung von neuen Ansätzen nachhaltiger Entwicklung.

Die im Projekt CuRa: Mittleres Ruhrgebiet vorgefundenen institutionellen Arrangements definieren in diesem Sinne Transaktionsbedingungen mit förderlichen Eigenschaften für Stoffstrommanagement-Netzwerke und damit möglicherweise verbundener nachhaltiger Entwicklung. Förderliche Transaktionsbedingungen erwachsen aus einer spezifischen Kombination unterschiedlicher Koordinationsformen und Akteurskonfigurationen. So ist etwa ein loses und flexibles Arrangement als Startpunkt am Anfang sinnvoll, das Zeit hat, aus dem vorhandenen regionalen Beziehungsmilieu zielgerichtete Kooperationen über Vertrauensbildung zu generieren und das über die Zeit seine eigenen Regeln im Konsens der Akteure entwickelt und damit Transaktionsbedingungen mit sozialen, ökologischen und ökonomischen Vorteilen evolutionär herausbildet. Am Anfang ist auch ein fokaler regional verankerter Akteur als treibende Kraft förderlich, der eine offene Informationspolitik betreibt und die Gatekeeper-Rolle für das institutionelle Arrangement ausüben kann. Förderlich ist auch ein spezifisches Profil von prozessbezogenen und strukturbezogenen Koordinationsformen des institutionellen Arrangements,[10] d.h.

- soviel Marktmechanismus, wie zum Vorteil des institutionellen Arrangements als Gruppe wirtschaftlich handelnder Akteure mit Blick auf Aspekte wie Nachfragemacht, Economies of scale etc. notwendig ist;
- soviel Drohung (als tactical bargaining), wie zum Beispiel ein fokaler Akteur zur Ansteuerung eines Kooperationsnetzwerks benötigt, um Anfangs- und Einstiegshürden durch Setzen von Fakten zu nehmen;
- soviel Diskurs, wie nicht durch tactical bargaining erreichbar;
- soviel Konsens, dass Einstiegsschwellen genommen werden können;
- Nutzung von Hierarchie, um nicht durch marktliche Abstimmung zu versanden;
- Inszenierung von Mehrheitsentscheidungen, um allgemeine Stimmungsbilder institutionell abzusegnen;
- ein Höchstmaß an Aushandlungskompetenz des fokalen Netzwerkakteurs, um Sanktionsformen und kollektive Lernprozesse des Netzwerks beeinflussen zu können;
- soviel Versicherung, dass Mitglieder des institutionellen Arragements keine kognitiven Dissonanzen (im Sinne eines andauernden Suchverhaltens nach dem Entschluss) mit nach Hause nehmen.

Damit wird deutlich, dass in räumlicher Hinsicht die wesentlichen Kontextbedingungen regionaler Stoffstrommanagement-Netzwerke im Wesentlichen nicht physisch- oder politisch-geographisch, sondern durch sozio-ökonomische Regionalfaktoren geprägt sind.

4. Literaturverzeichnis

Ayres, R. U./L. W. Ayres (1996): Industrial Ecology. Towards closing the materials cycle, Cheltenham

Ayres, R. U. (ed.) (2002): A handbook of Industrial Ecology. Cheltenham

Braczyk, H.-J./P. Cooke/M. Heidenreich (1998): Regional Innovation Systems – The role of governances in a globalized world, London

Cooke, P. (1998): Introduction: Origins of the Concept. In: Braczyk et al. (Hg.): Regional Innovation Systems – The role of governances in a globalized world, London, 2–25

de Man, R. (1995): Akteure, Entscheidungen und Informationen im Stoffstrommanagement: Erfassung von Stoffströmen aus naturwissenschaftlicher und wirtschaftswissenschaftlicher Sicht. In: Umweltverträgliches Stoffstrommanagement: Konzepte, Instrumente, Bewertung. Studien im Auftrag der Enquête-Kommission „Schutz des Menschen und der Umwelt", Bd. 1, Bonn

Dohse, D. (2000): Regionen als Innovationsmotoren: Zur Neuorientierung in der deutschen Technologiepolitik, Kieler Diskussionsbeiträge 366, Institut für Weltwirtschaft Kiel

Fichter, H. et al. (1999): Regionalisierungsstrategie für nachhaltiges Ressourcen- und Stoffstrommanagement in der Stadtregion Berlin. In: Zukunftsfähiges Berlin: Bericht der Enquetekommission „Zukunftsfähiges Berlin" des Abgeordnetenhauses von Berlin – 13. Wahlperiode, Berlin, 191–302

Flatz, A. (1996): Von der Abfallbewirtschaftung zum Stoffstrommanagement – Organisationsansätze am Beispiel elektrotechnischer Produkte, Wien

Grabher, G. (1993): The embeded firm. The socio-economics of interfirm behavior, Berlin

Heidenreich, M. (2000): Regionale Netzwerke in der globalen Wissensgesellschaft. In: Weyer (Hg.): Soziale Netzwerke – Konzepte und Methoden der sozialwissenschaftlichen Netzwerkforschung, München, Wien, 87–110

Hellmer, F. et. al. (1999): Mythos Netzwerke – Regionale Innovationsprozesse zwischen Kontinuität und Wandel, Berlin

Maier, H. (1999): Institutionentheoretische Aspekte nachhaltiger Entwicklung, unveröffentlichtes Manuskript, Universität Stuttgart

Meyer-Stamer, J. (1995): Technologie und Innovation – Neue Anforderungen an die Politik, Berlin: Deutsches Institut für Entwicklungspolitik (DIE), Studien und Gutachten 5

Meyer-Stamer, J. (2000): Clusterförderung als Element lokaler und regionaler Standortpolitik: Optionen, Hindernisse und Grenzen – Perspektiven für NRW, Duisburg

Schmitz, H. (1995): Collective Efficiency: Growth Path for Small-Scale Industry. In: Journal of Development Studies, Vol. 31, No. 4, 529–566

Sinz, M. (1996): Region. In: P. Treuner, Akademie für Raumforschung und Landesplanung (ARL) (Hg.): Handwörtebuch der Raumplanung, ARL Hannover 805–808

Storper, M./A. J. Scott (1989): The Geographical Foundation and Social Regulation of Flexibel Production Complexes, zitiert nach Hellmer et.al. (1999), 46

von Prittwitz, (2000): Formen und Leistungsprofile institutioneller Arrangements – das Kriterium der Zukunftsfähigkeit. Kurzfassung des Vortrags im Rahmen der Konferenz „Zukunftsfähigkeit durch institutionelle Innnovation" des DVPW Arbeitskreises Umweltpolitik am 11./12. Dez. 2000 in Berlin

Weyer, J. (Hg.) (2000): Soziale Netzwerke – Konzepte und Methoden der sozialwissenschaftlichen Netzwerkforschung, München, Wien, Oldenbourg

Wieland, J. (1998): Kooperationsökonomie. Die Ökonomie der Diversität, Abhängigkeit und Atmosphäre. In: G. Wegner et al. (Hg.) (1998): Formelle und informelle Institutionen. Genese, Interaktion und Wandel. Marburg, 9–33

Endnoten:

1 Das CuRa-Projekt wurde vom BMBF gefördert und vom Fraunhofer-Institut Systemtechnik und Innovationsforschung, Karlsruhe sowie von der ARÖW – Gesellschaft für Arbeits-, Reorganisations- und ökologische Wirtschaftsberatung, Duisburg durchgeführt. Es ist im September 2001 ausgelaufen.

2 Hier wurden insbesondere sondierende Interviews mit verschiedenen Unternehmen, Vertretern von IHK, Wirtschaftsförderung und Beratungsdienstleistern geführt und ausgewertet.

3 So hat Anfang der 90er Jahre Grabher (1993) für das Ruhrgebiet eine regional durch bestimmte Beziehungsmilieus geprägte Transaktionsstruktur identifiziert („The weakness of strong ties"), die zunächst als eher hinderlich für den wirtschaftlichen Wandel diagnostiziert wurde.

4 Weyer, J. (Hg.) (2000): Soziale Netzwerke – Konzepte und Methoden der sozialwissenschaftlichen Netzwerkforschung. München, Wien, Oldenbourg, 11.

5 Vgl. Weyer (2000), ebenda, 10.

6 Weyer (2000), 10.

7 Vgl. Storper, M./Scott, A.J. (1989): The Geographical Foundation and Social Regulation of Flexibel Production Complexes, zitiert nach Hellmeret.al. (1999), 46.

8 Vgl. ausführlich Meyer-Stamer (2000), 10f., vgl. auch Hellmer et al. (1999), 47 und 60f.

9 Hierunter werden Situationen verstanden, bei denen sich im Vorgehen und im Tempo nach den langsamsten und schwächsten Mitgliedern des Netzwerks gerichtet werden muss.

10 Vgl. die Kriterienaufstellung bei Prittwitz (2000).

Dr. Joachim Hafkesbrink
Dipl.Wirtschafts-Ing. Markus Schroll
ARÖW: Gesellschaft für Arbeits-, Reorganisations-
und ökologische Wirtschaftsberatung mbH
Mülheimer Str. 43
D-47058 Duisburg

Arnim von Gleich/Manuel Gottschick/Dirk Jepsen

Räumliche Nähe als Erfolgsfaktor für nachhaltigkeitsorientierte Modernisierung der Metallwirtschaft in einer Metropolen-Region

Zwei „Regionalisierungsimpulse" gewinnen derzeit in der Wirtschaft Hamburgs als Reaktion auf den sich verschärfenden Wettbewerb an Bedeutung: die Pflege der „Home-base" als Faktor bei Standortentscheidungen weltweit agierender (Groß-) Unternehmen und die Notwendigkeit zu überbetrieblichen Kooperationen im Rahmen der strukturellen Modernisierung kleiner und mittelständischer (Zulieferer-)Betriebe.

Die Wirtschaftsregion gewinnt also an Bedeutung, und dabei geht es nicht zentral um die Regionalisierung von Stoff- und Energieströmen. Die Region zeigt sich vielmehr als dynamischer Raum der Wirtschaftsakteure, die zumindest partiell direkt in face-to-face Kommunikation interagieren. Persönlicher Kontakt ist die Basis von Vertrauensbeziehungen. Dieses Vertrauen ist für nachhaltigkeitsorientierte Kooperationen besonders wichtig, da angesichts der komplexen Thematiken nur die grundlegenden Absprachen vertraglich festgehalten und formal sanktioniert werden müssen. Räumliche Nähe vereinfacht den persönlichen Kontakt und erhöht, wie wir wissen, die gegenseitige soziale Kontrolle. Vertrauen senkt damit die Transaktionskosten.

Außerdem gibt es selbst im weltoffenen Hamburg den identitätsstiftenden „Wir hier drinnen und die da draußen" Effekt, wobei die da draußen schon die benachbarten „Bremer" sein können. Regionalität hat also auch in modernen Gesellschaften etwas mit – nicht notwendig rückwärts gewandter -Identität zu tun, so dass die Wirtschaftsregion auch als identitätsstiftende „Heimat"-Region die Basis abgeben kann für die notwendigen commitments zukunftsgerichteter Kooperationen.

In diesem Beitrag werden die Besonderheiten einer an diesen Elementen ansetzenden „regionalen Nachhaltigkeitsstrategie" dargestellt. Der Nachhaltigkeits-Diskurs mit den Wirtschaftsakteuren im „Tor zur Welt Hamburg" sollte dabei von Anfang sowohl die fortschreitende Dynamik und Globalisierung der internationalen Wirtschaftsbeziehungen im Blick haben, als auch deren „regionale Home-base", die Überschaubarkeit und Vertrautheit „regionaler Innovationssysteme" beachten.[1] So lassen sich substantielle Beiträge zur nachhaltigen Entwicklung sowohl in der Dimension der Metropol-Region als auch in der globalen Dimension der internationalen Metallwirtschaft erbringen. Dies belegen Ergebnisse des dreijährigen Modellprojekts „Nachhaltige Metallwirtschaft Hamburg".[2]

Die Wirtschaftsregion Hamburg

Mit ca. 1,7 Mio. Einwohnern und einer Fläche von 755 km² ist die Freie und Hansestadt Hamburg nach Berlin die zweitgrößte deutsche Stadt. Der Stadtstaat ist dabei eingebunden in eine weit über die Stadtgrenzen hinausreichende Ballungsregion. Die Raumordnungsregion³ – Region Hamburg – umfasst neben der Kernstadt auch die sechs angrenzenden Kreise in Schleswig-Holstein und Niedersachsen. Hier leben auf einer Fläche von 7.304 km² ca. 3 Mio. Einwohner. Noch weiter gefasst sind die Grenzen der Metropol-Region Hamburg, die als Ergebnis verstärkter länderübergreifender Aktivitäten 1991 zwischen den Landesregierungen der Länder Schleswig-Holstein, Hamburg und Niedersachsen definiert wurde. Sie umfasst eine Fläche von 18.116 km² und eine Wohnbevölkerung von rund 4 Mio. Menschen.

Die Wirtschaftsregion Hamburg ist wie alle anderen Wirtschaftsregionen kein in sich abgeschlossener Wirtschaftsraum. Wir bevorzugen das Bild vom „Knoten" in den weltweit gespannten Wirtschaftsgeflechten, oder das vom gewichtigen Zentrum in einem sich über den Globus ziehenden Netz sozio-ökonomischer Gravitationslinien. Bei differenzierterer Betrachtung nimmt man eine Vielzahl qualitativ unterschiedlicher weltweiter Wirtschaftskooperationen wahr, wobei wichtige Unternehmen – als „Gravitationszentren" – ihren Sitz in der Region Hamburg haben. Die Häufung solcher weltmarktorientierter Unternehmen ist Teil des maritimen Erbes der größten deutschen Hafenstadt.

Dort wo die in Hamburg ansässigen Unternehmen die Systemführerschaft in den jeweiligen Produktions- oder Handelsketten inne haben, also die Gestaltung, Gestehung oder Vermarktung maßgeblich bestimmen, beeinflussen sie die Qualität und Quantität von Warenströmen – und der damit verbundenen Stoff-, Energie-, Geld- und Informationsströme – weit über die Region hinaus. Beispielsweise reichen die „Kraftlinien" des metallwirtschaftlichen Gravitationszentrums Hamburg für die „Norddeutsche Affinerie" (Europas größte Kupferhütte) bis zu den Kupferminen Südostasiens und Südamerikas. Und die „Norddeutsche Affinerie" (NA) ist sich der damit verbundenen regionalen sowie globalen Verantwortung durchaus bewusst. Es mag zunächst überraschen, dass sich ein Unternehmen wie die Norddeutsche Affinerie mit dem Thema Nachhaltigkeit befasst. Denn Nachhaltigkeit ist für das Unternehmen kein Verkaufsargument. Die Hütte wird auch in Zukunft ihr Kupfer nicht in Bioläden oder auf ähnlichen Märkten mit einem Nachhaltigkeitslabel verkaufen. Kupfer ist ein typisches Zwischenprodukt, fern vom möglicherweise besonders „ethisch" motivierten Endkunden.

Doch die Hütte steht im scharfen internationalen Wettbewerb, und sie ist nicht nur deshalb in mehrfacher Hinsicht verletzlicher geworden. Auch die Kupferproduzenten haben einen „Ruf" zu verlieren. Sie haben durchaus registriert, dass Umwelt- und Dritte-Welt-Organisationen ganze Werkstoffgruppen „skandalisieren" konnten, etwa beim Aluminium oder beim Tropenholz. Darüber hinaus ist die NA an der Börse notiert, und da können Negativschlagzeilen den Kurs genauso gewaltig drücken wie große Schadensersatzklagen. Das Management tritt angesichts dieser Situation – nicht ohne Aussicht auf Erfolg – die Flucht nach vorn an: „Wir wollen die Besten sein" ist die Vorgabe[4], im Betriebsergebnis, in der Produktivität, in der Ausbringungsrate aus dem Erz, in der Laufzeit und Verfügbarkeit der Anlagen, bei der Vermeidung von Betriebsunfällen, bei der Lehrlingsausbildung, beim Umweltschutz und schließlich auch bei der Vorsorge gegenüber möglichen Skandalen. Dabei ist es egal, ob die erkennbaren Gründe für solche Skandale am Standort in Hamburg liegen oder bei den Gruben und Aufbereitungsanlagen, von denen das Konzentrat bezogen wird.

Prozess- statt Steuerungsstrategie

Es ist offensichtlich, dass für Nachhaltigkeitsstrategien, die auf Kooperation mit Unternehmen setzen, andere strategische Ansätze gewählt werden müssen, als für Nachhaltigkeitsstrategien von politischen Einheiten wie Nationen, Ländern oder Kommunen. Idealtypisch kann die Steuerungs- von einer Prozessstrategie unterschieden werden.

Dabei geht die Steuerungsstrategie stark vom Konzept der begrenzten Tragekapazitäten aus (z.B. Strategien zur Vermeidung dramatischer Klimaveränderungen). Dabei wird ein Ziel (meist als Notwendigkeit) festgelegt, und dann müssen nur noch die „Instrumente" entwickelt und eingesetzt werden (meist internationale Konventionen, nationale Gesetze, Verordnungen, Steuern, Abgaben und Subventionen), mit denen dieses Ziel erreichbar ist.

Anders als in der Steuerungsstrategie, wo mit Blick auf das Notwendige, das „Überleben", das „negative" Ziel der Vermeidung von Systemcrashs meist klar und wissenschaftlich begründet vorgegeben ist, muss in der Prozessstrategie das jeweilige „Zwischenziel" immer wieder neu gefunden und ausgehandelt werden. Der Weg ist keine Linie von hier nach dort, sondern ein andauernder Verständigungsprozess über die nächsten Schritte. Angepasst an die Bedingungen von Wirtschaftsunternehmen – versucht eine solche Strategie, sowohl die Komplexität als auch die Zeithorizonte zu reduzieren. Im Rahmen einer derartigen Strategie erfolgt die Ausrichtung des Gesamtsystems vorrangig „von innen", durch gezielte Impulse, durch kleine Erfolge (gute Beispiele, Erfolgsstories) durch Verständigung und nicht zuletzt durch die motivierende und mobilisierende Kraft von orientierenden Leitbildern.

Orientierung geben dabei natürlich auch Stabilitäts- und Überlebensziele. Aber noch stärker wird Nachhaltigkeit hier auch als das Wünschbare verfolgt. Es geht auch um Schritte zum „guten Leben".

In der Kooperation mit Unternehmen spielen zwar die „großen" Nachhaltigkeitsprobleme, die in der Steuerungsstrategie behandelt werden, eine Rolle. Sie sind aber eben derart groß, dass die Lücke zwischen dem nächsten konkret möglichen Verbesserungsschritt und dem Langfristziel kaum auszuhalten ist. Die Prozessstrategie spielt somit eine größere Rolle als die Steuerungsstrategie.

Leitbilder – Funktionen und Anforderungen

Dass eine Beeinflussung über Zielvorgaben in komplexen Wirtschaftsstrukturen möglich ist, zeigen ja nicht zuletzt die Erfahrungen mit management-by-objectives Ansätzen in der Führung von Großunternehmen. Allerdings unterscheiden sich von den Zielvorgaben solcher Managementansätze die Leitbilder in regionalen Nachhaltigkeitsstrategien doch deutlich. Leitbilder können nicht für größere Akteursgruppen vorgegeben oder verordnet werden. Das funktioniert schon innerhalb von Unternehmen kaum, noch weniger zwischenbetrieblich oder regional.[5]

Leitbilder sollten im skizzierten Kontext einer regionalen Nachhaltigkeitsorientierung mindestens drei zentrale Leit-Funktionen aufweisen:[6]

■ Leitbilder bündeln die Intention und das Erfahrungswissen der beteiligten Akteure darüber, was ihnen machbar und wünschbar erscheint (kollektive Projektion).

■ Leitbilder orientieren die individuellen Wahrnehmungen und Bewertungen der beteiligten Akteure auf ein gemeinsames Richtungsfeld (synchrone Voradaptation).

■ Leitbilder erleichtern und ermöglichen die Kommunikation zwischen Vertretern unterschiedlicher Wissenskulturen, indem sie noch nicht existierende verbindliche Regelsysteme und Entscheidungslogiken (der am Anfang stehenden Institution) ersetzen (funktionales Äquivalent).

Unser Forschungsansatz war daher von zwei wesentlichen Fragen bestimmt: 1. Wie kann die Herausbildung von „mittelfristigen", zwischen dem Langfristziel Nachhaltigkeit und dem nächsten konkreten Prozessschritt vermittelnden, Nachhaltigkeitsleitbildern in Kooperation mit den Wirtschaftsakteuren aus den Betrieben und den wirtschaftsnahen Institutionen der Region unterstützt werden? 2. Welche Aktivitäten (Projekte) sind in überschaubaren Zeiträumen mit den vorhandenen Mitteln in den vorhandenen Bedingungen als „exemplarische" Schritte hin zu diesen Leitbildern besonders geeignet?

Konstitutives Element geeigneter mittelfristiger Leitbilder ist die Verknüpfung von Nachhaltigkeit mit Wettbewerbsfähigkeit und Innovationsfähigkeit, verbunden über einen Modernisierungsprozess. Wir gehen von der These aus, dass über das Ausrichten auf nachhaltiges Wirtschaften Unternehmen zukünftige Herausforderungen eher erkennen, sie daher ihre Innovationsfähigkeit rechtzeitig verbessern und dadurch sowohl mittelfristig als auch langfristig ihre Wettbewerbsfähigkeit erhöhen. Im Unterschied zu anderen Ansätzen versuchten wir den Fokus nicht auf „Kosten", sondern auf „Erlöse" und zukünftige Märkte zu legen. (Selbstverständlich geht es auch darum, durch kurzfristig erzielbare Effizienzsteigerungen, Kosten zu reduzieren, aber diese Strategie zur Verteidigung gegenwärtiger Märkte stand nicht im Zentrum).

Die vor diesem Hintergrund von uns angegangenen Projekte werden, bei den „praktischen Beispielen für einen schrittweisen Zugang", weiter konkretisiert. Zunächst soll aber die Metallwirtschaft Hamburgs als unser Praxisfeld umrissen werden.

Das Praxisfeld der Hamburger Metallwirtschaft

Als Praxiszugang wurde gezielt die „Metallwirtschaft", also die Metallerzeugung und -verarbeitung einschließlich des Maschinenbaus, gewählt. Diese Auswahl war zum einen darin begründet, dass Metalle mit ihren besonderen Recyclingpotenzialen eine zentrale Rolle in einer nachhaltigen Ressourcenbewirtschaftung spielen können. Andererseits besitzt die Metallwirtschaft, sowohl durch ihre Zuliefer- als auch durch ihre Servicerolle eine zentrale Bindegliedfunktion im industriellen Geflecht einer Metropol-Region wie Hamburg. Zustand und Lage dieses Wirtschaftsbereiches lassen sich schlaglichtartig wie folgt beschreiben:

Die Hamburger Metallwirtschaft entwickelte sich ursprünglich in starker Abhängigkeit von den regionalen Absatzmärkten. Dies waren die Werften, die Hafendienstleister, die Nahrungsmittelbranche, welche die aus Übersee importierten Rohstoffe verarbeitete, und die Bauwirtschaft der expandierenden Stadt. Der starke Umbruch in diesen Schlüsselbranchen durch die wirtschaftlichen Turbulenzen in den 70er und 80er Jahren war die Ursachen für hohe Beschäftigungsverluste in dieser Zeit.

Mit einer Neuorientierung auf andere Märkte tat sich der Hamburger Maschinenbau in weiten Bereichen schwer. Insbesondere der Wandel von der Produktion vergleichsweise einfacher (grob-)mechanischer Teile hin zur Fertigung komplexer technischer Apparate stellte für viele Betriebe eine schwer zu überwindende Hürde dar.[7] Darüber hinaus ist der zahlenmäßig immer noch sehr starke Maschinenbau Hamburgs (trotz einer Reihe von Firmenschließungen in den letzten Jahren) in sich so heterogen, dass die Unternehmen nur wenig gemeinsame Grundlagen für die Zusammenführung und Interaktion ihrer Ressourcen finden. Die Chancen für ein regionales „pooling of resources"[8] zur regional verankerten Entwicklung neuen Wissens, neuer Produkte und Verfahren sind vergleichsweise gering.[9] Dies führt dazu, dass die Zulieferer von Metall- und Maschinenbaukomponenten der großen in Hamburg ansässigen Unternehmen im Bereich der Fördertechnik, der Medizintechnik oder des Flugzeugbaus überwiegend nicht in der Region ansässig sind, sondern meist mit Partnern und Zulieferern außerhalb der Wirtschaftsregion kooperieren.

Die heterogene Hamburger Wirtschaft und das geringe Angebot an ausreichend qualifizierten Zulieferern stabilisieren die insgesamt vergleichsweise geringe innerregionale Verflechtung. „Zum einen haben das relativ breite Produktionsspektrum der Hamburger Industrie mit einem entsprechend geringen Spezialisierungsgrad und der niedrige Besatz in einzelnen Branchen zur Folge, dass der Bedarf an bestimmten Vorprodukten zu gering ist, um Investitionen in neue Produktionskapazitäten vor Ort zu rechtfertigen. Zum anderen tut sich ein Teil der Hamburger Unternehmen offenbar auch schwer mit der Auslagerung einzelner Funktionen bzw. Wertschöpfungsstufen".[10]

Derartige wissenschaftliche Analysen der Regionalwirtschaft schärfen zwar das Problemverständnis; sie sind aber nicht ohne weiteres in „Strategien" umzumünzen. Die subjektive Wahrnehmung von Handlungsoptionen und „vermeintlichen" Hemmnissen durch die Wirtschaftsakteure hat zumindest in der Anfangsphase für Veränderungsprozesse eine hohe Bedeutung. Bei den Betriebskontakten im Projektrahmen vielfach vorgefundene Einschätzungen von Unternehmensangehörigen waren z.B.: „Es ist schwierig für uns, ausreichend qualifizierte Kooperationspartner in der Region zu finden"[11] und „Die Umstellung auf eine neue (flexiblere und umweltschonendere) Prozesstechnik wird von unseren Kunden nicht honoriert".[12] Solche Einschätzungen bedeuten mehr oder weniger gerechtfertigte, aber eben zunächst einmal gegebene Vorbehalte gegen neue Lösungen. Dennoch sehen wir gerade in der Überwindung derartiger Kooperations- und Innovationsdefizite relevante Potenziale für einen Verbesserung der regionalen Situation.[13]

Um diese Potenziale erschließen zu können, ist allerdings eine detaillierte Kenntnis der Stärken und Schwächen der einzelnen Betriebe unumgänglich. Externe Akteure (Moderatoren und Berater), die hier unterstützend tätig sein wollen, benötigen somit einen geeigneten Betriebszugang. Es werden also gleich zu Beginn mittelfristige Leitbilder für eine betriebliche Nachhaltigkeitsstrategie benötigt, die in konkreten Projekten in einem begrenzten Zeitrahmen mit hoher Realisierungswahrscheinlichkeit zu erkennbaren Erfolgen führen, und die dann Schritt für Schritt über etwas ambitioniertere Fragestellungen zu den skizzierten grundlegenderen Nachhaltigkeitsfragen im regionalen Unternehmenskontext führen können. Ein Nachhaltigkeitsleitbild, welches neben der sozialen und ökologischen Dimension, die wirtschaftliche Stabilität, Anpassungs- und Strategiefähigkeit ausdrücklich integriert, erwies sich dabei als unmittelbar anschlussfähig an zentrale regionalwirtschaftliche Debatten und betriebliche Modernisierungsnotwendigkeiten.

Praktische Beispiele für einen schrittweisen Zugang
Im Folgenden wird anhand von Beispielen aus den am Forschungsvorhaben beteiligten Betrieben dargestellt, wie die Prozess-Strategie in der Praxis operationalisiert wurde. Wir haben versucht, in verschieden Teilprojekten uns schrittweise an zentrale Fragen betrieblicher und zwischenbetrieblicher Nachhaltigkeitsthemen anzunähern, und möchten zeigen, wo in diesem Prozess die besonderen Bedingungen der Wirtschaftsregion als Akteursraum zum Tragen kamen.

Einfache „Tür-Öffner" mit erweitertem Blickwinkel
Im Projektverlauf haben sich – im Unterschied zu unserer mittelfristigen Orientierung auf Märkte und Erlöse – zunächst konkrete Beratungen zur kleinschrittigen Steigerung der Effizienz von Teilprozessen als besonders geeignet erwiesen, den betrieblichen Zugang zu öffnen und eine Vertrauensbasis für weitere gemeinsame Aktivitäten zu schaffen. Ein Beispiel für eine solche „Türöffner-Aktivität" aus dem Projektkontext ist die Stoffflussaufnahme im Lackierbereich eines mittelständischen Apparatebauers, die auf eine kostenoptimale und umweltgerechte Abfalltrennstrategie abzielte. Bei derartigen

Maßnahmen handelt es sich meist um klare win-win Situationen, die sich als deutlich erkennbare „Erfolge" in der innerbetrieblichen Realität darstellen.[14]

Vor dem Hintergrund einer Zielstellung, die über den „klassischen" Umweltschutz hinausgeht und die die regionalwirtschaftliche Nachhaltigkeit von Unternehmen eigentlich in Kriterien wie Innovations-, Wandlungs- und Kooperationsfähigkeit bemisst, ist es allerdings wichtig, dass von vornherein gegenüber „normalen" betrieblichen Umweltschutzplanungen weitere Aspekte beachtet werden:

- Parallel zur konkreten Lösung der „technischen" Probleme steht die Einbindung in die übrigen Prozesse der betrieblichen Leistungserstellung von Beginn an im Blickpunkt der Aktivitäten
- Nicht-technische und nicht-stoffliche Prozesse werden dabei gleichrangig berücksichtigt
- Auch Optimierungsmöglichkeiten, die keine ökologischen, sondern ausschließlich ökonomische Effekte haben, also z. B. die Reduzierung von Stillstands- oder Rüstzeiten werden gleichermaßen geprüft.

Im Beispiel des Lackierbereiches führte dieser erweiterte Blickwinkel zur Identifikation zusätzlicher, relevanter Problembereiche:

- Ein hoher handwerklicher Anspruch der Lackierer und nicht klar definierte (optische) Qualitätsanforderungen führten zu deutlicher „Überqualität" der gefertigten Oberflächen.[15] Dies schlägt sich vor allem in vergleichsweise langen Vorbearbeitungszeiten, aber auch in hohen Verbräuchen von Hilfsmaterialien nieder.
- Da gegenüber den Endkunden und größeren Systemherstellern keine einheitlichen Farbstandards durchgesetzt werden (können?), entstehen durch Überlagerung hohe Mengen entsorgungsbedürftiger Sonderfarbtöne.[16]
- Aufgrund einer schwankenden und meist geringen Auslastung des Lackierbereiches kann selbst für einfache technische Verbesserungen, wie z.B. den Einsatz von HPLV-Spritzpistolen[17] nicht sinnvoll eine Amortisation bestimmt werden. Die Verbesserungsinvestitionen werden aus diesem Grund nicht getätigt.

Diesen in ähnlicher Form in vielen KMU vorfindbaren Problemen ist gemeinsam, dass die Lösungsmöglichkeiten nicht im unmittelbaren Fertigungsbereich, sondern in ganz anderen Abteilungen des Unternehmens liegen – hier im Bereich des Marketing (verursachungsgerechte Preisgestaltung und definierte Qualitätsanforderungen) oder in der Geschäftsführung (Möglichkeit der Auslastungsoptimierung durch externe Vermarktung der Lackierleistung). Zur Erschließung dieser Optimierungspotenziale sind abteilungsübergreifende Abstimmungen und Aushandlungsprozesse notwendig, die im normalen Betriebsablauf nicht stattfinden, und für die vielfach auch kein geeigneter innerbetrieblicher „Ort" vorhanden ist. Die Bearbeitung des konkreten Optimierungsprojekts bot somit die Chance zur Initiierung eines informellen innerbetrieblichen Austausch-Forums über weitere Verbesserungsbedarfe bzw. -möglichkeiten.

Austausch-Foren und benchmarking-Kreise

Gerade in solchen „Nebeneffekten" des effizienzorientierten Unternehmenszugangs und den daraus resultierenden konkreten Arbeitskontakten zu weit entfernt liegenden oder im Normalfall sehr abgegrenzten Betriebsbereichen, lag für eine Reihe von betrieblichen Kooperationspartnern ein besonderer Reiz. Dies gilt auch für Materialfluss-Controlling-Konzepte/-Systeme, die insbesondere darauf abzielen, die Transparenz der Mengenflüsse im Bereich der Hilfsstoffe zu erhöhen. Ihr Einsatz schließt sich fast sachlogisch an die z.B. im Bereich der Lackierung exemplarisch identifizierten Schwachstellen an.

Im Projektverlauf wurde eine prototypische DV-Anwendung programmiert, die zeigt, wie auch in KMU's ohne vollwertige Materialwirtschaftssysteme mit vertretbarem Aufwand Auffälligkeiten in den Mengen- und Kostenstrukturen der Materialverbräuche identifiziert werden können. Darüber hinaus lassen sich mit einem solchen Instrument sehr flexibel Controlling-Kennzahlen bilden, die sowohl einen internen Perioden- oder Prozessvergleich, als auch ein benchmarking zwischen verschiedenen Betrieben innerhalb einer Branche unterstützen.

Die Umsetzung des skizzierten Controlling-Konzepts erfordert und befördert damit sowohl eine vertikale Kooperation der verschiedenen betrieblichen Funktionen – solche werkzeugartig strukturierten und sehr prozessnahen Controllingmaßnahmen lassen sich nur im Zusammenwirken von Controllern und Betriebspraktikern realisieren – als auch den horizontale Informationsaustausch zwischen verschiedenen Betriebsstandorten oder Betrieben.

Referenzerfahrungen mit überbetrieblichen benchmarking Ansätzen zeigen, dass sie insbesondere dort auf eine hohe Akzeptanz stoßen und über längere Zeiträume erfolgreich fortgeführt werden, wo auch ein direkter Austausch über die Hintergründe von Auffälligkeiten und über Verbesserungsmöglichkeiten sichergestellt ist. An solchen Beispielen zeigen sich immer wieder die grundlegenden Anforderungen an Nähe und Vertrauen für fundierte Kooperationen, die insbesondere durch wiederkehrende face-to-face Kontakte im regionalen Akteursraum realisiert werden können.

Von der Effizienz- zur Innovationsstrategie

Ein weiteres Umsetzungsprojekt im Rahmen des Gesamtvorhabens befasste sich mit der Einführung der sogenannten Minimalmengen-Schmierung in der spanenden Metallbearbeitung. Einerseits handelt es sich dabei wiederum um eine Effizienzsteigerung (und das bezogen auf die problematischen Kühlschmierstoffe sogar um den Faktor 1000), auf der anderen Seite handelt es sich für die beteiligten Betriebe um eine echte technologische und auch sehr weitreichende organisatorische Innovation, auch wenn die Einführung der Minimalmengenschmierung aus nationaler Sicht eher als Diffusion einer bereits bestehenden Technik beschrieben werden kann.[18] Eine wesentliche Voraussetzung für die erfolgreiche Realisierung dieser Innovation unter den Rahmenbedingungen produzierender KMU waren in diesem Fall schon bestehende langjährige Kooperationsbeziehungen zwischen einem Institutsleiter für Fertigungstechnik an der Fachhochschule Hamburg einerseits sowie einer Reihe regional ansässiger mittelständischer Metallverarbeiter und dem Verband Deutscher Maschinen- und Anlagenbau (VDMA) andererseits. An dieses bestehende Technologie-Netzwerk konnten die Aktivitäten im Projektrahmen sehr gut andocken. Auf der Basis erfolgreicher Zusammenarbeitserfahrungen der Vergangenheit und begleitet von einer Vielzahl persönlicher Kontakte wagten die Pionierbetriebe dann auch die Umstellung produktionsrelevanter (Engpass-)Aggregate.

Strukturelle Modernisierung und symmetrische Entwicklernetze
Noch tiefer in die betrieblichen Strukturen greift die Diskussion über eine nachhaltigkeitsorientierte Produktgestaltung ein.[19] Sie geht an den „Nerv" der Unternehmen und erfordert von ihnen ein besonders hohes Maß an Bereitschaft zur Kooperation nach innen und außen sowie zum Verlassen eingefahrener Pfade. Aber es finden sich in diesem Feld auch die weitreichendsten Zukunftsperspektiven für eine nachhaltige Gestaltung von Produktsystemen, bei denen ganz im Sinne unserer „Innovationsstrategie" relevante Umweltentlastungen mit sozialem Nutzen und unternehmerischem Erfolg kombiniert werden können. Eine Vielzahl von Gesprächen und Diskussionsrunden zu diesem Themenkomplex zeigte, dass nachhaltigkeitsorientierte Ansätze der Produktgestaltung in den meisten Betrieben der Metallwirtschaft derzeit eine untergeordnete „Exoten-Rolle" spielen. Eine Reihe tiefgreifender Veränderungen in den Organisationsabläufen und Kommunikationswegen ist notwendig, wenn ihnen innerbetrieblich ein höherer Stellenwert zukommen soll. Hier ist das leitende Management in seiner Zuständigkeit für „Unternehmensstrategie" und „strukturelle Modernisierung" gefordert.

Besonders wichtig im regionalen Kontext ist zudem der Aspekt, dass praktisch alle wirklich grundlegenden Veränderungen der „Produkte" neue Formen der Zusammenarbeit mit externen Partnern erfordern. Vor allem für die flexible Anpassung komplexer Produkte an variable Kundenwünsche benötigen insbesondere KMU stabile, auf Dauer angelegte Entwicklungsnetze, in denen jeder der Partner gleichrangig, (symmetrisch) spezialisierte Beiträge beisteuert, und bei denen sich die Kooperationspartner somit auch durchaus in eine enge gegenseitige Abhängigkeit begeben. Sowohl in dieser Verbindlichkeit aber auch im Grad der notwendigen Interaktion unterscheiden sich diese Entwicklungsnetze deutlich von den im Handwerk zunehmend vorfindbaren komplementären Netzen (Zusammenschluss von Gleichen, um im Bedarfsfall auch größere Aufträge abwickeln zu können) oder den gerade im Maschinenbau weit verbreiteten vertikalen Netzen, in denen der Systemführer seinen Zulieferern vollständig ausgearbeitete Fertigungsvorgaben übergibt und damit nur sehr geringe weitere Abstimmungsbedarfe bestehen.

Besondere Aufmerksamkeit kommt auch in den Entwicklungsnetzen den „face-to-face"-Kontakten zu. Sie werden sowohl von den Industriekunden gewünscht als auch von den Zulieferern/Partnern für notwendig gehalten, weil sie das Anbahnen, Zustandekommen und Abwickeln von Kooperationen vereinfachen. Eher fatalistisch formulieren hier allerdings viele Gesprächspartner in den Betrieben, dass die Möglichkeit, solche Kooperationen räumlich eng benachbart zu realisieren, für sie derzeit noch keine Notwendigkeit, sondern eher eine zwar wünschenswerte – aber in Hamburg oft leider nicht zu realisierende – Annehmlichkeit darstellen würde.[20]

Der regionale Diskurs zur Verbreitung der Pioniererfolge
Die vorstehenden Beispiele repräsentieren an die Realität von produzierenden KMU anschlussfähige Konkretisierungen grundlegender Nachhaltigkeitsstrategien, wie die Steigerung von Energie- und Ressourceneffizienz, die Fähigkeit zur strukturellen Modernisierung sowie zum Aufbau tragfähiger Kooperationsbeziehungen im Kontakt- und Vertrauensraum der Region.

Dennoch besteht die Gefahr, dass die mit Hilfe des Modellprojekts „Nachhaltige Metallwirtschaft" angestoßenen einzelbetrieblichen Erfolge Singularitäten in einem weiten Feld des „weiter so" bleiben, bzw. dass in jedem neuen Einzelfall wieder der weite Weg von den kleinteiligen Prozessoptimierungen bis zu den eher strukturverändernden Neuorientierungen gegangen werden muss. Genau an dieser Stelle kann ein regionaler Diskurs über die Formulierung und Verbreitung einigender Leitbilder den entscheidenden Impuls dazu geben, aus den „belächelten Exoten" die „bestaunten Vorreiter" zu machen.

Beim Initiieren eines solchen folgenreichen Nachhaltigkeits-Diskurses kommt geeigneten „Promotoren" ohne Zweifel eine bedeutende Rolle zu.[21] Im konkreten Fall Hamburgs fanden sich zum Glück eine ganze Reihe von Personen, die diese Rolle einnehmen konnten, und die auf diese Weise die Erfolge in unseren Teilprojekten erst bekannt machten. Hierzu gehörten – in den meisten Fällen von Anfang an in das Projekt über eine ‚Beiratsfunktion' eingebunden – insbesondere: Der Umweltsenator und engagierte Mitarbeiter der Umweltbehörde, zwei dem Kooperations- und Innovationsimpuls „neuer" Themen gegenüber aufgeschlossene Geschäftsführer von in der Region sehr gut verankerten Fachverbänden (VDMA und Nordmetall), ein mit anerkannter „Problemlösungskompetenz" und einem weit gestreuten Kontaktnetzwerk ausgestatteter Hochschullehrer, der Vorstandsvorsitzende der größten ortsansässigen Metallhütte, der in Personalunion wichtige Ämter in den Selbstverwaltungsorganen der Hamburger Wirtschaft wahrnimmt und nicht zuletzt engagierte Mitarbeiter der Handwerks- und der Handelskammer.

Die jeweiligen Motivlagen, die dazu führten, dass sich diese Promotoren für die verstärkte Verankerung des Nachhaltigkeitsansatzes in der regionalen Wirtschaft engagieren, sind sicher unterschiedlich. Während die in der Umweltverwaltung Tätigen nach ergänzenden oder auch komplementären Positionierungen zur verwaltungseigenen Verortung im Themenfeld „Nachhaltiges Hamburg" suchen, haben die Mitarbeiter in der Verbandsarbeit und auch die im Forschungstransfer tätigen Hochschulmitglieder ein Grundinteresse an der Stärkung regionaler Kooperationsnetzwerke. Für die „Metallunternehmer" stellt sich einerseits die Frage nach dem Bild des Unternehmens in der Öffentlichkeit, nach seiner Verletzlichkeit und nach den zukünftigen Marktchancen. Andererseits spielen nicht nur für Großunternehmen die Fragen der „Modernität" und damit auch der Attraktivität des Heimatstandortes eine wichtige Rolle.[22]

Mit der Unterstützung dieser und weiterer Promotoren aus der regionalen Wirtschaft wurde noch im Projektverlauf in Kooperation mit der Handelskammer Hamburg damit begonnen, ein von der Hamburger Wirtschaft getragenes „Forum für nachhaltiges Wirtschaften" ins Leben zu rufen. Damit wird in der Region nach der Zivilgesellschaft, die sich schon längst im Hamburger „Zukunftsrat" organisiert hat, und dem Senat, bei dem der Umweltsenator wichtige Elemente einer Nachhaltigkeitsstrategie vorgelegt hat, nun auch die Wirtschaft als dritte große gesellschaftliche Kraft eine eigene konzentrierte Meinungsbildung zum Zukunftsprojekt Nachhaltigkeit entwickeln.

Schlussbemerkung

Das spezifisch akteursorientierte Regionsverständnis des Hamburger Modellprojekts – gekennzeichnet durch die Arbeitsbegriffe „regionale Innovationssysteme" und „internationales Gravitationszentrum" – hat sich zumindest für die praktischen Ziele der Umsetzungsprojekte unter den spezifischen Rahmenbedingungen der Metropolenregion gut bewährt. Die räumliche Dichte der Vielzahl ansässiger Wirtschaftsakteure und eine große Zahl von gewachsenen Vertrauensbeziehungen zwischen face-to-face agierenden Wirtschaftsakteuren bildeten die Grundlage für konkrete (Pilot-) Umsetzungsprojekte in Richtung auf nachhaltiges Wirtschaften. Mit dem auf Wettbewerbsfähigkeit durch Innovations-, Kooperations- und Wandlungsfähigkeit fokussierenden unternehmensorientierten Nachhaltigkeitskonzept konnten die Voraussetzungen für solch eine Anschlussfähigkeit geschaffen werden. Darüber hinaus boten die vielfältigen Überlappungen und Dopplungen in diesen Akteursnetzen die Chance, mit geringen zusätzlichen Institutionalisierungen eine hohe Reichweite der initiierten Diskurse sicherzustellen.

Endnoten

1 Vgl. Porter, M.E. (1991): Nationale Wettbewerbsvorteile – Erfolgreich konkurrieren auf dem Weltmarkt, München.
2 Vgl. Brahmer-Lohss M./A. von Gleich/M. Gottschick/D. Jepsen/S. Kracht/K. Sander: Nachhaltige Metallwirtschaft – Ziele, Rahmenbedingungen und erste Schritte in der Akteursregion Hamburg (im Erscheinen, Näheres auf www.nachhaltige-metallwirtschaft.de).
3 Nach den Raumordnungsregionen der Bundesforschungsanstalt für Landeskunde und Raumordnung (heute BBR).
4 Die im Übrigen für den Umweltschutz genauso wie bei der Ausbringungsrate und beim Betriebsergebnis durch internationale Benchmarks zu belegen versucht wird.
5 Vgl. Dierkes M./U. Hoffmann/L. Marz (1992): Leitbild und Technik – Zur Genese und Steuerung technischer Innovationen, Berlin, 43.
6 Nach Dierkes M./U. Hoffmann/L. Marz: a.a.O., 41ff.
7 Vgl. Bukhold St./P. Thinnes (1991): Maschinenbau in der Region Hamburg. Regionale Verflechtung und das Süd-Nord-Gefälle. In: Boomtown oder Gloomtown? Berlin, 189–212.
8 Powell 1990: 303, zit. n. Kilper H./E. Latniak (1996): Einflussfaktoren betrieblicher Innovationsprozesse – zur Rolle des regionalen Umfeldes. In: Brödner P./U. Pekruhl/D. Rehfeld (Hg.): Arbeitsteilung ohne Ende? Von den Schwierigkeiten inner- und überbetrieblicher Zusammenarbeit. München, 221.
9 Dies zeigt u.a. eine aktuelle Untersuchung von Läpple, D./G. Walter (2002): Beschäftigungsorientierte Strukturpolitik für Arbeitsplätze in Stadtteilen und Quartieren, Forschungsprojekt der Hans-Böckler-Stiftung, Düsseldorf (in Vorbereitung).
10 Nach Läpple, D./G. Walter a.a.O.
11 Dieses Problem wurde u.a. bei der Diskussion über die Chancen und Grenzen der verstärkten Umsetzung einer Modulstrategie bei einem beteiligten Fördertechnikhersteller benannt.
12 Diese Argumente wurden u.a. bei der Prüfung der Möglichkeiten für die verstärkte Nutzung der sowohl Umweltprobleme als auch Produktverunreinigungen reduzierenden Trockenbearbeitung bzw. Minimalmengenschmierung in der spanenden Metallbearbeitung angeführt.
13 So könnten z.B. durch verminderte Ferntransporte, den Einsatz hocheffizienter Produktionsprozesse bei spezialisierten Teilefertigern und die Schaffung hochqualifizierter Arbeitsplätze ggf. Verbesserungen in allen drei Nachhaltigkeitsdimensionen erreicht werden.
14 Das heißt, sie folgen der einzelwirtschaftlichen Logik und sind auch in den üblichen Controllingstrukturen von KMU unmittelbar als Minderung von Fertigungskosten und (Verbrauchs-) Mengen erkennbar.
15 So wurden z.B. Gehäuse-Innenseiten von Malwerken aufwendig lackiert, obgleich dieser Farbauftrag bereits im Probelauf abrasiv abgetragen wird. Doch „der Kunde will ein rundum ansprechendes Produkt".
16 Farbrestanteile von bis zu 45% der eingekauften Gesamtfarbmenge, werden in der Fertigung achselzuckend als gegeben akzeptiert, „da der Vertrieb/das Marketing dem Kunden ja alles verspricht". Preisvorteile für Standardlackierungen bzw. Aufschläge für Sonderlackierungen werden nicht realisiert.
17 Mit einer solchen High-Pressure Low Volumen-Aplikationstechnik kann der sogenannte „overspray", also der Auftragsverlust, auf einfache Art und Weise signifikant reduziert werden.
18 Als innovative neue Anforderung kann allerdings der im Projekt erfolgreich realisierte Anspruch gewertet werden, auch für problematische Legierungen (hochveredelte Stähle) und problematische Geometrien Lösungen zu erarbeiten.

19 Die Autoren subsummieren eine ganze Tool-Box von Maßnahmen unter diesem Begriff: Vom recyclinggerechten Konstruieren, über die Steigerung von Wartungsfreundlichkeit und Anpassungsfähigkeit im Rahmen von Modulkonzepten bis hin zu gänzlich anderen (teilweise dematerialisierten) Produkten, z.B. im Rahmen eines Flotten-Managements..
20 Vgl. auch Läpple, D./G. Walter a.a.O.
21 Vgl. J. Hafkesbrink, Kleiner Almanach der Mobilisierung von regionalen umweltorientierten Akteursnetzwerken (in diesem Band).
22 Dies manifestiert sich insbesondere in der Frage nach ausreichend qualifizierter Fachkräften in der Region, die entweder als Mitarbeiter des Unternehmens selbst oder aber als Angestellte von externen Dienstleistern eine hohe Verfügbarkeit und die permanente Weiterentwicklung der hochspezialisierten Produktionsanlagen gewährleisten können.

Prof. Dr. Arnim von Gleich
Fachhochschule Hamburg
FB Maschinenbau und Produktion
Berliner Tor 21
D-20099 Hamburg

Manuel Gottschick
SUmBi: Ingenieurbüro für Sozial- & Umweltbilanzen
Berliner Tor 21
D-20099 Hamburg

Dirk Jepsen
Ökopol – Institut für Ökologie und Politik GmbH
Nernstweg 32-34
D-22765 Hamburg

Uwe R. Fritsche

Regionalität als Bindeglied zwischen Quartier und Region: Potenziale und Ansatzpunkte für stoffstromökonomische Regionalaktivitäten

Stadtteile, die nach den Wünschen künftiger BewohnerInnen, nach ökologischen Kriterien und mit Blick auf die Nutzung regionaler Rohstoffe geplant sind, versprechen wichtige Beiträge zur nachhaltigen Entwicklung. Lokales Engagement im Stadtteil bietet auch wichtige Ansatzpunkte für ein regional orientiertes Wirtschaften.

Das BMBF-geförderte Projekt „Nachhaltige Stadtteile auf innerstädtischen Konversionsflächen: Stoffstromanalyse als Bewertungsinstrument"[1] untersuchte zwei Beispielstadtteile, die sehr verschiedene Schritte zur Nachhaltigkeit umsetzten:
- in Freiburg (Breisgau) das Gebiet der ehemaligen Vauban-Kaserne und
- in Neuruppin (Brandenburg) die Vorstadt-Nord.

Beide Stadtteile wurden auf innerstädtischen militärischen Konversionsflächen errichtet. In Freiburg-Vauban wurde der größte Teil der Kasernengebäude durch Neubauten ersetzt, während in der Neuruppiner Vorstadt-Nord die Sanierung der Militärgebäude im Mittelpunkt stand.

Die Ziele des Modellprojekts waren, ökologische und ökonomische Wirkungen der Stadtteile – insbesondere auch auf die Region – zu ermitteln, das Zusammenwirken der Akteure und sozialen Aspekte der Nachhaltigkeit zu untersuchen und die Ergebnisse mit den Praxispartnern vor Ort zu diskutieren.

Neben einer umfassenden Analyse der Stoffströme beim Bauen und im Verkehr wurde auch der Warenkonsum analysiert. Dabei wurden auch Effekte einer möglichen Regionalisierung der betrachteten Stoffströme ermittelt.

1. Stoffstromanalyse: Alles fließt, aber wohin?

Um zu untersuchen, welche Wirkungen von den neuen Stadtteilen ausgehen, wurden praktisch alle Lebensbereiche (und damit relevante „Bedürfnisfelder") erfasst:
- Errichtung von Gebäuden und Infrastruktur, Heizen, Warmwasser und Strombedarf sowie Wasserversorgung („Wohnen");
- Konsum von Lebensmitteln, Möbeln, Papier, Textilien, Abfall- sowie Abwasserentsorgung („Leben");
- Personen- und Güterverkehr („Mobilität").

Eine methodische Besonderheit liegt im Einsatz der Stoffstromanalyse – sie ermittelt, welche Stoffströme und Umweltbelastungen durch die Nachfrage nach Produkten und Dienstleistungen in den Stadtteilen ausgelöst werden. Die Analyse erfolgt über Prozessketten, in denen alle Verteilungs- und Herstellungsaufwendungen bis zur

Quelle (Ressourcenentnahme) zurückverfolgt werden.[2] Damit können sowohl die lokalen Effekte – etwa des Verkehrs oder des Heizens – wie auch regionale und globale Wirkungen (z.B. beim Erdgasimport oder bei der Verwendung von Bauholz aus Indonesien) differenziert ermittelt werden.

Die Stoffstromanalyse bildet die in den Stadtteilen getroffenen Maßnahmen (Wärmeschutz und Passivhäuser, Verkehrskonzept usw.) einzeln ab und bestimmt ihren Erfolg durch den Vergleich mit einem hypothetischen Referenzstadtteil, in dem keine besonderen Maßnahmen zur Nachhaltigkeit umgesetzt wurden. Als Ergebnis können die erreichten Effekte (Erfolge) im Hinblick auf relevante Umweltindikatoren und auf die Kosten sehr genau quantifiziert werden, und es lassen sich auch Szenarien über künftige Maßnahmen erstellen und bewerten.

2. Ergebnisse: Auf dem Weg zur Nachhaltigkeit

Aus der Vielzahl von Projektergebnissen – neben dem Indikatorensystem auch Informationen zur Vernetzung der Akteure (vgl. Beitrag von Bettina Brohmann in diesem Buch) sowie Daten zu Luftschadstoffen, Reststoffen, Ressourcenbilanz und Kosten – zeigt das folgende Beispiel die Treibhausgasemissionen im Stadtteil Freiburg-Vauban auf.

Bild 1: Umweltwirkungen des Stadtteils Freiburg-Vauban:
Ergebnisse des Maßnahmen-Szenarios, Beispiel Treibhausgase

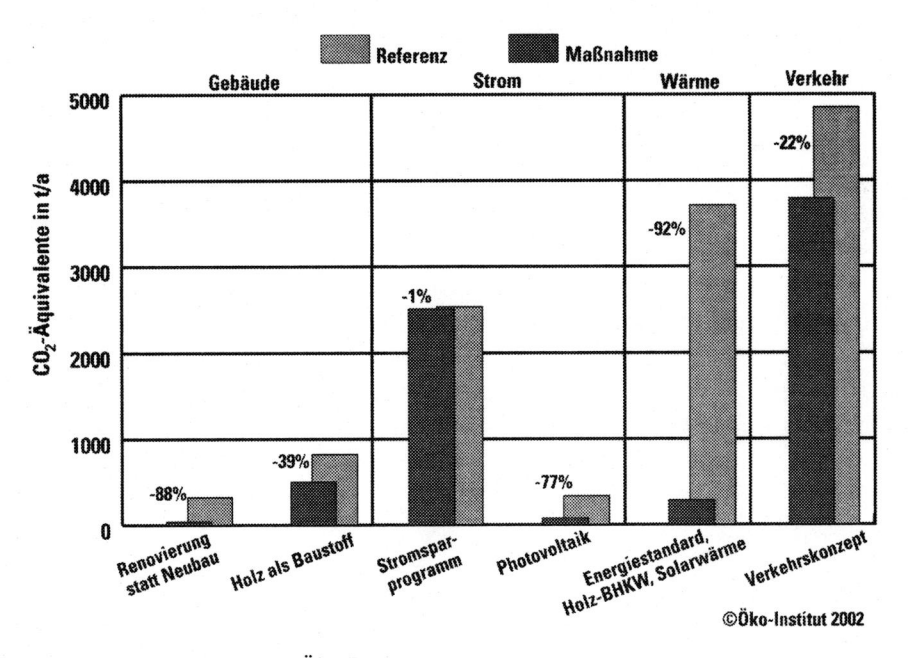

Quelle: Berechnungen des Öko-Instituts

Offenkundig konnten beim Bau der Gebäude, beim Strom- und vor allem beim Wärmebedarf sowie beim Verkehr beachtliche Einsparungen erzielt werden. Das gilt im Übrigen nicht nur in Bezug auf die Umwelt, sondern – hier nicht gezeigt – auch bei den Kosten.

Die absolut größte Einsparung im Stadtteil Freiburg-Vauban bringt ein kleines Heizkraftwerk, das als Brennstoff regionales Restholz aus der Forst- und Holzwirtschaft einsetzt.

3. Konsum und Region: eine regionalisierte Stoffstromanalyse

Am Beispiel des Stadtteils Freiburg-Vauban wurden im Projekt die ökologischen und ökonomischen Auswirkungen des Konsums anhand des Warenkorbs der StadtteilbewohnerInnen untersucht. Anders als die Umweltfolgen des Bauens und Wohnens sowie des Verkehrs ist in der bisherigen Forschung zu nachhaltigem bzw. ökologischem Wohnen dieser Teil des Stoffwechsels noch kaum differenziert untersucht worden.[3]

Das Projektteam ermittelte auf der Basis der westdeutschen pro-Kopf-Daten zum Warenkonsum die relevanten Güter, die pro Jahr im Stadtteil konsumiert werden – dies sind Nahrungsmittel, Möbel, Haushaltsgeräte, Textilien und Papier.

Anschließend wurden Stoffströme und Umweltbelastungen durch die Nachfrage nach diesen Produkten bestimmt. Die Analyse erfolgte über Prozessketten, in denen die Verteilungs- und Herstellungsaufwendungen bis zu den Rohstoffquellen verfolgt werden.

Das Computermodell GEMIS, mit dem die Stoffstromanalyse durchgeführt wurde, ist im Internet verfügbar (siehe http://www.oeko.de/service/gemis/).

Für Textilien wurde mit einem vereinfachten Ansatz gerechnet, der anstelle der vielen verschiedenen Textilsorten und ihrer komplexen Verarbeitung mit einer „Standard"-Baumwolle aus verschiedenen Lieferländern und einem „Kunsttextil" auf Ölbasis arbeitet. Bei den Möbeln wurden ebenfalls eine „Standard"-Einrichtung definiert, die Tisch, Stühle usw. umfasst. In der Analyse zu Lebensmitteln wurden Fleisch, Getreide- und Milchprodukte sowie Gemüse und Obst einbezogen und auch Importe sowie internationale und nationale Transporte berücksichtigt.

Die Projektergebnisse zeigen einerseits, dass der private Konsum eine erhebliche Bedeutung für die Umwelt hat (vgl. folgendes Bild) – er liefert den größten Beitrag sowohl bei Treibhausgasen wie bei Säurebildnern.

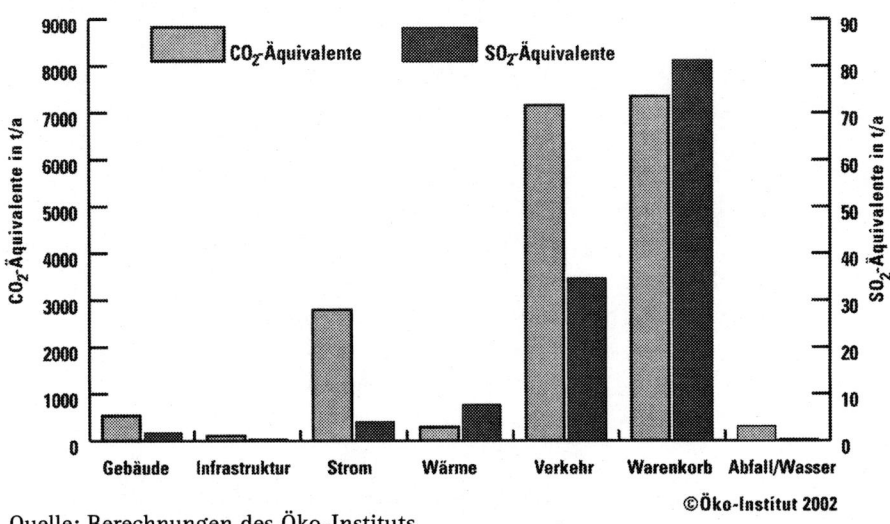

Bild 2: Umweltbelastungen des Stadtteils Freiburg-Vauban – Gesamtszenario

Quelle: Berechnungen des Öko-Instituts

Das Bild oben zeigt die großen Beiträge durch den Warenkorb – dies ist der Konsum von Lebensmitteln, Textilien, Möbeln usw. Hier haben die Stadtteile noch keine Maßnahmen ergriffen, wollen sich aber künftig dieser Herausforderung stellen.

Die Analyse ergab zudem, dass im Warenkorb die Lebensmittel besonders relevant sind, ihre Herstellung liefert z.B. den größten Einzelbeitrag zu den Treibhausgasen.

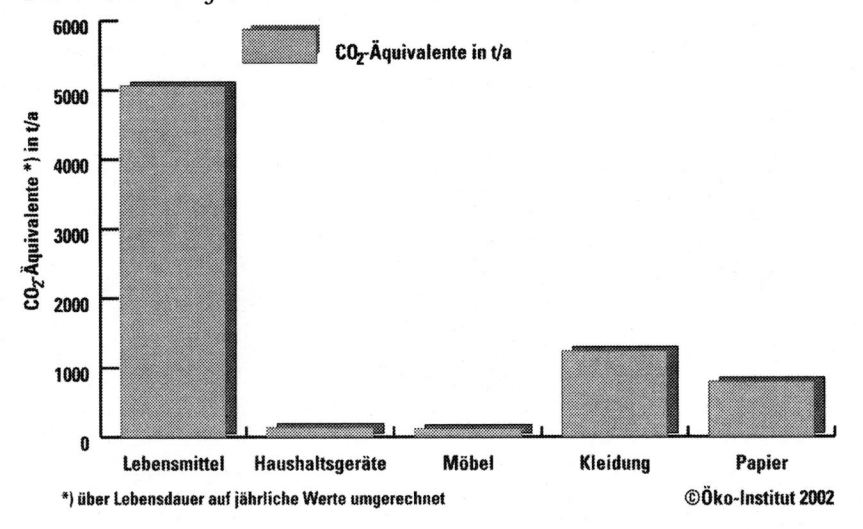

Bild 3: Treibhausgasemissionen durch den Warenkorb – Rolle der Produkte

Quelle: Berechnungen des Öko-Instituts

Im Projekt wurden daher die Lebensmittel einer genaueren Betrachtung unterzogen. Wird der Lebensmittelkonsum differenziert, ergibt sich eine überragende Bedeutung der Fleisch- und Milchprodukte – die tierische Produktion führt aufgrund des Metabolismus und der Vorketten (Futterherstellung) zu hohen spezifischen Emissionen pro kg Produkt.

Ansatzpunkte zur Senkung dieser erheblichen Umweltbelastungen könnten im Bereich der Lebensmittel – neben Änderungen der Ernährungsgewohnheiten – die Ökologisierung der Landwirtschaft und die Regionalisierung der Produktion darstellen.

Während die weitgehende Veränderung der Ernährungsgewohnheiten (Nachfragereduktion tierischer Produkte) eine radikale Änderung der Lebensweise erfordert und daher zum nur aufwändig beeinflussbaren Thema der „Suffizienz" gehört, sind Art und Ort der Erzeugung und Verteilung auch ohne tiefgreifende Änderung des Konsumverhaltens nachhaltiger gestaltbar. Das Projekt untersuchte daher exemplarisch, welche Effekte eine Regionalisierung bei Nahrungsmitteln (Milch, Käse, Brot) sowie Baustoffen (Kalksandstein, Holz) für den Stadtteil Freiburg-Vauban hätte.

Hierzu wurden Szenarien zur Regionalisierung entwickelt, in denen die Nachfrage im Stadtteil einmal „wie üblich" (Bundesmix inkl. Importe) gedeckt wird und andererseits durch das Angebot regional erzeugter Produkte. Ergänzend wurde für die Lebensmittel auch analysiert, welchen Effekt die ökologische Erzeugung zusätzlich zur Regionalisierung hat. Dabei zeigte sich, dass die Regionalisierung nur bei einigen Lebensmitteln relevante Umweltentlastungen bringt, während eine mit der Regionalisierung gekoppelte Ökologisierung der Agrarproduktion stets deutliche Einsparungen bringt:

Bild 4: Beispiele zur Wirkung von Regionalisierung bzw. Ökologisierung bei Lebensmitteln in Freiburg-Vauban

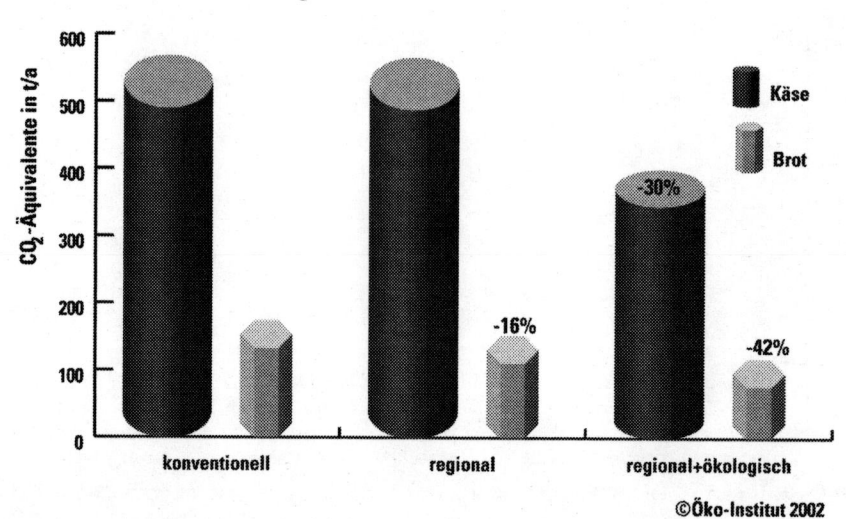

Quelle: Berechnungen des Öko-Instituts

Neben Lebensmitteln können auch regionale Baustoffe eine wichtige Rolle für nachhaltiges regionales Wirtschaften auf Stadtteilebene spielen.

Das untersuchte Beispiel „Holzfenster" zeigt, dass die Regionalisierung eine große Umweltentlastung bewirken könnte, da hierbei die regionale Forstwirtschaft Importe von Holz aus z.B. Indonesien und den USA ersetzt.

Bild 5: Wirkung der Regionalisierung von Baustoffen in Freiburg-Vauban

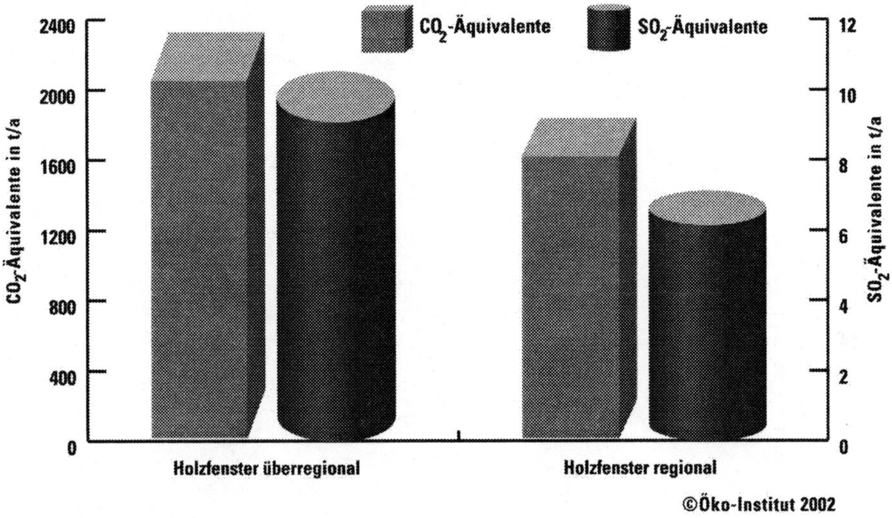

Quelle: Berechnungen des Öko-Instituts

4. Mehr als Umwelt: Ökonomische Wirkungen

Als wichtige methodische Neuerung wurden im Projekt auch ökonomische Daten mit der Stoffstromanalyse, die bisher „nur" zur Messung des ökologischen Erfolgs diente, quantitativ verknüpft – dies zielt auf eine Stoffstromökonomie:

Aus der Prozesskettenanalyse sind ja die stofflichen und energetischen Umsätze für jeden Prozess bekannt – z.B. die Tierhaltung, die Futtermittelerzeugung, die Molkerei usw. Nun können diese Stoffstromdaten mit den jeweiligen Preisen pro Output der Prozessstufe multipliziert werden – damit ergibt sich der monetäre Umsatz, disaggregiert für die jeweilige Prozessstufe. Das Besondere hieran ist, dass nun mit diesen Daten auch die Differenz der regionalisierten Produktbereitstellung mit der bundestypischen ermittelt werden kann, und zwar wiederum für jeden Prozess.

Die ökonomisch erweiterte regionalisierte Stoffstromanalyse verfolgt also die Konsumnachfrage aus einem Stadtteil (oder von anderen Konsumenten-Aggregaten) differenziert für die einzelnen Produkte bis zur Rohstoffgewinnung, multipliziert die Stoff- bzw. Energieumsätze jeweils mit den monetären Preisen und bildet dann das

Umsatz-Delta zu der Produktbereitstellung aus konventioneller, bundestypischer Produktion (inkl. Importen).

Da nun für jeden Prozess bekannt ist, ob er in oder außerhalb der jeweils interessierenden Region stattfindet, kann über diese Erweiterung neben dem regionalen Stoffumsatz auch der monetäre Umsatz berechnet werden.

Mit den im Projekt durchgeführten Beispielrechnungen konnte gezeigt werden, wie die Stoff- und Warennachfrage aus einem Stadtteil für ausgewählte Produkte sowohl auf die Umwelt wie auch auf die regionale Wirtschaft wirkt.

Als heute verfügbarer Indikator für die ökonomische Wirkung kann die regionalisierte Stoffstromanalyse den Unterschied im regionalen Umsatz anzeigen.[4]
Dies zeigt das folgende Bild am Beispiel von Holzfenstern aus der Region.

Bild 6: Regionale Umwelt- und Umsatzbilanz am Beispiel von Holzfenstern aus der Region Freiburg gegenüber Standard-Holzfenstern (inkl. Importen)

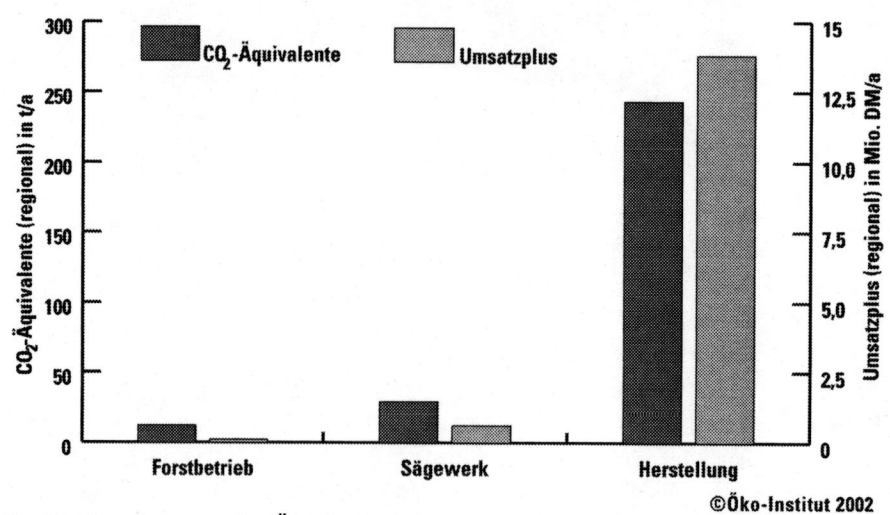

Quelle: Berechnungen des Öko-Instituts

Die regionale Erzeugung von Holzfenstern führt zwar zu einer Verlagerung von Emissionen in die Region, die Summe der Emissionen liegt aber unter der des bundestypischen Holzfensters.

Parallel wird ein deutlicher Teil des monetären Umsatzes in die Region verlagert – zu einem nur geringen Teil profitieren Forstbetriebe und Sägewerke, das größte Umsatzplus liegt in der regionalen Fensterherstellung.

Das Beispiel „Käse" (vgl. folgendes Bild) zeigt, dass die Regionalisierung auch zu einem deutlichen regionalen Umatzplus bei der Rohstoffgewinnung (Landwirtschaft) und der regionalen Weiterverarbeitung (Käserei) führen kann, und dass auch der regionale Handel profitierte, wenn Käse aus ökologischer Produktion im Stadtteil nachgefragt würde.

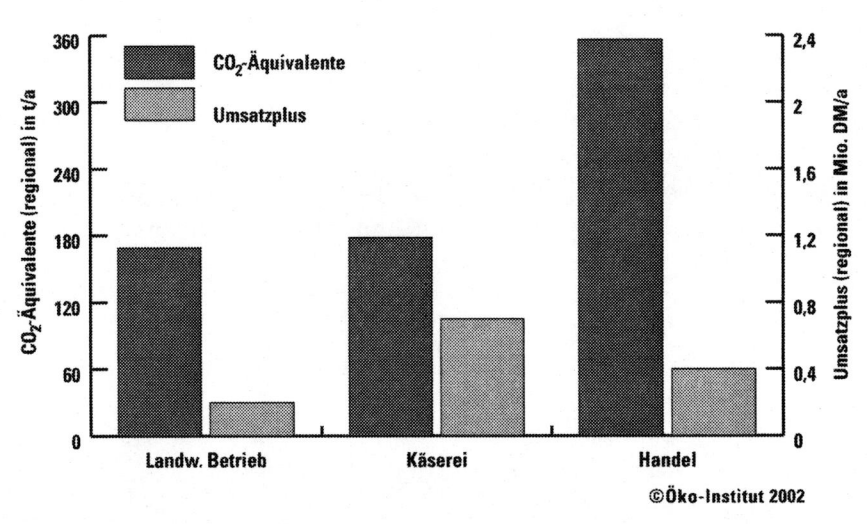

Bild 7: Regionale Umwelt- und Umsatzbilanz am Beispiel von Öko-Käse aus der Region Freiburg gegenüber Standard-Käse (inkl. Importe)

Quelle: Berechnungen des Öko-Instituts

Als wichtige Einschränkung ist festzuhalten, dass die entwickelte Methodik mit konstanten Preisen und Mengen arbeitet (ceteris-paribus-Ansatz), es also keine preisliche oder mengenmäßige Rückkopplung zwischen Angebot und Nachfrage gibt.[5]

5. Umsetzung von Ergebnissen in die Praxis

Die ökologisch-ökonomische Analyse von regionalisierten Stoffströmen zeigte künftige Handlungsoptionen für die StadtteilbewohnerInnen und für die lokal/regionalen Akteure in der Wirtschaft auf.

Um diese näher zu beleuchten, wurden im Projekt am Beispiel ausgewählter Lebensmittel (Milch, Käse) für Freiburg-Vauban ergänzend auch untersucht, welche Bedingungen für die Verwirklichung einer Realisierung der Regionalisierung bestehen. Dabei ergaben die Umfragen im Stadtteil insbesondere, dass regionale Produkte gewünscht werden und potenzielle Anbieter für die Versorgung von Freiburg-Vauban vorhanden sind.

Da im Projekt die Entwicklung und Erprobung der Methodik und der Werkzeuge im Vordergrund stand, erfolgte eine Umsetzungsbegleitung vor allem für die Nutzung regionaler Baustoffe (in Neuruppin) sowie regionaler erneuerbarer Energieträger (in Freiburg-Vauban). Die weitere Realisierung der Potenziale zum regionalen Konsum konnte aufgrund der beschränkten Ressourcen nicht mehr begleitet werden – dies ist somit Aufgabe von Folgeaktivitäten in den Stadtteilen, die unsere Praxispartner durchführen werden.

6. Ausblick

Das Projektziel, den Erfolg von Maßnahmen zur nachhaltigen Entwicklung auf der Ebene von Stadtteilen mess- und bewertbar zu machen, konnte erreicht werden und bietet mit der Erweiterung auf die regionale Ebene und den Warenkorb eine interessante Perspektive für künftiges Handeln vor Ort.

Prinzipiell lässt sich die regionalisierte Stoffstromanalyse auf alle Produkte und Dienstleistungen anwenden – die exemplarischen Analysen zeigten, dass der Datenbeschaffungsaufwand hierfür durchaus zu bewältigen ist, sofern die regionalen Wirtschaftsakteure dies unterstützen, was ohnehin Voraussetzung für ein erfolgreiches Agieren in der Region darstellt.

„Regionalisierbare" Produkte sind neben den hier untersuchten exemplarischen Lebensmitteln und Baustoffen noch insbesondere Fleisch und Gemüse sowie Obst. Auch im Bereich der (Wohn)Textilien sind Regionalisierungen möglich, sofern auf heimische Produkte wie Flachs und Hanf gesetzt wird.

Der Begriff „Region" ist dabei keineswegs streng abgrenzbar und lässt sich kaum allgemein fassen – während die StadtteilbewohnerInnen der Vorstadt-Nord in Neuruppin darunter eher den sie umgebenden Landkreis verstanden, war in Freiburg-Vauban das Verständnis weiter und schloss Teile des Elsass und der Nordschweiz mit ein (Dreiländereck). Außerdem scheint der Regionsbegriff je nach Produkt mehr oder weniger kleinräumig gefasst zu sein: beim Holz und anderen Baustoffen ist eher der Begriff „heimisch" relevant, bei Nahrungsmitteln dagegen ist die Nähe der Produktion ein wichtiges Merkmal.

In diesem Sinne erscheinen Potenziale zur Regionalisierung von Produkten immer nur in Bezug auf eine gegebene Kundengruppe und ein Produktportfolio angebbar. Die entwickelte Methodik zur Analyse der regionalen (Umwelt- und Umsatz-)Vorteile kann dagegen grundsätzlich überall verwendet werden.

Mit Blick auf die globalen Aspekte der Nachhaltigkeit ist abschließend festzuhalten, dass regionalisierte Produktion immer auch Verteilungsfragen aufwirft – und diese sind auf der Ebene von Stadtteil und Region nicht zu lösen.

Endnoten

[1] Forschungspartner des Öko-Instituts im Projekt waren complan (Gesellschaft für Kommunalberatung, Planung und Standortentwicklung) und IPU (Initiative Psychologie im Umweltschutz e.V.), Praxispartner in den Stadtteilen die Gesellschaft für Konversion im Ruppiner Land mbH (Neuruppin) und das Forum Vauban e.V. (Freiburg). Ein ausführlicher Zwischenbericht mit den wichtigsten Ergebnissen der Stoffstromanalyse als Instrument zur Erfolgsmessung nachhaltiger Stadtteile sowie der Potenziale der Regionalisierung von Wirtschaftskreisläufen in ökonomischer und ökologischer Hinsicht wurde Ende 2000 vorgelegt. Die Ergebnisse wurden mit den Praxispartnern und lokalen Akteuren bei Veranstaltungen vor Ort diskutiert. Zwischenbericht, weitere Informationen, Materialien und Pressereaktionen sind im Internet verfügbar unter www.oeko.de/service/cities/. Eine zusammenfassende Broschüre zu allen Projektergebnissen wird Ende 2002 zusammen mit dem Endbericht kostenlos verfügbar sein.

2   Vgl. zur Stoffstromanalyse mit Prozessketten „Stoffwechsel", Broschüre des Öko-Instituts, Freiburg 1996 sowie „Stoffflussbezogene Bausteine für ein nationales Konzept der nachhaltigen Entwicklung: Fallbeispiel Bauen und Wohnen", U. Fritsche et al., Reihe UBA-Texte 47/99, Berlin 1999.

3   Es gibt zwar makroökonomische top-down-Analysen (vgl. mehrere Beiträge in: Nachhaltiger Konsum – Auf dem Weg zur gesellschaftlichen Verankerung, Scherhorn, G./Ch. Weber (Hg.), München 2002), die auf Daten der Umweltökonomischen Gesamtrechnung basieren – vgl. Bericht des Statistischen Bundesamtes zu den Umweltökonomischen Gesamtrechnungen (UGR) 2001, Wiesbaden, Okt. 2001. Hier können jedoch mit den öffentlich zugänglichen Tabellen die Verursacheranteile innerhalb der Branchenverflechtung nicht weiter differenziert werden, und auch die Regionalisierung der Daten ist in Deutschland nur sehr schwer möglich. In Großbritannien gibt es dagegen sehr stark disaggregierte Regionalstatistiken, mit denen eine ähnlich gute „Auflösung" der Umweltinanspruchnahme erreicht werden kann wie mit der regionalisierten Prozesskettenanalyse (vgl. Welsh & Regional Economies Resource Productivity – Economy-Environment Input-output Model, Beitrag von Henry Leveson-Gower, Environment Agency for England and Wales, zur EUREGIA Conference, 30.10.-1.11.2002 in Leipzig).

4   Ein „Weiterrechnen" der Veränderungen im Umsatz und damit genauere Aussagen bezogen auf Wertschöpfung, Steueraufkommen und Arbeitsplätze ist prinzipiell möglich, erfordert jedoch einen erheblich größeren Datenbeschaffungsaufwand als die reine Umsatzbilanzierung. Eine solche Erweiterung bleibt künftigen Arbeiten vorbehalten.

5   Diese simplifizierte Annahme könnte durch Vorgabe von Preiselastizitäten der KonsumentInnen für verschiedene Produkte erweitert werden. Derartige Untersuchungen waren jedoch im Rahmen des Projekts nicht möglich.

Dr. Uwe R. Fritsche
Öko-Institut e.V.
Elisabethenstr. 55-57
D-64283 Darmstadt

Michael Frank/Wolf Fichtner/Otto Rentz

Chancen und Hemmnisse von regionalen Unternehmenskooperationen zur Energieversorgung

1. Zur Bedeutung des Energiesektors im Rahmen von Nachhaltigkeitsdiskussionen

In Diskussionen zu nachhaltigem Wirtschaften kommt der Energieversorgung aufgrund der mit den Energie- und Stoffströmen verbundenen Auswirkungen eine besondere Bedeutung zu. Dabei stellt vor allem die industrielle Energieversorgung[1] ein bedeutendes Handlungsfeld dar, das im Spannungsfeld verschiedener Interessen, Ansprüche und Probleme steht (siehe Abbildung 1). Denn die Bereitstellung von Energie in verschiedenen Formen (Strom, Dampf und andere Form von Wärme, Kälte, Druckluft, ...) soll gleichzeitig umweltfreundlich – d.h. mit minimalen Emissionen und minimalem Ressourcenverbrauch –, besonders versorgungssicher und auch möglichst wirtschaftlich erfolgen.

Abbildung: Die industrielle Energieversorgung im Spannungsfeld

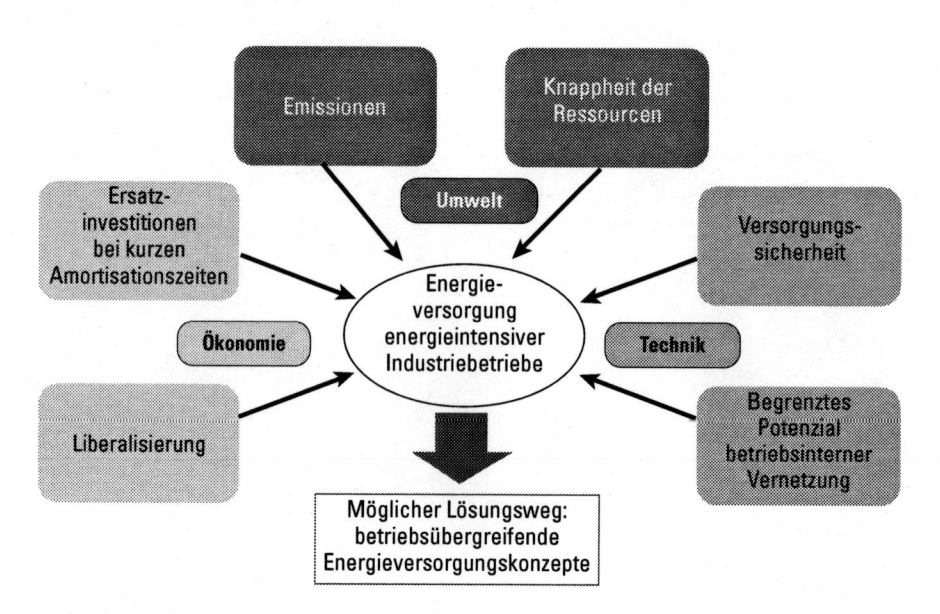

Der Energiebereich bietet besonders hinsichtlich der ökonomischen und ökologischen Dimension des nachhaltigen Wirtschaftens noch beachtliche Potenziale. Denn die mit dem jeweiligen Energiesystem verbundenen umweltbelastenden Stofffreisetzungen können durch Maßnahmen sowohl bei der Energiebereitstellung als auch bei der Energienutzung vermindert werden. Auch bei einer rein ökonomischen Betrachtungsweise ist die Verwirklichung dieser Maßnahmen anzustreben. Insbesondere durch Effizienzsteigerungen kann es beim Einsatz nicht-erneuerbarer Ressourcen gelingen, das gleiche Produkt mit weniger Emissionen bereitzustellen und so bereits unter gegenwärtigen Rahmenbedingungen zu mehr Nachhaltigkeit beizutragen. Zur Erhöhung dieser Ressourceneffizienz existiert im Energiebereich eine Vielzahl an möglichen Maßnahmen wie z.B. die Nutzung von Abwärmepotenzialen[2] oder des rationellen Energieeinsatzes. Langfristig betrachtet wird die effiziente Nutzung nicht-erneuerbarer Energien (Effizienzstrategie) jedoch durch den verstärkten Einsatz erneuerbarer Ressourcen abgelöst werden.

2. Strategien auf dem Weg zu einer nachhaltigen betrieblichen Energieversorgung

In Anlehnung an die Nachhaltigkeitsdefinition der Brundtland-Kommission sollte eine nachhaltige Energieversorgung die Bedürfnisse der Gegenwart hinsichtlich zeitlich und räumlich bedarfsgerecht bereitgestellten Energiedienstleistungen unter Beachtung einer begrenzten Belastbarkeit der Natur, begrenzter Ressourcen und der zentralen Bedeutung der Energieversorgung für ein wirtschaftliches Wachstum und sozialen Wohlstand befriedigen. Im Sinne einer intergenerativen Gerechtigkeit ist zudem zu fordern, dass nachkommenden Generationen „eine mindest gleichgroße technisch-wirtschaftlich nutzbare Energiebasis" erhalten bleibt, wie sie der jetzigen Generation zur Verfügung steht (Voß 2000: 127). Die Konstanz bzw. Vergrößerung dieser Basis kann erreicht werden, indem der absolute Ressourcenverbrauch durch Produktivitätssteigerung in der Energienutzung verringert wird und gleichzeitig die abgebauten Ressourcen durch Energie- und Rohstoffressourcen, die mittels verbesserter Technologie neu verfügbar gemacht werden, ‚ersetzt' werden.

Somit lassen sich grundsätzlich die drei aus der Nachhaltigkeitsdebatte bekannten Strategien herausstellen:

- Effizienz: Hierzu zählen hauptsächlich die rationellere Energieanwendung bzw. -verwendung sowie die Substitution zwischen Energieträgern mit unterschiedlichem Energiegehalt.
- Konsistenz: Dabei geht es im Wesentlichen um die Substitution des mit den Nachhaltigkeitszielen unverträglichen Verbrauchs fossiler Energieressourcen zugunsten des Einsatzes erneuerbarer Energieträger.
- Suffizienz: Ansatzpunkt ist hierbei die Reduzierung bzw. Veränderung der dem Energieverbrauch zugrundeliegenden menschlichen Aktivitäten und Bedürfnisse, also die tiefgreifende Änderung von Lebensstilen.

Diese drei Strategieelemente sind dabei als Komplemente und nicht als Alternativen zu sehen, die allerdings unter verschiedenen Kriterien, in unterschiedlichen Anwendungsfeldern und insbesondere zu unterschiedlichen Zeitpunkten auch unterschiedlich gewertet werden können (vgl. auch Kopfmüller et al. 2000). Hinsichtlich einer langfristigen Nachhaltigkeitsstrategie werden die Suffizienz und besonders die Konsistenz, d. h. zusätzlich Einsatz erneuerbarer Energien, von großer Bedeutung sein. Kurzfristig werden jedoch von der Effizienzstrategie die größeren Beiträge hierzu erwartet, so dass diese eher eine Übergangslösung darstellt.

Während in vielen Unternehmen die unter den gegebenen Rahmenbedingungen ökonomisch sinnvollen, innerbetrieblichen Verbesserungsmöglichkeiten nahezu ausgeschöpft sind, eröffnen Maßnahmen, die gemeinsam von benachbarten Unternehmen umgesetzt werden, neue Gestaltungshorizonte. So wird z. B. in den im Rahmen der BMBF-Förderinitiative „Regionale Ansätze nachhaltigen Wirtschaftens" angesiedelten Modellprojekten deutlich, dass viele Nachhaltigkeitsprojekte nur durch engere Kooperation von Unternehmen realisierbar sind. Die Kombination des Kooperationsprinzips mit anderen Prinzipien einer nachhaltigen Entwicklung, dem Verantwortungsprinzip und dem Kreislaufprinzip verweist dabei fast zwangsläufig auf Maßnahmen zum Schließen von zwischenbetrieblichen Stoff- und Energiekreisläufen. Insbesondere durch eine Zusammenarbeit benachbarter Produktionsunternehmen könnten deren Stoff- und Energieströme verknüpft werden und so zu einer Ressourcenschonung bzw. zur Emissionsvermeidung beitragen.

Im Bereich der industriellen Energieversorgung hat die Liberalisierung der Energiemärkte dazu geführt, dass verstärkt Maßnahmen im Bereich des Umweltschutzes notwendig werden, weil durch den eingetretenen Preiswettbewerb umweltfreundliche Technologien, wie z. B. die effiziente Kraft-Wärme-Kopplung (KWK), mehr und mehr von billigeren, aber oft ineffizienteren Technologien verdrängt werden. Eine höhere Energieeffizienz kann z. B. durch eine gemeinsame Energieversorgung benachbarter Unternehmen aus gemeinsam gebauten und betriebenen Anlagen (kooperative KWK-Anlagen) erreicht werden.

Für Vernetzungen von Energieströmen durch die Nutzung industrieller Abwärme bzw. durch die standortübergreifende Nutzung von Kraftwerken auf Basis der Kraft-Wärme-Kopplung ist die lokale Nähe unabdingbar, da Wärme aufgrund der auftretenden Transportverluste nur über einen geographisch begrenzten Raum zweckmäßig zu leiten ist (vgl. auch den Beitrag Lux/Schramm in diesem Band). Eine betriebsübergreifende Zusammenarbeit mit dem Ziel der Verknüpfung von Energieströmen mehrerer Produktionsunternehmen kann nicht nur aus Sicht der beteiligten Unternehmen u. a. folgende Vorteile bieten:

- Aufgrund der eingeschränkten Nutzungsmöglichkeiten der in der Industrie anfallenden Abwärme bei betriebsinternen Lösungen bedarf es oft überbetrieblicher Vernetzungen, um ökologische und ökonomische Vorteile simultan zu erreichen. Dazu zählen neben den Energieeinsparungen auch Umweltentlastungseffekte wie die Vermeidung von Emissionen, von Energieträgertransporten und von Abfällen mit sowohl global (Treibhauseffekt) als auch regional (toxische Emissionen) bedeutsamen Folge-Effekten.

▪ Durch das Zusammenführen mehrerer sich ergänzender energienachfragender Prozesse kann sich eine Vergleichmäßigung der Last und damit eine bessere Auslastung der Anlagen ergeben.

▪ Investitionen im Energiebereich konkurrieren mit Investitionen im Kerngeschäft der Unternehmen. Außerdem stehen die in der Industrie geforderten Amortisationszeiten in der Größenordnung von ein bis drei Jahren oftmals Ersatzinvestitionen in modernere, effizientere Anlagen entgegen. Eine mögliche Lösung besteht im Betreiben von Gemeinschaftsanlagen zur Versorgung mehrerer Unternehmen beispielsweise als Contracting-Anlage, wobei der Betreiber der Anlage das Energieversorgungsunternehmen sein kann, welches ein oder mehrere Unternehmen bereits mit Strom und/oder Gas versorgt.

▪ Die gemeinsame Errichtung und Nutzung eines Kraftwerks kann durch die Ausnutzung von Größendegressionseffekten eine Verringerung des Investitionsbedarfs ergeben und somit auch rein betriebswirtschaftlich interessant sein. Dadurch kann es gelingen, dass eine effizientere und emissionsärmere Technologie einsetzbar ist, die für jedes einzelne Unternehmen allein jedoch zu „groß" ist.

Die wirtschaftlichen Anreize für betriebsübergreifende Energieversorgungen, die sich ergeben, wenn anstelle betriebsinterner Optima betriebsübergreifende Optimallösungen realisiert werden, liegen daher vor allem in der Nutzung von Skaleneffekten beim Bau und Betrieb solcher Gemeinschaftsanlagen sowie dem Einsatz anfallender Abwärme in einem Nachbarunternehmen begründet.

3. Anforderungen an die erfolgreiche Realisierung von Kooperationen
Durch das Vernetzen von Energie- und Stoffströmen kann, wie oben gezeigt, ein Beitrag zu einem nachhaltigeren Wirtschaften erreicht werden. Die Erfahrungen aus der Analyse und dem Aufbau solcher Kooperationen zeigen, dass selbst unter der Randbedingung, dass solche Konzepte Wirtschaftlichkeitskriterien genügen müssen, noch beachtliche, bisher nicht ausgeschöpfte Potenziale existieren. Diese techno-ökonomischen Potenziale werden jedoch aufgrund verschiedener Hemmnisse nicht umgesetzt.

3.1 Erforderliche Schritte bei der Initiierung
Die Initiierung und erfolgreiche Umsetzung von betriebsübergreifenden Kooperationslösungen setzt zunächst eine Kooperation zwischen mehreren Beteiligten voraus. Dabei werden aber die potenziellen Partner nicht notwendigerweise zusammenfinden, insbesondere dann nicht, wenn ein Initiator und Promotor fehlt. In der Regel entsteht die Idee für eine Gemeinschaftslösung bei einer Person eines Betriebes oder Energieversorgungsunternehmens oder auch eines Ingenieurbüros, die dann versucht, weitere Partner für ihre Idee zu gewinnen. Dazu gehört, dass die potenziellen Partner informiert, überzeugt und zur Beteiligung motiviert werden. Außerdem setzt dieser Prozess

voraus, dass beim Initiator schon Know-how, Zeit und evtl. Kapital für Voruntersuchungen vorhanden sind. Wichtig ist auch, dass der Initiator bei den Ansprechpartnern akzeptiert ist. Die Initiative einer Person, Gruppe oder auch Institution als Katalysator und Promotor kann als eine der wesentlichsten Anforderungen für die Ausschöpfung der vorhanden Potenziale an Gemeinschaftslösungen betrachtet werden. Hier können intermediäre Einrichtungen ebenso wie Schlüsselpersonen für Netzwerke eine besondere Rolle spielen (vgl. die Beiträge von Hafkesbrink / Schroll sowie Sterr in diesem Band).

3.2 Weitere Anforderungen

Im Bereich der Energieversorgung stellt die Errichtung von KWK-Gemeinschaftsanlagen aufgrund ihrer besonders hohen Energieeffizienz eine wichtige Option zur Ausnutzung dieser Potenziale dar. Wesentliche Gesichtspunkte, wieso solche KWK-Gemeinschaftsanlagen nicht gebaut und auch sonstige Potenziale betriebsübergreifender Energieversorgungssysteme nicht umgesetzt werden, konnten im Rahmen des Projekts „Entwicklung eines regionalen Energiemanagement-Konzepts und Anwendung auf die TechnologieRegion Karlsruhe" identifiziert werden. Sie liegen im Wesentlichen auf den unterschiedlichen Ebenen betriebsübergreifender Kooperationslösungen (s. Kapitel 3.2.1) und der Kraft-Wärme-Kopplung (KWK) (s. Kapitel 3.2.2).

Außer den sich dort möglicherweise ergebenden Hemmnissen, die bei einer konkreten Planung und bei Vertragsverhandlungen objektivierbar sind, ist noch eine weitere Gruppe sogenannter „subjektiver antipizierter" Hemmnisse zu nennen. Dies sind Hemmnisse, die von jenen Unternehmen als existent unterstellt werden, die zwar über ein wirtschaftliches Gemeinschaftsanlagenpotenzial an ihrem Standort verfügen, aber infolge von Fehlinformationen und Fehleinschätzungen eine weitergehende Prüfung einer Gemeinschaftsanlage nicht in Erwägung ziehen.

3.2.1 Anforderungen betriebsübergreifender Kooperationslösungen

Gemeinschaftsanlagen haben infolge ihrer spezifischen Konstellation von Besitzer-, Betreiber- und Finanzierungsverhältnissen spezielle Planungs- und Betriebsbedingungen, die eventuell beeinträchtigend auf die Errichtung und den Betrieb von Gemeinschaftsanlagen in Industriegebieten wirken können.
- Informationsproblematik:
    - Neben dem eventuellen Informationsdefizit über potenzielle Partner (Partnersuche) besteht oft auch ein zunächst unklares Nutzen-/Aufwand-Verhältnis;
    - mangelnde Kenntnisse und unzureichender Marktüberblick der Unternehmen.
- Unsicherheiten über:
    - eine in Zukunft veränderte Produktion und Produktionsstruktur mit geändertem Energiebedarf,

- rechtliche Veränderungen (z.B. in der Umweltschutzgesetzgebung, Steuergesetzgebung),
- wirtschaftliche und technologische Entwicklungen.

■ Energie- und Stoffproblematik: Durch mangelnde Qualität, Kontinuität oder auch Qualität kann z.B. das Risiko von Engpässen auftreten.

■ Anpassungsproblematik: Hierzu gehören neben unterschiedlichen Investitionszyklen innerhalb der Unternehmen auch organisatorische Umstellungen, die zur Realisierung von Kooperationen notwendig werden.

■ Verteilungsproblematik: Sowohl die Kosten und Risiken als auch die Leistungen sind auf die beteiligten Unternehmen aufzuteilen.

■ Durchsetzungsproblematik: Der Verlust an Kontrolle über Ressourcen und Entscheidungen sowie die Befürchtung, in ein Abhängigkeitsverhältnis zu gelangen, können wichtige Gründe für das Scheitern von Gemeinschaftslösungen sein. Auch mangelndes Vertrauen kann sich als wichtiges Hemmnis erweisen.

3.2.2 Anforderungen der Kraft-Wärme-Kopplung

KWK-Anlagen und die betriebsübergreifende Nutzung von Wärme haben, unabhängig von ihren Eigner- und Finanzierungsverhältnissen, eine Reihe von allgemeinen Rahmenbedingungen, die sich als ungünstig und damit als Restriktion erweisen können.

■ Konkurrenz zwischen Eigenerzeugung und Bezug von Strom („Dumping-Angebote" durch eingesetzte Liberalisierung des Strommarktes),

■ unzureichende Ausgestaltung von gesetzgeberischen Instrumenten zur Förderung von bestimmter Technologien (KWK-Anlagen).[3]

■ Investitionen in energietechnische Anlagen konkurrieren mit Investitionen im Kerngeschäft um das begrenzte Eigenkapital der Unternehmen.

4. Vertrauen als zentrales Element bei betriebsübergreifenden Kooperationen

Ein zentrales Problem bei Kooperationen – insbesondere bei Netzwerkorganisationen – besteht darin, dass ein Teil der Handlungen eines Partners für die anderen Partner nicht überwachbar sind, obwohl diese Handlungen die Erreichbarkeit der Ziele der anderen Partner maßgeblich beeinflussen können (vgl. Fichtner et al. 2000). Daher kann eine effiziente Zusammenarbeit in solchen Kooperationen nur realisiert werden, wenn zwischen den Partnern ein Vertrauensverhältnis existiert: Das Verhalten der anderen Partner muss berechenbar sein, um so die Komplexität der Kooperationsbeziehung reduzieren zu können. Nach Wurche (1994) stellt Vertrauen eine notwendige, wenn auch nicht hinreichende Bedingung dar, ohne die die Chancen einer Kooperation nicht genutzt werden können (vgl. hierzu auch Tröndle 1987, Bradach et al. 1989 und Lorenz 1988). Jarillo (1988) sieht Vertrauen als Maßnahme zur Senkung der Transaktionskosten, da so Kontrollaufwand und die für Verhandlungen benötigte Zeit verringert werden können.

Doch trotz der unbestreitbaren Bedeutung von Kooperationen und der entscheidenden Rolle von Vertrauen im Rahmen solcher Kooperationen nimmt die Analyse von Vertrauen bzw. vertrauensbildender Maßnahmen sowie insbesondere von Prozessen der Vertrauenskonstitution in der betriebswirtschaftlichen Theorie einen äußerst geringen Stellenwert ein.[4]

Insbesondere in betriebsübergreifenden Energienetzwerken kommt dem Vertrauen eine maßgebliche Rolle für den Erfolg der Kooperation zu. Denn aufgrund der hohen Investitionen bei Errichtung des Netzwerks und der daraus resultierenden Abhängigkeiten zwischen den Netzwerkpartnern kann das unangemessene Verhalten ebenso wie auch das Ausscheiden eines Partners zur Auflösung des gesamten Netzwerks führen. Vor diesem Hintergrund ist es für das Zustandekommen eines solchen Netzwerks von entscheidender Bedeutung, ein ausgeprägtes Vertrauensverhältnis zwischen den einzelnen Partnern etablieren zu können.

Im Folgenden sollen kurz verschiedene Maßnahmen zur Herbeiführung eines vertrauensförderlichen Umfelds aufgezeigt werden[5]: Bereits bei der Ermittlung geeigneter Kooperationspartner ist darauf zu achten, dass die Partner zueinander passen, was um so schwieriger ist, als zu diesem frühen Zeitpunkt weniger Partner-Personen als vielmehr Partner-Institutionen bestimmt werden sollen. Wurde die Wahl der kooperierenden Unternehmen abgeschlossen, kann ein intensives Kennen lernen der einzelnen Mitarbeiter vor allem durch regelmäßige Kontakte dem Aufbau von Vertrauen sehr dienlich sein. Von zentraler Bedeutung für ein vertrauensförderliches Umfeld ist die ausgeprägte Interaktion und Kommunikation im Rahmen der Kooperation, wobei die Etablierung eines Intermediärs vorteilhaft ist, wenn gewährleistet wird, dass dieser von den Kooperationspartnern als neutrale Instanz akzeptiert wird. Schließlich lassen sich auch Substitute für Vertrauen bspw. in Form von im Netzwerk geltenden Regeln etablieren, wodurch die Handlungen der Partner berechenbar werden sollen.

Literatur

Bradach, J. L./R. G. Eccles (1989): Price, authority, and trust: from ideal types to plural forms. In: Annual Review of Sociology

Fichtner, W./M. Frank/O. Rentz (2000).: Information und Kommunikation innerhalb von technisch determinierten Verwertungsnetzwerken. In: D.G. Liesegang/Th. Sterr/Th. Ott (Hg.): Aufbau und Gestaltung regionaler Stoffstrommanagementnetzwerke – Betriebswirtschaftlich-ökologische Arbeiten, Bd. 4. Heidelberg: IUWA

Jarillo, J. C. (1988): On strategic networks. In: Strategic management journal, 9, H. 1, 31ff.

Katzy, B. (1997): The Business Architect: The Concept of Enterprise Integration Revisted. In: Proceedings of the Workshop on Virtual Operations and Agile Organizations. Rotterdam

Kopfmüller, J./R. Coenen/J. Jörissen/O. Langniß/J. Nitsch (2000): Konkretisierung und Operationalisierung des Leitbildes einer nachhaltigen Entwicklung für de Energiebereich; Wissenschaftliche Berichte, FZKA 6578. Karlsruhe: Forschungszentrum Karlsruhe Technik und Umwelt

Loose, A./J. Sydow (1994).: Vertrauen und Ökonomie in Netzwerkbeziehungen – Strukturationstheoretische Betrachtungen. In: J. Sydow (Hg.): Management interorganisationaler Beziehungen: Vertrauen, Kontrolle und Informationstechnik. Opladen: Westdt. Verl.

Lorenz, E. H. (1988): Neither friends nor strangers: informal networks of subcontracting in french industry. In: D. Gambetta (Hg.): Trust. Making and breaking cooperative relations. New York, 194ff.

Reissinger, V (1998): Methode zur Bildung Virtueller Unternehmen, Diplomarbeit am Lehrstuhl für Wirtschaftsinformatik II, Universität Mannheim, http://www.bwl.uni-mannheim.de/Niedereichholz/Mitarbeiter/Appel/proz_web.html.

Sydow, J./A. Windeler (1994): Management interorganisationaler Beziehungen: Vertrauen, Kontrolle und Informationstechnik. Opladen: Westdt. Verl.

Tröndle, D. (1987): Kooperationsmanagement. Bergisch-Gladbach/Köln

Voß, A. (2000): Nachhaltige Energieversorgung – Konkretisierung eines Leitbilds. In: Energie und nachhaltige Entwicklung – Beiträge zur Zukunft der Energieversorgung. Düsseldorf: VDI

Wurche, S. (1994): Vertrauen und ökonomische Rationalität in kooperativen Interorganisationsbeziehungen. In: J. Sydow (Hg.): Management interorganisationaler Beziehungen: Vertrauen, Kontrolle und Informationstechnik. Opladen: Westdt. Verl.

Endnoten

1. Unter „industrieller" Energieversorgung soll im Folgenden die Energieversorgung von Industrieunternehmen verstanden werden.
2. Insbesondere die Nutzung der in der Industrie anfallenden Abwärme eröffnet große Energieeinsparpotenziale, wie u. a. Analysen und Projekte im Rahmen der letztlich gescheiterten Einführung der Wärmenutzungsverordnung gezeigt haben.
3. Durch das in diesem Zusammenhang zu erwähnende KWK-Gesetz, das am 1. April 2002 in Kraft getreten ist, hat sich die ungünstige Situation für bestehende KWK-Anlagen im liberalisierten Strommarkt zwar verbessert, jedoch geht von diesem Gesetz kein Anreiz für eine weitreichende Modernisierung aus.
4. Diese stiefmütterliche Behandlung wird teilweise darauf zurückgeführt, dass Vertrauen dann nicht zu berücksichtigen sei, wenn in einem System vollkommene Informationen unterstellt werden. Andererseits verdeutlicht bereits das Problem des Gefangenendilemmas, dass Erfolge durch Kooperationen sich nur schwer auf rein ökonomische Nutzenkalküle rational handelnder Akteure zurückführen lassen.
5. Für ausführlichere Darstellungen sei u.a. auf Sydow et al. 1994, Katzy 1997, Loose et al. 1994 und Reissinger 1998 verwiesen.

Michael Frank
Dr. Wolf Fichtner
Prof. Dr. Otto Rentz
Institut für Industriebetriebslehre und
Industrielle Produktion IIP
Universität Karlsruhe (TH)
Hertzstr. 16
Bau 06.33
D-76187 Karlsruhe

Regina Gaitsch

Kommunikations- und Lernprozesse zur regionalen Produktion und Vermarktung von Nahrungsmitteln im Hunsrück[1]

1. Einleitung

Der Ernährungsbereich bietet für die Etablierung nachhaltiger Wirtschafts- und Konsumweisen gegenwärtig günstige Bedingungen. Einerseits ist die Notwendigkeit von Veränderungen der industrialisierten Nahrungsmittelerzeugung vielen Verbrauchern, aber auch Landwirten, Verarbeitern und politischen Akteuren stärker ins Bewusstsein gerückt. Dazu beigetragen haben u.a. die BSE-Problematik und andere Lebensmittelskandale wie auch Studien zu den Umweltfolgen der Intensivlandwirtschaft und den weltweiten Nahrungsmitteltransporten (Müller 2001: 41ff.; Schmidt, Jasper 2001; RNE 2001). Anderseits zeigen erfolgreiche Projekte und Initiativen, dass vor allem auf regionaler Ebene vielfältige Potenziale bestehen, das Leitbild einer nachhaltigen Wirtschaftsweise im Ernährungsbereich stärker zu verankern (Besch, Hausladen 2000, Hensche et al. 1997; Gärtner, Moll 2000; Umweltakademie 1999).

Das Modellprojekt „Entwicklung eines Lernmodells zur regionalen Vermarktung von Nahrungsmitteln" widmet sich einem solchen regionalen Ansatz, und zwar der Regionalvermarktung von Nahrungsmitteln. In Kooperation mit Praxispartnern wurden Umsetzungs- und Erfolgsbedingungen dieses Ansatzes untersucht. Der folgende Artikel gibt einen Überblick über die im Projekt behandelten Forschungsfragen und erläutert grundlegende Ergebnisse der in diesem Zusammenhang durchgeführten Fallstudie namens ‚Hunsrück' (vgl. auch den Beitrag von Gaitsch/Ganzert in diesem Buch).

2. Die Regionalvermarktung von Nahrungsmitteln: Vorüberlegungen und Fragestellungen

Die Regionalvermarktung von Nahrungsmitteln hat sich in den letzten zehn Jahren als eine neue Marketingstrategie im Ernährungsbereich entwickelt. Als Grund dafür wird die sich zunehmend artikulierende Nachfrage nach ökologisch produzierten Nahrungsmitteln mit kontrollierter Qualität, transparenten Produktionsorten und rekonstruierbaren Beschaffungswegen angeführt. Darüber hinaus wird auf die sich verschlechternde Einkommenssituation und den wachsenden Konkurrenzdruck vor allem auf Seiten der kleinstrukturierten Landwirtschaft, des Ernährungshandwerks und -handels verwiesen (Balling 2000; Hauser 1994; Hofer, Stalder 1998: 20f.; Loibl 1997). Als Charakteristika der Regionalvermarktung von Nahrungsmitteln werden folgende Punkte aufgefasst (Hensche, Ulrich 2000: 55ff.; Besch, Hausladen 2000: 13ff.; Hofer, Stalder 2000: 49):

- die kurzen und transparenten Produktions- und Vermarktungswege zur Bereitstellung von Nahrungsmitteln und deren Identifizierbarkeit mit Hilfe von Regionalmarken, Herkunfts- und Gütezeichen;
- räumliche Begrenzung entsprechender Marketingstrategien auf das Handlungsfeld Region (z. B. auf Naturräume, Wirtschaftsverflechtungen, Nachfragemärkte);
- die – neben der Direktvermarktung – kooperativen Produktions- und Vermarktungsstrukturen von Unternehmen auf horizontaler und vertikaler Ebene von Wertschöpfungsketten. Insbesondere im Rahmen so genannter Verbundprojekte sind i.d.R. Verbraucher und Akteure des regionalen Umfeldes[2] (aus Politik, Umweltverbänden, Kirchen, Interessenorganisationen) beteiligt (Besch, Hausladen 2000: 16ff.).

Das im Folgenden beschriebene Modellprojekt fokussiert auf die Regionalvermarktung von Nahrungsmitteln als regionaler Strategie des nachhaltigen Wirtschaftens im Ernährungsbereich. Da die Regionalvermarktung kleinräumige Wirtschaftskreisläufe (im Gegensatz zu globalen Lieferbeziehungen) impliziert, bieten sich vielfältige Ansatzpunkte, Stoff- und Energieflüsse umweltfreundlicher zu gestalten, die gewachsene Kulturlandschaft zu sichern, die regionale Wertschöpfung zu erhöhen sowie Transportenergie und -emissionen zu reduzieren (Hofer, Stalder 2000; Kindermann 1997: 11ff.).

Vor diesem Hintergrund wurden Kooperationen regionaler Akteure, die zur regionalen Bereitstellung von Nahrungsmitteln dienen, im Hinblick auf ihre Genese (Aufbau- und Stabilisierungsprozesse) und ihr Wirken (Umsetzungs- und Erfolgsbedingungen) untersucht. In diesem Zusammenhang wurden folgende Fragen behandelt:

- Auf welche Weise sind regionale Akteure als Produzenten, Verbraucher bzw. Umfeldakteure zur Beteiligung an der Regionalvermarktung zu motivieren?
- Welche Erfolgsfaktoren bedingen jene Kommunikations- und Lernprozesse, die den Aufbau regionaler Kooperationsstrukturen begleiten bzw. ihm zugrunde liegen?
- Wie können die Ziele des nachhaltigen Wirtschaftens innerhalb dieser Prozesse verankert werden?

3. Die Durchführung der Fallstudie im Hunsrück

Um letztere Fragenliste innerhalb des im Hunsrück lokalisierten Modellprojekts zu untersuchen, wurde eine Fallstudie über einen Zeitraum von zwei Jahren erstellt. In diesem Zusammenhang wurde der Aufbau regionaler Wertschöpfungsketten in Form zweier Regionalvermarktungsinitiativen begleitet und unterstützt. Dabei handelte es sich um

- die Vermarktungsinitiative „E gut Stick – Backwaren von Nahe-Hunsrück-Rheinhessen" sowie um
- die Streuobstinitiative des Landschaftspflegeverbands Birkenfeld e.V.

Infolge der Anschubaktivierung durch das Modellprojekt konstituierte sich entlang der Backwaren-Wertschöpfungskette eine Arbeitsgruppe aus Vertretern von Erzeugergemeinschaften für Getreide, der Bäckerinnung Bad Kreuznach und regionalen Mühlenbetrieben sowie aus Vertretern von Landwirtschaftskammer, Bauernverband und landwirtschaftlicher Versuchsanstalt. Die Gruppe erarbeitete auf der Basis regelmäßiger Sitzungen über 1,5 Jahre einen Rahmenvertrag für das Vermarktungsprojekt, gründete einen Projektträgerverein und forcierte den Aufbauprozess mittels einer Vielzahl von Informations- und Werbeaktionen. Die Sitzungen der Arbeitsgruppe wurden flankiert durch mehrere Veranstaltungen (mit jeweils größerem Teilnehmerkreis), wozu u.a. Ge-sprächskreise, Rundbriefe, Ausstellungen zur Regionalvermarktung, Exkursionen zu etablierten Backwaren-Vermarktungsinitiativen (z.B. das Kraichgau-Korn-Projekt) sowie die begleitende Berichterstattung in den regionalen Medien zählen. Im Mai 2002 starteten neun Bäckerbetriebe mit 22 Filialen, drei Mühlen sowie Landwirte zweier Erzeugergemeinschaften die Vermarktungsinitiative.

Die Streuobstinitiative des Landschaftspflegeverbands Birkenfeld e.V., in dem sich Landwirte, kommunale Vertreter, Umweltverbände, Keltereien und Privatpersonen engagieren, hatte sich bereits vor der Zusammenarbeit mit dem Modellprojekt gegründet. Sie organisiert die Ernte regionalen Streuobstes, seine Kelterung sowie die Vermarktung des hieraus produzierten Apfelsafts. Ihre Arbeitsziele betreffen den Aufbau von Absatzwegen sowie die verbraucherseitige Sensibilisierung für regional erzeugten Apfelsaft und die Erhaltung der Streuobstbestände. Diese Aufbauarbeit trieb maßgeblich der Vorstand des Landschaftspflegeverbands voran. Es wurden Gespräche mit Abnehmern geführt, eine Verbraucherbefragung in Kooperation mit den Forschern durchgeführt, Informations- und Verkaufsveranstaltungen sowie eine regionale Pressekampagne organisiert. Einen Meilenstein dieser Aktivitäten bildete die Eröffnung eines Streuobst-Erlebniswegs im Oktober 2001. Bis zum Jahr 2002 konnten die Logistik der Initiative im Hinblick auf die Apfelernte optimiert und Vertriebswege über einen Getränkevertrieb, sieben Getränkeshops, zwei Supermärkte und einen Lieferdienst aufgebaut werden.

4. Erfahrungen und Projektergebnisse
Im Folgenden werden grundlegende Untersuchungsergebnisse der Analyse der Aufbauprozesse beider Regionalvermarktungsprojekte und der inkludierten Kommunikations- und Lernprozesse dargestellt.

Motivationen zur regionalen Kooperationen:
Die Motivation der Akteure zur Beteiligung an den regionalen Kooperationen variierte erwartungsgemäß gruppenspezifisch. Wirtschaftsakteure (Landwirte, Bäcker etc.) verfolgten primär ökonomische Interessen (wie die Existenzsicherung oder die Einkommenserhöhung durch Erschließung neuer Absatzwege). Die Abschätzung der langfristigen Realisierbarkeit dieser Ziele war grundlegend für ihre Mitarbeit. Die beteiligten Umfeldakteure (aus Verwaltung, Bauernverband, Kammern etc.) vertraten in erster Linie organisations- bzw. klientelkonforme Zielsetzungen, die sich mit den

Anforderungen des nachhaltigen Wirtschaftens (wie etwa der Stärkung der bäuerlichen Landwirtschaft, dem Schutz der Umwelt etc.) zum Teil unmittelbar in Einklang bringen ließen. Daher erwies sich die Zusammenarbeit von Wirtschafts- und Umfeldakteuren als eine wesentliche Voraussetzung dafür, über die Sicherung der wirtschaftlichen Tragfähigkeit hinaus auch die Ziele des nachhaltigen Wirtschaftens zu betonen und infolgedessen die Glaubwürdigkeit der Initiativen auf Seiten der Verbraucher sicherzustellen.

Die involvierten Kommunikations- und Lernprozesse, die auf die Beteiligung an bzw. Forcierung der Kooperation zielten, führten zur Entfaltung weiterer Motivationspotenziale. Hierzu zählen u.a. die Erfahrung der gesellschaftlichen Anerkennung des gemeinwirtschaftlichen Engagements wie auch die Arbeitserfüllung, die im Zuge der Zusammenarbeit mit den übrigen Akteuren erfahrbar wurde. Dieses Motivationsspektrum erwies sich insofern als konstitutiv für das kontinuierliche Engagement während der Aufbauphase, als hierdurch die Nachteile einer verzögerten Realisierung der ökonomischen Projektziele ausgeglichen werden konnten.

Die Verankerung sozialer und ökologischer Zielsetzungen in den Vermarktungsprojekten wurde maßgeblich durch die Forscher wie auch durch „Pioniere" unter den Akteuren forciert. Die Bereitschaft zur Berücksichtigung solcher Ziele entwickelte sich letztlich basierend auf den Vorstellungen der Beteiligten über die zukünftige Entwicklung ihrer Heimatregion. Dieser Prozess wurde dadurch unterstützt, dass sich hiermit Werbeargumente gegenüber den Verbrauchern gewinnen ließen.

Kommunikations- und Lernprozesse: Erfolgsfaktoren des Aufbaus der regionalen Vermarktungskooperationen
Bei der Untersuchung der Aufbauprozesse für beide Vermarktungsinitiativen konnten eine Reihe von Erfolgsfaktoren für die damit verbundenen Kommunikations- und Lernprozesse identifiziert werden, die im Folgenden erläutert werden.

Aktivierung von Netzwerken und Schlüsselpersonen
Beide Initiativen basieren auf dem Engagement eines breiten regionalen Akteursspektrums. Dazu aktivieren sie regionale Netzwerke und Organisationen, deren Schlüsselpersonen in die Initiativen eingebunden wurden. Auf diesem Wege konnten Potenziale zur ideellen und materiellen Unterstützung der Initiativen in vielfältiger Hinsicht erschlossen werden.

Im Rahmen der Brotinitiative bildete die Strategie der Einbindung von Schlüsselpersonen vorhandener Netzwerke die Basis des Aufbauprozesses. Die Schlüsselakteure hatten die Aufgabe, Arbeitsergebnisse in ihre Netzwerke rückzukoppeln und bestehende Interessen wiederum in der Arbeitsgruppe zu vertreten. Damit sollte der Widerspruch zwischen umfassender Beteiligung und rationeller Arbeitsweise aufgelöst werden.

Erfahrungen aus regionalen Aktivierungsprozessen

Identifikation und Einbeziehung von Pionieren und Motoren
Der Aufbau der Projekte erforderte von den Beteiligten sowohl die Bereitschaft, im Rahmen der Zusammenarbeit neue Wege zu beschreiten als auch ein kontinuierliches überdurchschnittliches ehrenamtliches Engagement. Vor diesem Hintergrund erwies es sich als erfolgswirksam, regionale Akteure mit Motoren- und/oder Pionierfunktionen einzubeziehen. „Motoren" treiben die Entwicklung der Initiativen voran und verankern sie vor Ort. „Pioniere" hingegen verfügen über Erfahrungswissen, das sie in die Initiativen einbringen, was es wiederum erlaubt, zögerliche Akteure zu überzeugen.

Vertrauensbildung und Gruppengefühl
Das Eingehen der Kooperationen erforderte ein Vertrauensverhältnis und Wir-Gefühl der beteiligten Partner, deren Entwicklung ausreichend Zeit einzuräumen ist. Die Vertrauensbasis war grundlegend für die Offenlegung von zunächst verborgen gehaltenen Interessen sowie für die Überwindung der Abhängigkeitsangst im Rahmen der angestrebten Kooperation. Um die geäußerte Unsicherheit für die Beteiligten der Brotinitiative zu minimieren, wurde angestrebt, möglichst alle gewachsenen Geschäftsbeziehungen in der Region zu erhalten. Als förderlich erwiesen sich folgende Maßnahmen der Vertrauens- und Gruppenbildung:
- der schrittweise Aufbau der Kooperation mit der Möglichkeit einer Erprobung der Zusammenarbeit (z.B. durch gemeinsame Präsentationen und Exkursionen);
- die informellen Zusammenkünfte der Akteure;
- die kooperative Nachbereitung und strategische Kritik der durchgeführten Aktionen;
- die den Initiativen zunächst von Berufskollegen und anderen Akteuren entgegengebrachte Skepsis, welche die Beteiligten „zusammenrücken" ließ und ein Genugtuungspotenzial durch den sich einstellenden Erfolg eröffnete.

Kenntnis von Modellpersonen und -projekten
Es ließ sich feststellen, dass bei den Beteiligten das Verhalten bzw. die Bewertung der jeweiligen Bezugsgruppe (z.B. Bäckerinnung, Erzeugergemeinschaft, Arbeitskollegen) eine große Rolle für das Engagement des Einzelnen spielt. Die Kenntnis von Personen (insbesondere von solchen mit „besonderem Ansehen"), die sich bereits für die Regionalvermarktung engagieren, fördert die Bereitschaft, sich selbst zu engagieren. Für die Entscheidung über die Mitarbeit der Bäckerbetriebe im Brotprojekt spielte die Einstellung des Innungsobermeisters wie auch der übrigen Innungsmitglieder eine wesentliche Rolle.

Darüber hinaus war die Kenntnis von bereits etablierten vergleichbaren Vermarktungsprojekten bedeutsam. Die Beurteilung des Erfolgs oder Misserfolgs solcher Projekte ist ein wesentlicher Bestimmungsgrund für das Engagement. Die Exkursion der Arbeitsgruppe zum „Kraichgau-Korn-Projekt", die Diskussion vor Ort und die Reflektion der eigenen Planungen legten einen wichtigen Grundstein für die Umsetzung der Brotinitiative.

Einbindung von Umfeldakteuren
Durch die Einbindung von Umfeldakteuren in die Kommunikations- und Lernprozesse konnten wichtige Beratungs- und Unterstützungsressourcen erschlossen werden. Dies betraf fachliche Beratungen bei der Produktion (z.B. zum umweltschonenden Getreideanbau), die Übernahme von organisatorischen Aufgaben vor dem Hintergrund spezifischer Kenntnisse und vorhandener Ausstattungen (z.B. die Erstellung und Pflege der Datenbank für die Warenströme der Brotinitiative), die Vermittlung von Kontakten und Informationen (z.B. zu Fördermöglichkeiten für die Streuobstinitiative).

Regionale Rahmenbedingungen
Als bedeutsame Rahmenbedingungen für den Aufbau der Regionalvermarktungsinitiativen im Hunsrück erwiesen sich
- das Vorhandensein kleiner und mittlerer landwirtschaftlicher und handwerklicher Betriebe entlang beider Wertschöpfungsketten als Grundlage für die regionale Erzeugung, Verarbeitung und Vermarktung der erwartungsgemäß zunächst „kleinen" Mengen regionaler Produkte;
- die gleichzeitige BSE-Krise, welche den Produzenten und Verarbeitern die Wichtigkeit transparenter und kurzer Produktions- und Vermarktungswege vor Augen führte und somit für ein günstiges Innovationsklima sorgte.

Regionale Kommunikation
Die regionalen Medien (vor allem die Regionalzeitungen) haben sich als wesentliche Informationsinstrumente über den Verlauf der Aufbauprozesse und über Projekterfolge erwiesen. Beide Initiativen nutzen die regionalen Medien für ihre Öffentlichkeitsarbeit und kostengünstige Werbeaktivitäten. Beispielsweise konnte durch eine Pressekampagne der Streuobstinitiative der Verkauf des Saftes sprunghaft gesteigert werden.

Prozessmanagement
Es zeigte sich, dass für die systematische Entwicklung der Vermarktungsinitiativen ein kontinuierliches Prozessmanagement notwendig ist. Das betraf sowohl die Aktivierung der relevanten Akteure als auch die Organisation und Systematisierung der Kommunikations- und Lernprozesse bezüglich der inhaltlichen Strukturierung, des Herbeiführens von Entscheidungen, der Koordination von Umsetzungsschritten etc.

Hinsichtlich der Gestaltung der Kommunikations- und Lernprozesse war u. a. zu berücksichtigen, dass die Beteiligten in unterschiedlicher Weise über Kommunikationsfähigkeiten, Verhandlungsgeschick und Konfliktbereitschaft verfügen und daher die Entstehung von Informationsasymmetrien und Machtpotenzialen mittels einer neutralen Prozessmoderation einzudämmen bzw. auszugleichen war. Vor diesem Hintergrund wurden entsprechende Spielregeln definiert. Dazu zählten die gleichberechtigte Kommunikation (Redezeiten, Meinungsabfragen etc.), die Konsensorientierung und Offenlegung aller Entscheidungen.

Ausblick

Das Forschungsprojekt konnte zeigen, dass Regionalvermarktung ein wirksames Instrument des nachhaltigen Wirtschaftens in der Region ist. Dies setzt allerdings voraus, dass die Ziele des nachhaltigen Wirtschaftens im Zuge des Aufbaus der Regionalvermarktungsinitiativen Berücksichtigung finden. Dies ist (so ergab sich als weitere Schlussfolgerung des Modellprojekts), durch Einbindung entsprechend informierter und motivierter Akteure möglich. Darüber hinaus sichert die Berücksichtigung dieser Ziele die Glaubwürdigkeit der Initiative gegenüber den Verbrauchern.

Die Fallstudie deckte die hohen organisatorischen Anforderungen an Engagement und Fachwissen auf Seiten der Akteure auf und verwies auf die Notwendigkeit der Verfügbarkeit einer Vielzahl materieller Ressourcen. Sie bilden wesentliche Erfolgsfaktoren des Projekts. Dies erwies sich im Hunsrück, wo entsprechende Vorgängerprojekte bislang fehlen und also auf keine etablierte Projektinfrastruktur zurückgegriffen werden konnte.

Abschließend ergibt sich die Einsicht, dass intermediären Akteuren aus den Bereichen der Regionalentwicklung eine besondere Rolle im Zuge der Initiierung und Betreuung regionaler Kooperationsprojekte zukommt. Dies wirft die generelle Forschungsfrage nach den Wirkungsmöglichkeiten und Kommunikationspotenzialen solcher Akteure auf, die hier gestellt und in zukünftigen Projekten untersucht wird.

Literatur

Balling, R. (2000): Ergebnisse von Verbraucherbefragungen zur Bedeutung der regionalen Herkunft von Nahrungsmitteln. In: Regionale Vermarktungssysteme in der Land-, Ernährungs- und Forstwirtschaft – Chancen, Probleme und Bewertung, hg. vom Vorstand des Dachverbands Agrarforschung. Frankfurt am Main, 19–37

Besch, M./H. Hausladen (2000): Regionales Marketing im Agribusiness – Erfolgspotenziale und Problemfelder. In: Innovative Konzepte für das Marketing von Agrarprodukten und Nahrungsmitteln, hg. von Landwirtschaftliche Rentenbank Franfurt am Main (= Schriftenreihe, 13). Frankfurt am Main, 7–50

Gärtner, S./P. Moll (2000): Wirtschaften der kurzen Wege. Reader 2000. Wuppertal

Hauser, A. (1994): Verbraucherpräferenzen für Nahrungsmittel aus der näheren Umgebung. Analyse einer Repräsentativbefragung bei nordrhein-westfälischen Verbrauchern. Agrarwirtschaft, Sonderheft 141

Hensche, H.-U./H. Ullrich/C. Wildraut (1997): Bestandsaufnahme zur Regional-Vermarktung in Nordrhein-Westfalen. Abschlussbereicht zum Forschungs- und Entwicklungsvorhaben an der Universität-Gesamthochschule Paderborn, Fachbereich Agrarwirtschaft Soest

Hensche, H.-U./H. Ullrich (2000): Statusanalyse Regional-Vermarktung in Nordrhein-Westfalen. In: Regionale Vermarktungssysteme in der Land-, Ernährungs- und Forstwirtschaft – Chancen, Probleme und Bewertung, hg. vom Vorstand des Dachverbands Agrarforschung. Frankfurt am Main, 55–66

Hofer, K./U. Stalder (1998): Regionale Produktorganisationen in der Schweiz: Situationsanalyse und Typisierung (= SPPU-Diskussionspapier, 9). Geographisches Institut, Universität Bern

Hofer, K./U. Stalder (2000): Regionale Produktorganisationen als Transformatoren des Bedürfnisfeldes Ernährung in Richtung Nachhaltigkeit? Bern

Kindermann, A. (1997): Ökologische Chancen und Perspektiven von Regionalproduktion und Regionalvermarktung. Teil 1. Naturschutzbund Deutschland (Nabu) e.V., Bonn

Loibl, E. (1997): Der Weg entsteht beim Gehen. Bäuerliche Initiativen im ländlichen Raum (= Bundesanstalt für Bergbauernfragen, Forschungsbericht, 39). Wien

Müller, E. (2001): Die Rolle des Verbrauchers für die Agrarwende: Ambivalente Schlüsselfigur. Politische Ökologie, 73-74, 41–44

RNE – Rat für Nachhaltige Entwicklung (2001): Ziele zur Nachhaltigen Entwicklung in Deutschland – Schwerpunktthemen. Dialogpapier des Nachhaltigkeitsrates. Kurzfassung. Internetseite: www.nachhaltigkeitsrat.de/service/download/pdf/RNE_Dialogpapier.pdf. (Stand: 01.02.2002)

Schmidt, G./U. Jasper (2001): Agrarwende oder die Zukunft unserer Ernährung. München

Umweltakademie – Akademie für Umwelt- und Naturschutz beim Ministerium für Umwelt und Verkehr Baden-Württemberg (Hg.) (1999): Nachhaltigkeit bei Nahrungsmittelproduktion und Handel: Modellpunkte des Regional-Marketings. Stuttgart

Endnoten

1 Der Artikel basiert auf dem Modellprojekt „Entwicklung eines Lernmodells zur regionalen Vermarktung von Nahrungsmitteln", das vom TAURUS-Institut, Trier, dem Wuppertal Institut für Klima, Umwelt und Energie und dem Büro für ökologische Landentwicklung, Köln, für vier Jahre (1999-2002) bearbeitet wurde. Er gibt die Ergebnisse der im Hunsrück durchgeführten Fallstudie wieder. Mit der parallel bearbeiteten Fallstudie beschäftigt sich der Artikel von B. Burdick und Ch. Ganzert in diesem Buch.

2 Diese Gruppe der so genannten *Umfeldakteure* umfasst hier als Sammelbegriff jene Akteure, die nicht unmittelbar an der Produktion und Vermarktung von Nahrungsmitteln beteiligt sind, aber Einfluss auf deren Rahmenbedingungen nehmen (können). Sie wird von der Gruppe der *Wirtschaftsakteure*, zu denen die entlang der Wertschöpfungskette handelnden Unternehmer zählen, und der Gruppe der *Verbraucher* separiert. Diese Aufteilung in Akteursgruppen erwies sich im Rahmen der Untersuchung der Motivations- und Handlungspotenziale der Akteure als sinnvoll, auch wenn sie keine trennscharfe Klassifikation zulässt, da letztlich alle Akteure der Gruppe der Verbraucher zugerechnet werden können.

Dipl.-Geogr. Regina Gaitsch
TAURUS-Institut
Universität Trier
Fachbereich IV
Postkasten DM 20
D-54286 Trier

Christian Ganzert/Bernhard Burdick

Die „regionale Idee" als Zusatznutzen für Anbieter und Nachfrager von regionalen Lebensmitteln
Erfahrungen von Aktivierungsprozessen in Much (Rhein-Sieg-Kreis)

Einleitung

Trotz der hohen Beliebtheit regionaler Lebensmittel in der Bevölkerung[1] und ihrer Bedeutung für eine nachhaltige Entwicklung der Landwirtschaft[2] bleibt die (regionale) Herkunft als Bestimmungsgrund für den Einkauf von Lebensmitteln im Vergleich zur Produktqualität (z.B. „Frische", „Geschmack", „keine Zusatzstoffe") und zum Preis von untergeordneter Bedeutung.[3]

Im Modellprojekt „Entwicklung eines Lernmodells zur regionalen Vermarktung von Nahrungsmitteln" sollten Verhaltensänderungen zugunsten regional erzeugter Lebensmittel induziert und die zugrundeliegenden Einflussfaktoren untersucht werden. An dieser Stelle sollen vor allem die Motive und die (inneren) Beweggründe für die Regionalvermarktung dargestellt und die Faktoren beschrieben werden, die zur Aktivierung von Anbietern und Nachfragern von regionalen Produkten beitragen.

Die Autoren führten das Projekt zusammen mit einer Vermarktungsinitiative im Bergischen Land, vorrangig in der Gemeinde Much, durch (vgl. Beitrag R. Gaitsch/ Ch. Ganzert in diesem Buch). Im Rahmen einer zweijährigen Aktionsforschung moderierten sie die regionale Initiativgruppe und begleiteten sie wissenschaftlich.[4]

Die „Regionale Idee" als Zusatznutzen der regionalen Produkte

Regionale Nahrungsmittel haben eine Reihe von Zusatznutzen. Diese stellen wesentliche Gründe für die verschiedenen Akteure entlang der Nahrungsmittelkette dar, sich an einer regionalen Kooperation zu beteiligen. Die relevanten Zusatznutzen der regionalen Produkte unterscheiden sich bei Anbietern und Konsumenten.

Bei den Konsumenten gelten als Zusatznutzen von regionalen Produkten zum einen verschiedene sensorische Produktqualitäten (wie Frische, Aussehen, Geschmack; d.h. individuelle Zusatznutzen) und zum anderen immaterielle Produktqualitäten (wie Vertrauen zur Herstellung und den Anbietern; Glaubwürdigkeit der vermittelten Informationen; vernünftige, d.h. umweltschonendere und ethisch vertretbarere Herstellungsweisen). Diese immateriellen Produktqualitäten bilden die „regionale Idee".

Die „regionale Idee" lässt sich im Vergleich zu den individuellen Zusatznutzen wie folgt kennzeichnen:

a) sie ist sehr von positiven Klischees, d.h. von Vorstellungen über die Landwirtschaft und den Herstellungsprozess geprägt[5];

b) sie ist sehr emotional besetzt. Sie bewegt die sensiblen Verbraucher stärker als die individuellen Zusatznutzen;

c) die Empfänglichkeit für die „regionale Idee" ist starken Schwankungen der Rahmenbedingungen unterworfen (vgl. BSE-Krise); generell breitet sich die Sensibilität für die „regionale Idee" aus, während die individuellen Zusatznutzen von immer weniger Verbrauchern erkannt werden.

Kaum motivierend wirkten jene regionalen Zusatznutzen, die innerhalb der Nachhaltigkeitsdiskussion häufig vorgebracht werden (z.B. Erhalt regionaler Arbeitsplätze, Förderung regionaler Wertschöpfung, Pflege der Kulturlandschaft). Möglicherweise sind diese Nutzen zu abstrakt und altruistisch, um auf Resonanz zu stoßen.

Die Zusatznutzen werden bei folgenden zwei Bevölkerungsgruppen unterschiedlich wirksam:
- traditionell geprägte, ländliche Verbraucher fragen vorwiegend die individuellen Produktqualitäten nach;
- städtische Verbraucher, Zugezogene und junge Familien reagieren stärker auf die „regionale Idee".

Die Anbieter von regionalen Produkten beteiligten sich an der regionalen Kooperation zunächst einmal aus individuellen ökonomischen Motiven. Daneben spielen aber auch soziale Nutzen wie beispielsweise die Anerkennung im Dorf durch die Verbraucher und Umfeldakteure und die Beziehungen zu Kooperationspartnern sowie strategische Motive eine Rolle.

Weitere regionale Zusatznutzen der Produkte (Erhalt von Arbeitsplätzen, regionale Wertschöpfung, Pflege der Kulturlandschaft) hatten als Handlungsmotiv kaum Bedeutung.

Das Verhältnis von ökonomischen und sozialen Motiven veränderte sich im Verlauf des Projekts: vor den gemeinsamen Aktionen stellte der ökonomische Nutzen das vorrangige Bewertungskriterium dar; nach den Aktionen (d.h. nach den Erfahrungen der Zusammenarbeit) dominierte dagegen die Bedeutung der sozialen Nutzen.

Die Anbieter von regionalen Produkten lassen sich hinsichtlich der Motivstrukturen für eine Kooperation in „traditionelle" und „innovative" Wirtschaftsakteure unterteilen. Die traditionellen Anbieter richten ihr Augenmerk stärker auf die unmittelbaren sozialen und ökonomischen Nutzen. Sie haben vorwiegend ihr eigenes Unternehmen und das traditionelle dörfliche Netzwerk im Blick und beurteilen Erfolge vorwiegend nach Effizienzkriterien. Sie sehen nur wenige eigene Handlungsspielräume im Vergleich zu den Rahmenbedingungen des Marktes und der Politik.

„Innovative" Anbieter lassen sich eher durch strategische (und ideelle) Motive leiten, sie richten ihre Aufmerksamkeit auch auf das Umfeld des eigenen Unternehmens, beziehen die Entwicklung der Rahmenbedingungen stärker ein und denken auch in mittelfristigen Perspektiven. Sie werden eher durch die eigenen Belange und Interessen, als durch die des ländlichen Netzwerks bewegt. Auch interessieren sie sich mehr für die Wirksamkeiten der Aktivitäten, als für die Effizienz.

Diese unterschiedlichen Motivstrukturen entsprechen den von Allen (2000) beschriebenen Eigenschaften von Personen, welche ihre Fähigkeiten der Kooperation bestimmen.

Faktoren zur Aktivierung der Akteure für eine regionale Kooperation
Die geschilderten Motive für eine regionale Kooperation bilden den Hintergrund für die unterschiedlichen Resonanzen auf die Zusatznutzen der regionalen Produkte und die „regionale Idee". Wie lassen sich nun aber Verhaltensänderungen zugunsten eines gemeinsamen Interesses erreichen? Unter welchen Bedingungen entstehen diese Änderungen?

Bei den Verbrauchern haben folgende Anstöße zu einem erhöhten Umsatz an regionalen Produkten geführt:

a) der Neubau des Lebensmittelmarktes
Während des Projekts wurden die zwei Lebensmittelmärkte in Much mit einem Vollsortiment (einer davon mit regionalen Produkten) in einem neuen, wesentlich größeren Markt zusammengelegt.[6] Der Neubau veränderte die Einkaufssituation in Much für einen Großteil der Konsumenten. Für den Absatz der regionalen Produkte ergaben sich hierdurch sowohl neue Chancen (z.B. Verdoppelung der Kunden; erzwungene Veränderung von Einkaufsroutinen, d.h. bewusstere Einkaufsentscheidungen) als auch neue Risiken (z.B. mehrfache Produktdiversität; mehrfacher Konkurrenzdruck von ähnlichen Produkten aus aller Welt; höhere Anonymität der Kaufsituation). Das Ergebnis unterschied sich produktspezifisch: attraktive Produkte (z.B. Eier und Käse) verzeichneten starke Umsatzzuwächse von 50-100%, während unauffälligere Produkte (z.B. Kartoffeln und Honig) nicht häufiger oder sogar etwas weniger gekauft wurden.

b) die BSE-Krise
Die BSE-Krise löste eine starke emotionale Verunsicherung der Verbraucher aus und rief die bekannten kurzzeitigen Handlungsveränderungen hervor. Auch viele Umfeldakteure in der Region wurden aktiv und führten mehrere Veranstaltungen zur Regionalvermarktung durch.

c) eine persönliche und engagierte Kommunikation zwischen Produzenten und Konsumenten
Eine engagierte und persönlich überzeugte Vermittlung der Zusatznutzen der Produkte durch die Produzenten erhöhte ebenfalls den Umsatz.[7]

Die messbaren Veränderungen im Absatz der regionalen Produkte sind allerdings nur ein grober Indikator für die Wirksamkeit der Vermittlungsbemühungen und der verschiedenen Interventionen, weil
- die Umsatzzahlen regionaler Produkte im Lebensmittelmarkt stark schwanken, so dass leichte Umsatzveränderungen im „statistischen Rauschen" untergehen;

- das Einkaufsverhalten der Konsumenten in ein komplexes und stark routinisiertes Handlungssystem eingebettet ist, welches auf isolierte Einzelentscheidungen am Einkaufsort hemmend wirkt;
- Verhaltensänderungen zunächst bei den Anbietern und erst danach bei den Verbrauchern zu erwarten sind. Diese sind durch eine regionale Kooperation schwerer zu erreichen und werden von ihr auch weniger beeinflusst.[8] Sie bleiben in ihren Konsumentscheidungen allein.

Feinere Indikatoren für Verhaltensänderungen stellen die unmittelbaren und mittelbaren Reaktionen von Anbietern bzw. Konsumenten auf die verschiedenen Interventionen dar. In den folgenden Abschnitten sind diejenigen Faktoren zusammengestellt, die nach unseren Beobachtungen sowohl die Anbieter als auch Nachfrager dazu aktiviert bzw. demotiviert haben, ihr Verhalten zugunsten einer regionalen Kooperation zu verändern (Abb. 1).

Angebot an Innovationen
Ein Angebot von Innovationen ist eine wesentliche Voraussetzung für Lern- und Veränderungsprozesse zugunsten eines kooperativen Handelns. Innovationen stellten den äußeren Stimulus für Veränderungsprozesse dar. Die Zusammenarbeit in der Gruppe und die gemeinsame Präsentation der Produkte im dörflichen Umfeld bewirkte im ersten halben Jahr, als die Gemeinschaft und die Abstimmungsprozesse noch neu waren, eine Art Aufbruchstimmung. Diese steckte auch die Umfeldakteure und (in geringerem Ausmaß) die Verbraucher an, obwohl sich wenige Veränderungen im Umsatz der regionalen Produkte ergaben.

Als sich die Muster der Zusammenarbeit und der Präsentation wiederholten, flaute die Motivation merklich ab. Ein neuer Schwung für die Zusammenarbeit entstand erst wieder, als der beteiligte Lebensmittelhändler den neuen Markt eröffnete und als gegen Ende des Forschungsprojekts die Direktvermarkter die Initiativgruppe selbst, d.h. ohne Unterstützung durch das Forschungsprojekt weiterführten.

Bei den Verbrauchern zeigte sich, dass die regionalen Produkte nur für die zugezogenen und auswärtigen Bevölkerungskreise eine motivierende Innovation darstellten („ich wußte gar nicht, dass es hier noch so viele Produkte gibt"). Die einheimischen Verbraucher erlebten die regionalen Produkte kaum als Neuerung. Sie wurden eher durch die soziale Initiative motiviert.

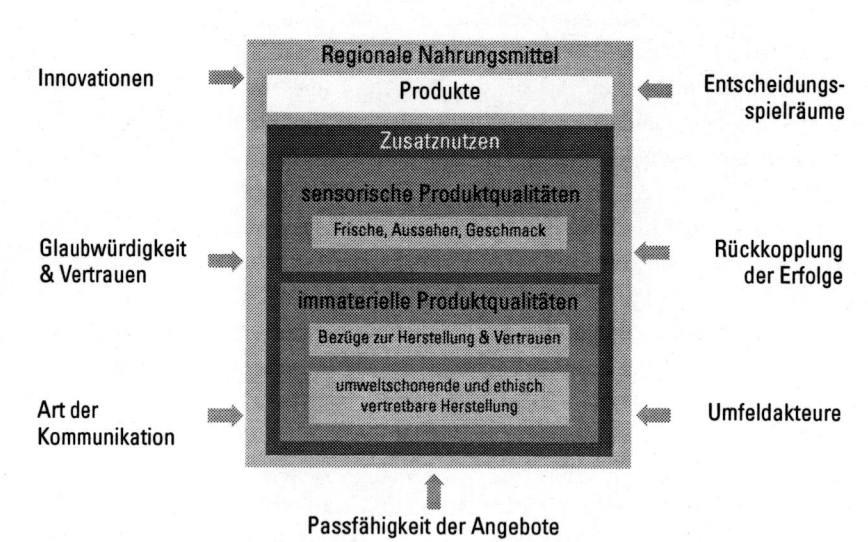

Abb. 1: Faktoren zur Aktivierung regionaler Anbieter und Nachfrager

```
Innovationen                  Regionale Nahrungsmittel              Entscheidungs-
                                     Produkte                        spielräume

                                    Zusatznutzen

                              sensorische Produktqualitäten

                              Frische, Aussehen, Geschmack
Glaubwürdigkeit                                                      Rückkopplung
& Vertrauen                                                          der Erfolge
                              immaterielle Produktqualitäten

                              Bezüge zur Herstellung & Vertrauen

                              umweltschonende und ethisch
Art der                       vertretbare Herstellung                Umfeldakteure
Kommunikation

                              Passfähigkeit der Angebote
```

Glaubwürdigkeit und Vertrauen

Vertrauen innerhalb der Anbietergruppe und Glaubwürdigkeit der einzelnen Personen waren Voraussetzungen für eine tragfähige Kooperation. Das Vertrauen zwischen den beteiligten Personen war an der Konstruktivität der einzelnen Beiträge, an der Dichte der informellen Kommunikation sowie an den individuellen Beiträgen für das gemeinsame Handeln ablesbar. Mißtrauen äußerte sich dagegen in Vorwürfen und Schuldzuweisungen, abwertenden Nachreden hinter dem Rücken der Betroffenen und in der Abwehr einer engeren Zusammenarbeit.

Zur Vertrauensbildung innerhalb der Gruppe trugen neben der Gleichwertigkeit und der kulturellen Ähnlichkeit der Beteiligten vor allem ein Selbstvertrauen der beteiligten Personen, die Beteiligung integrativ wirkender Personen mit hohem Ansehen sowie das gemeinsame Handeln und gemeinsame Erfahrungen bei. Vertrauen unterstützte die Abstimmung und Koordination sowie die fachliche und persönliche Anerkennung. Es setzte Energie für eine Zusammenarbeit frei. Auch wurden nur bei ausreichendem Vertrauen innovative Aktionsvorschläge aufgegriffen.

Bei Verbrauchern spielt die Glaubwürdigkeit der Initiative und der Produkte die zentrale Motivationsgrundlage.[9] Vertrauenskrisen in die globale Nahrungsmittelbereitstellung motivierten sowohl Verbraucher als auch Umfeldakteure so stark, dass sich messbare Veränderungen zugunsten eines kooperativen regionalen Handelns ergaben.

Art der Kommunikationsprozesse

Die Mund-zu-Mund-Propaganda bzw. die informelle Kommunikation waren sowohl bei den Anbietern als auch bei den Verbrauchern die weitaus wirksamste Art der Vermittlung und Verankerung der „regionalen Idee".[10] Gründe dafür sind die höhere Glaubwürdigkeit von Informationen, die von den eigenen Interessen unabhängig sind, der „Schneeballeffekt"[11] sowie die motivierende Wirkung der persönlich vermittelten Informationen im Vergleich zu schriftlichen oder bildhaften Informationen („kalte" Informationen). Dabei war entscheidend, wie engagiert und authentisch die Informationen angeboten wurden.

Aktiv erfahrene und erlebte Informationen und Neuerungen (z. B. Exkursionen, Erprobung von Innovationen, Hoffeste) wirkten wesentlich motivierender und aktivierender, als begleitende Beobachtungen von Situationen und Personen oder gar als kognitiv wahrgenommene Informationen.[12] Wurden die Informationen, Eindrücke und Erlebnisse in einer Gruppe ausgetauscht und reflektiert, hatte dies nachhaltigere Wirkungen als bei einer individuellen Wahrnehmung.[13]

Passfähigkeit der Angebote
Eine Schlüsselfunktion für Lernprozesse und Verhaltensänderungen stellte auch die Passfähigkeit der Angebote dar. Die Passfähigkeit beschreibt die Qualität der Angebote und Vorschläge bezogen auf die konkreten Bedürfnisse der Zielgruppen. Sie bezieht sich auf die angebotenen Informationen und Botschaften, die Sprache sowie auf die Aktivitäten bzw. den erforderlichen Aufwand für die Zielgruppen.

Eine hohe Passfähigkeit bewirkte bei den jeweiligen Zielgruppen eine hohe Resonanz und eine entsprechende Bereitschaft, die Vorschläge bzw. Informations- und Verhaltensangebote anzunehmen. Passte die innere Bereitschaft mit dem äußeren Stimulus nicht zusammen, so blieben Lern- und Veränderungsprozesse aus. Passfähige Angebote entstanden vor allem bei einer Kombination von empathischen und fachlichen Kompetenzen, lokalem Wissen und Schnittstellen-Kompetenzen.

Auch bei den Verbrauchern spielte die Passfähigkeit von Informations- und Produktangeboten – z.B. deren Handlungsorientierung oder Bezug zum situativen Kontext – eine entscheidende Rolle.

Beteiligung von Umfeldakteuren
Im Verlauf der Untersuchung beteiligten sich eine Reihe von Umfeldakteuren (z.B. der Bürgermeister, die Gemeindeverwaltung, eine Naturschutzgruppe, eine soziale Einrichtung) am Umsetzungsprozess. Dies konnte die Vermittlung der „regionalen Idee" an die Verbraucher fördern, vor allem wenn die Umfeldakteure bei der Vermittlung der „regionalen Idee" engagiert und authentisch waren. Eine Beteiligung von Umfeldakteuren
- erhöhte die Glaubwürdigkeit der Produkte, der Informationen und der Wirtschaftsakteure und garantierte, dass diese nicht nur ihren wirtschaftlichen Eigennutz verfolgen;
- erhöhte das Selbstvertrauen der Anbieter regionaler Produkte und veränderte deren Überzeugungskraft und Auftreten gegenüber den Verbrauchern;

- verbesserte die Mund-zu-Mund-Propaganda als die erfolgreichste Kommunikations- und Verankerungsform für die „regionale Idee;[14]
- erhöhte das Interesse der Medien.

Rückkopplung der Erfolge
Werden eigene oder fremde Erfolge wahrgenommen, so wirkt dies ansteckend und motivierend für weitere Aktivitäten. Entscheidend ist, dass die Wirksamkeit von Aktionen transparent gemacht wird.

Die soziale Wirksamkeit drückte sich auf drei Ebenen aus: innerhalb der Initiativgruppe, im engeren dörflichen Umfeld und bei den Verbrauchern. In unserem Beispiel waren die beteiligten Wirtschaftsakteure im lokalen Umfeld fest verankert und erlebten die sozialen Effekte persönlich auf allen drei Ebenen.

Die kurzfristige ökonomische Wirksamkeit (d. h. die Umsatzveränderung) war bei den durchgeführten Vermittlungsaktionen nur schwer zu fassen, zum einen wegen der üblichen hohen Umsatzschwankungen, zum anderen wegen der sehr langsam ablaufenden Veränderungen. Letztlich hatte der Umsatz im Lebensmittelmarkt im Vergleich zu den positiven sozialen Effekten für das Handeln der Anbieter eine untergeordnete Bedeutung.

Eine Selbstevaluation der Initiativgruppe unterstützte den Rückkoppelungsprozess, da sie auch kleinere ökonomische und soziale Wirkungen und Nutzeffekte offenlegte und diese transparent und bewusster machte.

Aus Sicht der Verbraucher zeigte sich der Erfolg der Initiative an der Vielfalt, mit der sie über die Initiative „stolperten", d. h. diese durch Präsentationen, Zeitungsartikel, Informationsbroschüren oder Mund-zu-Mund-Kommunikation dargestellt wurde. Je unterschiedlicher die Kontexte, in denen die Verbraucher auf die Initiative stießen, um so stärker war die mobilisierende Wirkung.

Entscheidungsspielräume
Akteure mit hohen Entscheidungsspielräumen motivierten deutlich stärker als Akteure, die nur über geringe finanzielle, zeitliche oder soziale Ressourcen oder Einflussmöglichkeiten entlang der Nahrungsmittelkette verfügten. Eine Schlüsselstellung hatten die Nahrungsmittelhändler aufgrund ihrer Kompetenzen in der Vermarktung und ihres Entscheidungsspielraums, die regionalen Produkte zu listen. Wichtig waren auch hochrangige Umfeldakteure, die Einfluss im dörflichen Netzwerk haben.

Die Bedeutung von Gemeinwohl und Empathie für die regionale Kooperation von Anbietern und Nachfragern

Die beschriebenen Faktoren zur Aktivierung von Anbietern und Nachfragern von regionalen Produkten stehen in einem Zusammenhang. In Abbildung 2 sind einige der beschriebenen Wechselwirkungen dargestellt. Letztlich führen wir einen Erfolg im Absatz regionaler Produkte und der Vermittlung der „regionalen Idee" auf zwei Faktoren zurück: die Empathie und die Gemeinwohlorientierung. Absatzhemmnisse entstehen dagegen, wenn die Individualnutzen regionaler Produkte alleine betrachtet werden.[15]

Abb. 2: Wirkung von Empathie und Gemeinwohlorientierung auf den Absatz regionaler Produkte

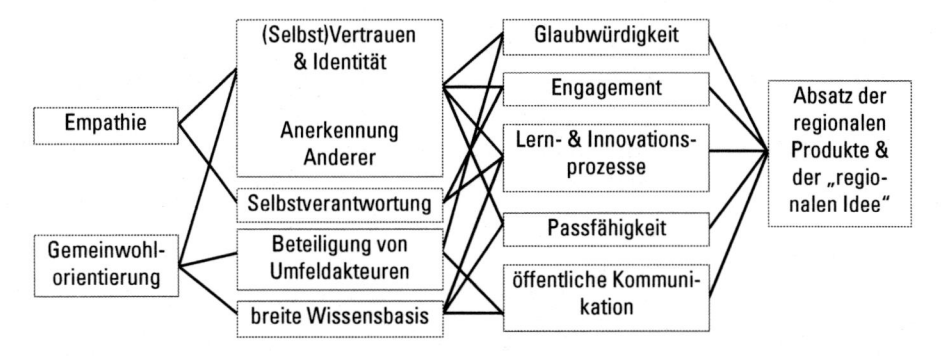

```
                    (Selbst)Vertrauen          Glaubwürdigkeit
                       & Identität
                                               Engagement            Absatz der
       Empathie        Anerkennung                                   regionalen
                        Anderer                Lern- & Innovations-  Produkte &
                                                  prozesse           der „regio-
                      Selbstverantwortung                            nalen Idee"
                                               Passfähigkeit
    Gemeinwohl-       Beteiligung von
    orientierung      Umfeldakteuren           öffentliche Kommuni-
                                                  kation
                      breite Wissensbasis
```

Innovative Akteure unterschieden sich in ihrer Fähigkeit zur Empathie deutlich von den traditionellen Akteuren. Die Innovatoren besaßen in weit höherem Maße empathische Eigenschaften wie hohes Selbstvertrauen[16], starkes Selbstbild und Anerkennung des Anderen/Fremden.[17] Diese Eigenschaften verbesserten entscheidend
- die Haltung gegenüber den Kunden,
- das Marketing der „Regionalen Idee" sowie
- die Qualität der Kooperations- und Lernprozesse.

Traditionelle Akteure waren stärker an das dörfliche Netzwerk gebunden und eher seinem sozialen Druck ausgesetzt. Die empathischen Akteure mit ihrer höheren Selbstverantwortung reagierten vorsorgender auf potenzielle Nahrungsmittelrisiken. Anstatt sich als Opfer von Rahmenbedingungen zu fühlen, werden sie bereits aktiv, wenn sich die Probleme noch nicht zu einer gesellschaftlichen Krise (wie bei BSE) verdichtet haben. Diese Vorsorge erhöht die Glaubwürdigkeit der Anbieter beim Verbraucher. Auch schlägt sich die eigene Überzeugung in einem höheren Engagement nieder.

Die Erfahrungen in Much zeigen auch, dass die Umfeldakteure sich vor allem deshalb engagierten, weil die Initiative gemeinwohlorientiert war. Die regionale Kooperation verbesserte auch die Vielfalt an Kompetenzen. So war es leichter, externes Wissen (z.B. journalistisches Know-how) zu akquirieren.

Ausblick

Unsere Untersuchungen in Much zeigen, dass mit dem Angebot von regionalen Produkten auch eine Reihe von Leistungen für das Gemeinwohl verbunden sind, wie u.a.
- Bildung über die Orte und die Art und Weise der Herstellung der Produkte;

- Vertrauen hinsichtlich der Nahrungsmittelherstellung und -qualität;
- Pufferungen des Absatzes bei überregionalen Nahrungsmittelkrisen;
- Beziehungen, Vernetzungen und Verankerungen im Umfeld;
- Angebote zur Entwicklung einer regionalen Identität und eines lebendigen Umfelds.

Neben diesen Gemeinwohlleistungen weist die regionale Vermarktung der Nahrungsmittel im Vergleich zu einer globalen Vermarktung zusätzliche Vorteile auf, um die Botschaften bei den Zielgruppen zu vermitteln und zu verankern. Es sind Vorteile, die sich aus der räumlichen Nähe ergeben: erhöhtes Vertrauen, höhere Bedeutung der persönlichen Kommunikation; lokal angepassteres Wissen; höhere Erlebnismöglichkeiten im Umfeld sowie höhere Rückkoppelungspotenziale der Wirkungen. Diese potenziellen Vorteile lassen sich vor allem bei entsprechenden Fähigkeiten zur Kooperation und zur Empathie realisieren.

Verhaltensänderungen zugunsten der „regionalen Idee" lassen sich nach unseren Beobachtungen alleine weder durch neue Informationen noch durch äußere Anreize (bei jeweils gleichbleibenden Werthaltungen) induzieren. Sie entstehen eher aus dem inneren Antrieb der betroffenen Akteure als Folge einer Veränderung von Werthaltungen. Änderungen der Werthaltungen ergeben sich vor allem durch entsprechende Erlebnisse, welche die Zielgruppen auch emotionell berühren und eine entsprechende „innere" Bewegung auslösen. Wichtig ist es daher, die Unterschiede in den Nutzen bzw. Lasten zwischen globalen und regionalen Produkten auch erlebbar zu machen.

Unsere Ergebnisse deuten darauf hin, dass die Aktivierung von Anbietern, Konsumenten und Umfeldakteuren zugunsten der „regionalen Idee" ein sich selbst verstärkender Prozess ist: je höher die Aktivität der einzelnen Personen, umso stärker werden die „regionale Idee" und ihre Zusatznutzen verankert[18], umso höher ist die Bereitschaft sich zu engagieren und die Idee weiterzuvermitteln und umso wahrscheinlicher sind entsprechend positive Rückkoppelungen durch andere Akteure. Gerade empathische Kompetenzen fördern diese Aktivierungsprozesse.

Für das Management dieser Prozesse bedeutet dies, dass die Anbieter und Verbraucher möglichst nah an ihrer Aktivitätsbereitschaft abgeholt werden müssen, d.h. es müssen Beteiligungsformen für die Kooperation angeboten werden, die an unterschiedlichen Aktivitätsniveaus ansetzen.

Für die Diffusion der „regionalen Idee" sind aufgrund des hohen Stellenwerts der Mund-zu-Mund-Kommunikation Vermittler besonders bedeutsam, d.h. Akteure, die viele Leute kennen, sich an Schnittstellen verschiedener sozialer Gruppen befinden, von der „regionalen Idee" überzeugt sind, Vertrauen genießen, Charisma haben und die Fähigkeit aufweisen, andere anzustecken.[19]

Die größten Chancen für ökonomisch erfolgreiche Regionalvermarktungsinitiativen liegen vermutlich an den Stadträndern, in Gebieten in denen eine hoch motivierte städtische Nachfrage auf sozial engagierte ländliche Anbieter trifft. Der Hauptunterschied zwischen den traditionellen, aber rückläufigen und den sich ausbreitenden, modernen

Formen der Regionalvermarktung besteht letztlich in der systematischeren Nutzung des Gemeinwohls und der „regionalen Idee" für die regionale Kooperation und die Vermarktung regionaler Produkte.

Literatur

Allen, W. (2000): The role of action research in environmental management. - wysiwyg://57/http://nrm.massey.ac.nz/changelinks/ar_working.html

Besch, M./H. Hausladen, (1998): Verbraucherpräferenzen für Nahrungsmittel aus der Region. Ergebnisse einer Verbraucherbefragung im Landkreis Freising. TU München-Weihenstephan. Inst. F. Wirtschafts- und Sozialwissenschaften. Professur für landwirtschaftliche Marktlehre, Arbeitsbericht 23

Besch, M./H. Hausladen (2000): Regionales Marketing im Agribusiness – Erfolgspotenziale und Problemfelder. In: Innovative Konzepte für das Marketing von Agrarprodukten und Nahrungsmitteln, hg. von Landwirtschaftliche Rentenbank Franfurt am Main (= Schriftenreihe, 13). Frankfurt am Main, 7–50

BMVEL (2001): Regionen Aktiv – Land gestaltet Zukunft. Bonn

Bokelmann, W./R. Gocht/A. Müller/W. Riedel/M. Thielemann/A. v. Allwörden, (1999): Veränderung der Vermarktungsstrukturen von frischem Gemüse – Konsequenzen für zukünftige Entwicklungsmöglichkeiten in der Produktion. In: Schriftenreihe der landwirtschaftlichen Rentenbank, 13, 93–34

Bosshart, D. (1998): Die Zukunft des Konsums. Wie leben wir morgen? München

BYSTELF (Bayerisches Staatsministerium für Ernährung, Landwirtschaft und Forsten), (1997): Regionale Vermarktung von Agrarprodukten und Lebensmitteln. Voraussetzungen, Strategien und Maßnahmen in Bayern. Eigenverl., München

Empacher, C./K. Götz, (1999): Ansprüche an ökologische Innovationen im Lebensmittelbereich. ISOE DiskussionsPapiere 10, Frankfurt am Main

Ganzert, C./G. Scherhorn/B. Burdick/R. Gaitsch (2003): Bedeutung des Gemeinwohls und der Empathie für eine regionale Vermarktung von Nahrungsmitteln – Theorie, empirische Beobachtungen und Konsequenzen aus einem Aktionsforschungsprojekt. Wuppertal-Papers (in Vorbereitung)

Gladwell, M. (1999): Tipping Point. Wie kleine Dinge großes bewegen können. Berlin-Verlag, Berlin

Gruen, A. (1997): Der Verlust des Mitgefühls. Über die Politik der Gleichgültigkeit. München

Hamm, U. (1997): Perspektiven des Marktes für Lebensmittel aus regionaler und umweltgerechter Erzeugung. Beitr. der Akademie für Natur- und Umweltschutz Baden-Württemberg, 24, 23–38

Hensche, H.-U./A. Hauser/M. Reiniger/C. Wildraut, (1993): Verbraucherpräferenzen für Nahrungsmittel aus der näheren Umgebung – eine Chance für marktorientierte Landwirte. Marketing der Agrar- und Ernährungswirtschaft, 7

Karmasin, H. (1999): Die geheime Botschaft unserer Speisen. Was Essen über uns aussagt. Kunstmann, München

Norberg-Hodge, H./T. Merrifield/S. Gorelick (2002): Bringing the Food Economy Home. Zed Books, London

Scherhorn, G./H. Haas/F. Hellenthal/S. Seibold (1997): Wohlstandskosten und verantwortliches Handeln. Univ. Hohenheim, Lehrstuhl f. Konsumtheorie und Verbraucherpolitik, Arbeitspapier 68

Stagl, S. (1999): Global food markets and their local alternatives – a socio-ecological economic analysis. PhD-Thesis, Rousselaer Polytechnic Institute, New York

Wirthgen, B./E. Schmidt/J. Gewert (1999): Möglichkeiten und Grenzen regionaler Vermarktungskonzepte am Beispiel Minimarkthallen in loser Kooperation mit Verbrauchermärkten und Einkaufszentren. In: Schriftenreihe der landwirtschaftlichen Rentenbank, 13, 135–178

Endnoten

1 Vgl. Gladwell 1999.
2 Die Bedeutung der Empathie für die zwischenmenschliche Kommunikation und die Beziehungsfähigkeit hat A. Gruen ausführlich dargestellt und dabei vor allem auch die psychischen Ursachen für einen Verlust des Mitgefühls sehr anschaulich herausgearbeitet (Gruen 1997). Empathische Personen zeichnen sich durch eine hohe Selbst- und Fremdwertschätzung und -vertrauen, eine hohe Identität, eine Beziehungsfähigkeit, eine hohe Autonomie und eine Übernahme von (Selbst)-Verantwortung aus. Eine Persönlichkeit, die das Mitgefühl verloren hat, ist dagegen eher macht- und autoritätsorientiert, Ich-bezogen, unterliegt einem Gruppendruck, fühlt sich häufig in einer Opferrolle und besitzt ein hohes Pflichtgefühl. Weitere Eigenschaften umfassen eine geringe Selbstwertschätzung sowie eine Abwertung des Anderen/Fremden.
3 Der Verlust des Selbstvertrauens bei traditionellen ländlichen Akteuren stellt eine Folge des Verlusts von politischer und ökonomischer Macht von ländlichen Gebieten gegenüber den urbanen Zentren dar (Norberg-Hodge et al. 2002).
4 Leitschuh-Fecht und Steger (2002) haben in ihren Beobachtungen von Dialogen zwischen Unternehmen und Zivilgesellschaft die Wertschätzung und Geduld für Fremdes ebenfalls als wesentlichen Erfolgsfaktor für einen produktiven Dialog identifiziert.
5 Stagl (1999) gibt Hinweise, dass die Aktivität der Verbraucher in der regionalen Kooperation die Zufriedenheit mit den Produkten erhöht und sich im Verlauf eines regionalen Engagements viele Motivationen für eine Beteiligung weiter erhöhen.
6 Vgl. Gladwell 1999.

Dr. Christian Ganzert
Büro für ökologische
Landentwicklung
Teutoburger Straße 17
D-50678 Köln

Bernhard Burdick
Wuppertal Institut für Klima,
Umwelt, Energie GmbH
Döppersberg 19
D-42103 Wuppertal

Reflektionen

Kapitel 3

Engelbert Schramm/Alexandra Lux

Entfernungswiderstände –
Grenzen der Regionalisierungsstrategie?

Eine Regionalisierung des Wirtschaftens ist – wie die obigen Beiträge zeigen – unter vielen Umständen eine sinnvolle und vielversprechende Strategie auf dem Weg zu mehr Nachhaltigkeit. Eine Verkleinerung der wirtschaftlichen Kreisläufe, eine bewusste Beschränkung auf eine Region, wird aber nicht unter allen Umständen erfolgreich sein.

Eine solche Regionalisierungsstrategie hat Grenzen, die bewusst reflektiert werden sollen. Diese Grenzen können sozio-ökonomische Gründe haben. Beispielsweise ist es in bestimmten Regionen aufgrund ihrer Industriegeschichte unter derzeitigen Rahmenbedingungen kaum möglich, bestimmte stoffliche Verwertungskapazitäten (z.B. für Buntmetalle in Baden-Württemberg) überhaupt in ökonomischer Weise aufzubauen. Auch Skaleneffekte können dazuführen, dass nur überregional spezifische Kapazitäten (etwa im Logistik- oder im Recyclingbereich) aufgebaut werden können; allerdings ist hier in den Modellprojekten für bestimmte Produktgruppen und Anwendungen sehr deutlich geworden, dass häufig eine regionale Lösung wirtschaftlich sein kann.[1]

Die Grenzen der Regionalisierung können aber auch physische (materielle und energetische) Gründe haben. Erstaunlicherweise sind aber, anders als die sozio-ökonomisch verursachten Grenzen, diese physischen Grenzen bisher nicht systematisch in die Debatte um eine Regionalisierung des Wirtschaftens eingebracht worden. Dabei ließe sich ein Teil dieser physischen Grenzen über die Widerständigkeiten des Raums selbst thematisieren. Dies sind zum einen Widerstände, die die Raumstruktur einem großskaligen Wirtschaften entgegensetzt. Ein derartiger „Raumwiderstand" wird in der kritischen Verkehrsforschung, den Planungswissenschaften und auch in der Wirtschaftsgeographie thematisiert. Dort wird auch gezeigt, dass sich der Raumwiderstand durch Zeitgewinne bei der Überwindung der Entfernung zwischen den Orten (z.B. eine höhere Auslegungsgeschwindigkeit der Verkehrsstrassen und schnellere Verkehrsträger) kompensieren und insofern überwinden lässt (vgl. Gatrell 1983, Hofmeister/Spitzner 1999). Nicht nur der Raum bildet aber einen Widerstand für ein großräumiges Wirtschaften. Auch die Dinge selbst, die Gegenstand des Wirtschaftens sind, können einen solchen Widerstand darstellen. Im Folgenden wird versucht, diese ebenfalls materiellenergetischen Grenzen des Wirtschaftens über ein bisher nicht eingeführtes Modell – den Entfernungswiderstand der Dinge – zu thematisieren.

Reflektionen

Der Entfernungswiderstand der Dinge

Im Zentrum unserer weiteren Überlegungen stehen daher diese physischen Grenzen der Regionalisierungsstrategie. Es handelt sich dabei um Grenzen, die in den im Wirtschaftsprozess befindlichen Dingen selber liegen. Denn in den produzierten, gehandelten und konsumierten Gegenständen selbst sind „Entfernungswiderstände" angelegt. Diese Entfernungswiderstände sind unterschiedlich groß. Und sie können die Regionalisierungsstrategie behindern oder fördern.

Mit Entfernungswiderstand meinen wir hier[2], dass es eine oder mehrere Eigenschaften eines Produktes gibt, die die Entfernung beeinflussen, in der dieses Produkt gefertigt, gehandelt und konsumiert werden kann. Es gibt einige Anzeichen dafür, dass dieser Entfernungswiderstand produktspezifisch ist und vorrangig physischer (materieller) Art ist.

Mögliche Entfernungswiderstände, die sich prinzipiell als „natürliche Grenze" einer Regionalisierung erweisen können, sind:

- Direkte physische Verluste durch Transport. Ein klassisches Beispiel hierfür ist der Leitungswiderstand von Elektrizität: Je länger und je dicker die Leitung, um so weniger elektrische Energie kommt bei den Verbrauchern an.
- Physische Verluste durch Infektionen und Verschmutzungen. Das Standardbeispiel in der Regionalisierungsdebatte hierfür sind die Obst- und Gemüsetransporte quer durch die Europäische Union. Je weiter beispielsweise Obst transportiert wird, um so höher ist das Risiko eines Pilzbefalls, z.B. einer Fäule. Auch dies ist auf inhärente Eigenschaften des Produkts zurückzuführen, z.B. die Empfindlichkeit gegenüber entsprechenden Erregern/ökologischen Gegenspielern.
- In gewisser Weise lässt sich auch der Aufwand beim Transport von (schweren) Massengütern als ein Entfernungswiderstand auffassen. Ubiquitär vorkommende Erden, Kiese und Sande werden daher in der Regel, insbesondere wenn keine Möglichkeiten zum Transport mit Schiff oder Bahn vorhanden sind, nicht überregional gehandelt.
- Ebenfalls könnte sich auch der Aufwand beim Transport von schweren Umverpackungen (z.B. Pfandflaschen aus Glas) als ein Entfernungswiderstand erweisen, wie die Ökobilanzen für Verpackungen zeigen. Auch beim Transport von extrem voluminösen Gütern (z.B. Schäumen zur Wärmeisolation aus Polystyrol oder Polyurethanen) begrenzt prinzipiell ein hoher Kosten- und Energieaufwand ihr überregionales Wirtschaftspotenzial.

Einige Daten zur Plausibilisierung dieser Überlegungen

Der Entfernungswiderstand lässt sich nicht exakt, z.B. durch physikalische Messungen an den Gegenständen, bestimmen. Im Folgenden wollen wir exkursartig dennoch wenigstens einige Beispiele für Entfernungswiderstände mit statistischen Daten und Erfahrungswerten unterlegen, um so unser Modell vom dinglichen Entfernungswiderstand plausibler zu machen und empirisch zu präzisieren. Dafür haben wir die Baumaterialien ausgewählt.

Von den Baumaterialen haben vor allem Sand, Kies und Steine einen wesentlichen Anteil am Gesamtgewicht der in der Bundesrepublik Deutschland transportieren Primärgüter. So wurden 1998 der aktuellen Umweltökonomischen Gesamtrechnung zufolge (Statisches Bundesamt 2001a) 370,7 Mio. t Sand und Kies sowie 240,1 Mio. t Steine befördert. Mit einem Anteil von zusammen fast 90% an den transportierten anorganischen Gütern besitzen Sand, Kies, Steine etc. eine absolute Massenrelevanz. Auffällig ist für diese Güter jedoch, dass sie in der Regel nicht sehr weit transportiert werden. So wird Sand und Kies auf Lastkraftwagen durchschnittlich nur 27 km weit gefahren (Kraftfahrbundesamt 2001: 66). Mehr als 90% dieser Güter werden auf den Strassen transportiert; sie bleiben fast ausnahmslos in der Region. Besondere Kiese und Sande, wie z.B. Marmorkiese, Vulkansande, kommen jedoch nicht ubiquitär vor; insbesondere bau-ästhetisch motiviert werden diese daher vereinzelt auch überregional nachgefragt. Ein überregionaler Transport dieser Sande und Kiese findet auf Schiff und Schiene statt. Beispielsweise ist bei Beförderung auf den Binnenwasserstrassen der Transportweg auf durchschnittlich 197 km verlängert[3], jedoch werden nur gut 3% dieser Baumaterialien hier transportiert (Statistisches Bundesamt 2001b: 321).

Untersuchungen in der Schweiz belegen die prinzipiell regionale Bedeutung der Baumaterialien anhand von zwei Fallregionen. Dort wurden die Durchflussmengen verschiedener Güter in zwei Regionen genauer untersucht; dabei wurde festgestellt, dass Baumaterialien den größten Teil am Güterfluss ausmachen und dass sie langfristig (ca. 100 Jahre) in einer Region verbleiben (Brunner et al. 1990, Kyzia et al. 1998).

Steine, Kies, Sand etc. sind wesentliche Grundgüter in der Bauwirtschaft. Die obigen Daten zeigen, dass hier trotz einer internationalen, teilweise sogar weltweiten Verflechtung der Bautätigkeiten (z.B. durch europaweite Ausschreibungen von Großprojekten) immer noch Regionalisierungsstrategien verfolgt werden; wesentlicher Grund hierfür sind die großen Transportaufwände für Baumaterialien und damit deren Entfernungswiderstände.

Ähnliches wie für die Grundstoffe gilt auch für weiterverarbeitete Stoffe. So wird Transportbeton, der verarbeitungsfertig an Baustellen geliefert wird, in der Regel nicht weiter als 35 km weit transportiert (im Durchschnitt 15 km). Auch Zement und weitere Zusatzstoffe für diesen Beton werden aus einem Umkreis von ungefähr 100 km bezogen (lt. Auskunft des Bundesverbands der Deutschen Transportbetonindustrie).[4]

Die Beschäftigung mit der Statistik für Sande und Kiese bestätigt unsere These, zeigt allerdings auch, dass der dingliche Entfernungswiderstand in bestimmten Fällen ökonomisch gebrochen wird. Das ist offenbar dann der Fall, wenn die Qualität eines Produktes zu seinem Seltenheits- bzw. Alleinstellungsmerkmal wird. So kann eine scheinbar ubiquitäre Materialie wie Sand zum seltenen Produkt werden, wenn eine bestimmte Körnung erforderlich ist (oder ein sehr geringer Salzgehalt, etwa auf Inseln, die weit entfernt vom Festland sind und wo die meisten Sande mit dem Meer in

Berührung gekommen sind). Dies kann dann – unserem Modell zum Trotz – dazu führen, dass solche Baumaterialien, obgleich Massengüter, über tausende Kilometer transportiert werden, z.B. von der spanischen Provinz Cadiz auf die Kanarischen Inseln westlich von Nordafrika. Bereits aus dem späten 19. Jahrhundert ist hierfür ein eindrucksvolles Beispiel bekannt: Der gesamte Zement für den Betonsockel der amerikanischen Freiheitsstatue im Hafen von New York – 8000 Holztonnen – wurde 1883 aus Wiesbaden transportiert, weil damals weltweit nur die Ware der Firma Dyckerhoff die vorgegebenen Qualitätsanforderungen befriedigte (vgl. Müller-Haeseler 1989: 44f.).

Fertigungstiefe relativiert den Entfernungswiderstand
Auffälligerweise beziehen sich die oben erwähnten Beispiele alle auf nicht oder nur geringfügig aus verschiedenen Stoffen (bzw. Dingen) zusammengesetzte Produkte. Produkte mit komplexerer Zusammensetzung scheinen hier zu fehlen. Physische Entfernungswiderstände von Produkten werden offenbar bei höherer Komplexität oder Fertigungstiefe relativiert.

Hier ist ein paradoxer Effekt zu beobachten: Eigentlich müsste davon ausgegangen werden, dass sich die verschiedenen Entfernungswiderstände der unterschiedlichen Stoffe in einem Produkt addieren oder gar potenzieren. Das Gegenteil ist aber offensichtlich der Fall – der Entfernungsgegenstand nimmt in der Regel ab (als Ausnahme ist der Transportbeton zu nennen). Dies ist zunächst darauf zurückzuführen, dass die Herstellung einer höheren Komplexität das Produkt immer weniger ubiquitär werden lässt, so dass sich großräumigere Nachfragen ergeben können, die die Entfernungswiderstände kompensieren. In ähnlicher Weise werden die Entfernungswiderstände aber auch bei höherer Fertigungstiefe (ohne Zunahme der Komplexität) relativiert. So werden z.B. bereits gegossene Betonteile auch über weite Strecken transportiert, da hier Fertigungstechniken nicht flächendeckend zur Verfügung stehen.

Bei komplexen Produkten stellt sich auch die Frage, ob sich überhaupt alle Stufen der Wertschöpfungskette für eine Regionalisierung eignen. Verdeutlicht werden soll das hier am Beispiel der Papierherstellung. Bei der Herstellung von Papier aus Zellstoff bzw. Holz könnten an zwei Punkten Regionalisierungspotenziale bestehen – bei der Produktion und/oder bei der Verwertung. Vorstellbar wäre, dass Produktionsstätten in örtlicher Nähe zu den wichtigsten „Rohstoffvorkommen" – hier sind vor allem Wasser und Holz zu nennen – liegen. Bekanntlich hat aber Altpapier ebenfalls einen wichtigen Anteil bei der Produktion (vgl. Baccini/Bader 1996: 56ff.). Will man nun die Verwertungskreisläufe regionalisieren, wäre zu berücksichtigen, dass ein Teil des Altpapiers in die Papierherstellung zurückfließt, ein Teil in die thermische Müllverwertung geht, aber auch Teile in weitere Recycling-Ketten eingebunden werden. Unter der Perspektive der Regionalisierung betrachtet, könnten sich sowohl in Regionen mit „eigenen" Papierproduktionsstätten als auch in solchen mit „eigenen" Recycling-Unternehmen regionale Kreisläufe schließen lassen.

Eng verknüpft mit der Frage, welche Stufen der Wertschöpfung regionalisiert werden können, ist die Frage, wo man die „Grenze" regionaler Wirtschaftsverflechtungen sieht. Bätzing zufolge (1998) sollen durch sog. endogene-exogene Doppelnutzungen (vgl. auch Ermann 1998) endogen-regionale Potenziale, die als Eigenschaften der Region und die Summe aller Handlungsmöglichkeiten der Akteure innerhalb einer Region definiert werden, realisiert werden, um so beispielsweise Einkommen zu erzielen, die in der Region verbleiben. Gleichzeitig soll aber keine „Abschottung" gegenüber Gebieten außerhalb der Region betrieben werden; vielmehr sollen (exogene) Potenziale von dort (z.B. in Form von Tourismus oder Naherholung) ebenfalls genutzt werden (vgl. Ermann 1998: 16, 72).

„Überwindung" von Entfernungswiderständen – Arbeit an den Grenzen der Regionalisierung

Die physischen Entfernungswiderstände sind zwar gegenstandsspezifisch, jedoch keine unveränderbaren Eigenschaften eines Produktes. Vielmehr können sie technisch relativiert und verschoben werden, in dem die stoffliche Zusammensetzung des Produktes verändert wird.

Der berühmte Erdbeerjoghurt, der – wie Stefanie Böge gezeigt hat (1993) – wider normalen Menschenverstand überregional und über weite Entfernungen hergestellt und vermarktet wird, ist jedoch trotz mittlerer Fertigungstiefe und Komplexität keineswegs ein solches Produkt mit singulären Alleinstellungsmerkmalen, die seine überregionale Herstellung und Verwertung rechtfertigen. Dieser Joghurt konkurriert an den nationalen und internationalen Milchproduktstheken der Supermärkte – von Skandinavien und dem Baltikum bis hin zu den Balearen und den ägäischen Inseln – mit vielen ähnlichen Produkten. Offenbar können ökonomisch auch Skaleneffekte – insbesondere bei Einsatz optimierter Logistik einerseits und bei Abänderung der Entfernungswiderstände andererseits – physische Grenzen eines regionalisierten Wirtschaftens außer Kraft setzen.

Beispielsweise können verderbliche Güter, bei denen die Gefahr einer Infektion durch Pilze und andere Mikroorganismen usw. besteht, behandelt werden, um sie über größere Entfernungen transportieren zu können. Diese konservierenden Verfahren spielen vor allem bei Lebensmitteln eine Rolle. Ein klassisches Verfahren hierzu ist für Lebensmittel die Pasteurisierung, die zunächst eingesetzt wurde, um die Zeit zwischen der Infektion mit Keimen bis zum Verderben zu verlängern, die aber auch den Entfernungswiderstand deutlich herabsetzt. Ähnlich wirkt auch der Aufbau von Kühlketten beim Transport; durch die Herabsetzung der Temperatur vermehren sich die Mikroorganismen weniger und bauen das Substrat langsamer ab, so dass die Ware länger "frisch" bleibt. Neben der Konservierung ist hier auch eine chemische Behandlung zu nennen, bei der gleichfalls die Mikroorganismen zerstört werden (mit Fungiziden bei leicht verderblichem Obst, z.B. Erdbeeren, mit Chlordioxid oder anderen Chemikalien bei Trinkwasser, mit Kohlendioxid bei Mineralwasser). Wie die Beispiele verdeutlichen, sind derartige Maßnahmen insbesondere bei Lebensmitteln üblich.[5]

Die genannten Gegenmaßnahmen setzen nicht nur den Entfernungswiderstand der Waren herab, sondern dienen zunächst dazu, ihr Haltbarkeitsdatum heraufzusetzen. Sie verlängern in jedem Fall das raum-zeitliche Leistungsspektrum der Produkte. Hierfür ist ein Einsatz von Energie und Stoffen in nicht unerheblichem Ausmaß erforderlich. Vermutlich führt die doppelte Wirkung – Verlängerung der Haltbarkeitszeit, Ausdehnung der räumlichen Vermarkt- und Konsumierbarkeit – dazu, dass bei Lebensmitteln derartiges „Arbeiten" am Entfernungswiderstand, das letztlich zu seiner „Überwindung" führt, relativ häufig vorgenommen wird – selbst wenn die Produkte aufgrund des höheren Stoff- und Energieeinsatzes teurer werden. Die Kostenerhöhungen spielen sich jedoch in der Regel in Dimensionen ab, die gegenüber dem Gesamtpreis keine erhebliche Rolle spielen.

Zur Akzeptanz der Entfernungswiderstände

Entfernungswiderstände werden nur dort allgemein akzeptiert, wo sie derartig groß sind, dass im Ergebnis Produkte nur noch lokal vermarktbar sind. Das ist bei Fernwärme (Heißwasser und Dampf) der Fall, wo bei Transport über größere Entfernungen die nutzbare Temperatur-Differenz zu gering wird, um ein wirtschaftlich vertretbares Ergebnis zu erzielen. Nur bei den oben genannten Energieformen führen jedoch die Entfernungswiderstände zu einer eindeutigen räumlichen Begrenzung, die sie nicht durch technisches Abändern des Entfernungswiderstandes überwinden lässt.[6]

Sollte nicht ein nachhaltiges Wirtschaften dazu führen, dass Entfernungswiderstände stärker als bisher berücksichtigt werden? Der international agierende, niederländische Molkereikonzern Campina setzt beispielsweise anders als Konkurrenten seit Jahren in der Unternehmensstrategie nicht mehr auf zentralisierte Produktion alleine, sondern versucht mittlerweile, regional eine Fertigungsbreite von Produkten zu erhalten (mündlicher Hinweis von Manus van Brakel, Milieu Defensie Niederlande) und in Deutschland über im Rheinland, in der Mark Brandenburg sowie Berlin und in Baden-Württemberg gut eingeführte Regionalmarken weiter zu nutzen und auszubauen. Insofern beginnt das Lehrstück vom Regionalität und Entfernungswiderstände missachtenden Erdbeerjoghurt teilweise zu wirken.

Bisher sind aber nur wenige Betriebe dabei, eine Regionalisierungsstrategie, bei der die Entfernungswiderstände angemessen berücksichtigt sind, zu verwirklichen. Es ist bekannt, dass die ressourcenökonomischen Prinzipien immer noch keinen relevanten Einzug in große Teile der unternehmerischen Praxis gehalten haben. Daher ist gut zu erklären, dass es einerseits zu weitgehenden Verschiebungen der Entfernungswiderstände bzw. andererseits zur bewussten Inkaufnahme von Verluste durch nicht veränderbare Entfernungswiderstände (z.B. in der Energiewirtschaft, Bauwirtschaft) kommt.

Sowohl bei einem Verfolgen der Regionalisierungsstrategie als auch bei den derzeit noch gängigen Strategien zur Abänderung der Entfernungswiderstände spielen natürliche, soziale und ökonomische Dimensionen zusammen: Die räumliche Nähe von Extraktion und Verwertung kann bewusst gesucht oder überwunden werden (z.B. Holz, Kiese, Sande). Ähnliches gilt für die räumliche Nähe von Verwertung und Recycling (z.B. bei Altpapier, Elektronikschrott usw.). Diese Zusammenhänge aber sind mit einem ökonomischen Instrumentarium alleine kaum zu beschreiben und geraten daher aus einem rein wirtschaftlich ausgerichteten Blick.

Bisher sind – wo möglich – technische Abänderungen der Entfernungswiderstände bzw. deren Ignoranz der Normalfall, der in der Wirtschaft weitgehend praktiziert wird. Das bewusste Akzeptieren der Entfernungswiderstände ist dagegen die Ausnahme, für die sich ein Wirtschaftsakteur aufwändig neue Partner – in seiner Region – suchen muss. Hierbei sind aber nicht alleine bewusste Entscheidungen in einem Unternehmen und der Aufbau von überbetrieblichen Netzwerken erforderlich. Beim Umgang mit den Entfernungswiderständen müssen zudem auch Ansprüche und Erwartungen von Verbraucherinnen und Verbrauchern an die Produkte berücksichtigt werden.

Allerdings sind die KonsumentInnen überhaupt nicht einheitlich zu betrachten (vgl. Empacher et al. 2002, Schäfer 2002, Schramm et al. 2000). Bei verschiedenen Zielgruppen von VerbraucherInnen ist beispielsweise eine extrem unterschiedliche Akzeptanz von Konservierungstechniken festzustellen. Beispielsweise wird die Chlorung von Trinkwasser von weiten Kreisen der Öffentlichkeit aus Geschmacksgründen abgelehnt (während eine Behandlung des Wasser mit UV-Strahlen öffentlich nicht thematisiert wird). Die Zugabe von Kohlendioxid zu Mineral- und Tafelwässern wird nicht als Konservierungstechnik erkannt. Ähnlich gilt das für die Konservierung mit Vitamin C, was die Lebensmittel-Industrie entsprechend ausnutzt; daher werden Feinkostsalate und andere Zubereitungen für bestimmte Käufergruppen nicht mehr mit Benzoe- oder mit Sorbinsäure behandelt, sondern mit Vitamin C.

Im Bewusstsein der Konsumentinnen und Konsumenten tritt auch die Frische von Lebensmitteln zunehmend in Konkurrenz zum Gesichtspunkt der Convenience, also von gebrauchsfertig zubereiteten Nahungsmitteln, bei denen – im Wesentlichen aus Zeitbewältigungsstrategien (vgl. zu deren Hintergründen in einer geschlechtsspezifischen Arbeitsteilung auch Hofmeister/Spitzner 1999) – große Teile der Verarbeitung aus den Haushalten in die Industrie vorverlagert werden. Diese Tendenz zeigt sich auf dem Markt beispielsweise am Durchsetzen von Tiefkühlkost auch im Bereich der Lebensmittel aus kontrolliert biologischem Anbau (vgl. Empacher et al. 2002).

Ausblick

Entfernungswiderstände lassen sich folglich in unterschiedlicher und in unterschiedlich weitreichender Weise relativieren. Sowohl seitens der Verbraucher als auch seitens Industrie und Gewerbe werden die Abänderungen der Entfernungswiderstände aufgrund stofflich unerwünschter Eigenschaften nur zum Teil akzeptiert. Letztlich kommt es bei den vorgenommenen Relativierungen der Entfernungswiderstände immer zu Kompromissen zwischen

- wirtschaftlich-technischer Machbarkeit,
- sozio-kulturellen Wünschen und Erwartungen
- und der Physis.

Diese Kompromisse sind nicht immer schon nachhaltig, auch wenn sie die wesentlichen Dimensionen der Nachhaltigkeit tangieren.

Es wird deutlich, dass die Ignoranz von Entfernungswiderständen bzw. ihre Relativierung durch entsprechende Produktgestaltung nur teilweise von der Öffentlichkeit akzeptiert bzw. thematisiert wird. In dieser Tatsache liegt aber auch ein Handlungspotenzial, das für Prozesse nachhaltigen Wirtschaftens, z.B. für Produktinnovationen oder für den Aufbau regionaler Verwertungsnetzwerke, gut genutzt werden kann.

Vermutlich wird es dabei häufig nicht um eine absolute Berücksichtigung der Entfernungswiderstände im Wirtschaftsprozess gehen. Auch eine relative, aber sowohl ökonomisch, als auch sozial und physisch angemessene Berücksichtigung der Entfernungswiderstände kann jedoch dazu beitragen, eine neue „Übersichtlichkeit" herzustellen, z.B. innerhalb von Wertschöpfungsketten oder in Verwertungsnetzwerken. So kann es zu einer gemeinsamen (überbetrieblichen) Ausrichtung an Effizienz, aber auch an Konsistenz kommen. Letztlich lässt sich so – durch adäquaten Umgang mit den Entfernungswiderständen – ein nachhaltigeres Wirtschaften erreichen.

Literatur

Baccini, P./Bader, H.-P. (1996): Regionaler Stoffhaushalt: Erfassung, Bewertung und Steuerung. Heidelberg, Berlin, Oxford

Bätzing, W. (1998): Balance zwischen Autarkie und Globalisierung. In: Politische Ökologie Nr. 55, 26–32

Böge, St. (1993): Erfassung und Bewertung von Transportvorgängen. Die produktbezogene Transportkettenanalyse. In: D. Läpple (Hg.): Güterverkehr, Logistik und Umwelt. Berlin, 113–141

Brunner, P.H. et al. (1990): RESUB – Der regionale Stoffhaushalt im unteren Bünztal. Die Entwicklung einer Methodik zur Erfassung des regionalen Stoffhaushalts. Dübendorf

Empacher, C. et al. (2002): Die Zielgruppenanalyse des Instituts für sozial-ökologische Forschung. In: Umweltbundesamt (Hg.) Nachhaltige Konsummuster: ein neues umweltpolitisches Handlungsfeld als Herausforderung für die Umweltkommunikation. Berlin, 87-181

Ermann, U. (1998): Regionale Wirtschaftsverflechtungen fränkischer Brauereien. Perspektiven für eine eigenständige und nachhaltige Regionalentwicklung. Erlanger Geographische Arbeiten Sonderband Nr. 25. Erlangen

Gatrell, A. (1983): Distance and Space. Oxford

Hofmeister, S./Spitzner, M. (Hg.). 1999: Zeitlandschaften. Perspektiven ökosozialer Zeitpolitik. Stuttgart

Kraftfahrtbundesamt (2001): Statistische Mitteilungen. Güterkraftverkehr deutscher Lastkraftfahrzeuge, Reihe 8/Heft 12. Flensburg

Kytzia, S. et al. (1998): Gewohntes verändern. Umbauszenarien in der Aktivität Wohnen. In: Baccini, P./F. Oswald (Hg.): Netzstadt. Transdisiplinäre Methoden zum Umbau urbaner Systeme. Zürich, 87-124

Müller-Haeseler, W. (1989): Die Dyckerhoffs. Eine Familie und ihr Werk. Mainz

Schäfer, M. (Hg.) (2002): Biokunden in Berlin - so vielfältig wie ihre Einkaufsstätten. Berlin

Schramm, E. et al. (2000): Konsumbezogene Innovationssondierung. Neue Produktgestaltung durch Berücksichtigung von ökologischen und Nutzungsansprüchen. Studientext des Instituts für sozial-ökologische Forschung ISOE Nr. 7. Frankfurt am Main

Statistisches Bundesamt (2001a): Umwelt. Bericht des Statistischen Bundesamtes zu den Umweltökonomischen Gesamtrechnungen 2001. Wiesbaden

Statistisches Bundesamt (Hg.) (2001b): Statistisches Jahrbuch 2001. Für die Bundesrepublik Deutschland. Wiesbaden

Endnoten:

1 Dies gilt für den Bereich der Ernährung, wie im Modellprojekt „Nachhaltige Wirtschaftsansätze für Ver- und Entsorgungssysteme in der Gemeinschaftsverpflegung – Produkte aus der Region für die Region " anhand der Mensen des Ruhrgebiets gezeigt wurde, ebenso wie für Recyclinglösungen im Rhein-Neckar-Raum (vgl. den Beitrag von Th. Sterr in diesem Band).

2 Vereinzelt wird in der Wirtschaftsgeographie der Begriff „Entfernungswiderstand" auch im Rahmen der Standorttheorie verwendet, um damit das Beharrungsvermögen von Betrieben, möglichst nicht oder nahe zum alten Standort umzuziehen, zu bezeichnen. Diese Debatte können wir hier ausklammern.

3 Auch ein Drittel der auf Binnenschiffen beförderten Kiese und Sande wird aber nur bis zu 50 km weit transportiert (Statistisches Bundesamt 2001b: 321).

4 Nur in grenznahen Regionen Ostdeutschlands wird aus ökonomischen Gründen dieser Entfernungswiderstand gebrochen; v.a. aufgrund niedrigerer Lohnkosten und Umweltstandards kommt es dort teilweise zu weiteren Transporten von aus den künftigen Osterweiterungsländern der EU eingeführtem Zement.

5 Bei anderen Produktklassen – z.B. Bedarfsgegenständen wie etwa Zahnbürsten oder auch bei Textilien – werden ähnliche Methoden zwar auch angewendet, um die Lebensdauer des Produktes zu

verlängern; bei den Bedarfsgegenständen und den Textilien wird aber damit keine Veränderung des Entfernungswiderstandes bewirkt.

6 Im Bereich der Energiewirtschaft führt das häufig dazu, dass Anlagen zur Energieproduktion, bei denen auch Energieformen mit einem hohen Entfernungswiderstand anfallen (z.B. Kraft-Wärme-Kopplung), nicht errichtet werden oder aber diese Energieformen von vornherein zur Abwärme erklärt und ungenutzt abgeführt werden.

Dr. Engelbert Schramm
Dipl. oec. Alexandra Lux
Institut für sozial-ökologische Forschung (ISOE) GmbH
Hamburger Allee 45
D-60486 Frankfurt am Main

Thomas Sterr

Industrielle Ballungsräume und die regionale Umsetzung nachhaltigkeitsorientierter Handlungsweisen

1. Einführung

Industrielle Ballungsräume unterscheiden sich von ihrem Umland durch besonders hohen Industriebesatz. Charakteristisch ist nicht nur eine überdurchschnittliche Intensität wirtschaftlicher Aktivitäten pro Flächeneinheit, sondern auch die industrielle Dichte und damit die vergleichsweise hohe Materialintensität der diesen Ballungsraum bestimmenden Wirtschaftsprozesse. Tatsächlich befinden sich etliche von Ihnen (wie bspw. das Ruhrgebiet) bereits seit Jahren in einer ernsthaften Strukturkrise, andere wiederum erfreuen sich anhaltender Wachstumsdynamik. Zu Letzteren zählen neben dem monozentrischen Münchner Raum auch polyzentrische Ballungsräume wie bspw. das Dreiländereck Basel/Lörrach/Mulhouse oder der an der Nahtstelle dreier Bundesländer gelegene Rhein-Neckar-Raum – und dies, obwohl die beiden Letzten seit Jahrhunderten durch administrative Grenzen höherer und höchster Ordnung durchzogen werden. Die folgenden Ausführungen verdeutlichen, dass ökonomisch bestimmte Skaleneffekte bei der Umsetzbarkeit ressourcenschonender Handlungsweisen zwar eine zentrale Rolle spielen, hinreichend sind sie jedoch nicht. Was aber prädestiniert gerade einen industriellen Ballungsraum sowohl für das Anlegen als auch das Umsetzen nachhaltigkeitsorientierter Handlungsweisen? Dies wird insbesondere anhand von Erfahrungen aus dem BMBF-geförderten Modellprojekt „Aufbau eines nachhaltigkeitsorientierten Stoffstrommanagements in der Industrieregion Rhein-Neckar" erörtert.

2. Grundsätzliches zum Regionsbegriff

Trotz aller Unterschiede wird als Region zumeist ein zusammenhängender Teilraum mittlerer Größenordnung gefasst, der durch bestimmte Merkmale gekennzeichnet ist (vgl. etwa Sinz 1996). Konkretisiert wird diese Region dann meist als Raum, der oberhalb der kommunalen, aber unterhalb der staatlichen Ebene eingeordnet wird. Tatsächlich beschränkt sich dieses Verständnis allerdings auf den Aspekt einer politisch bestimmten Territorialregion und schließt damit an die Denk- und Handlungsmuster von Politikern, Raumplanern oder auch statistischen Ämtern an, die beim Regionsbegriff ein über administrative Grenzen bestimmtes Hoheitsgebiet vor Augen haben.

Dagegen denkt ein Industrievertreter beim Stichwort Region zunächst an einen in räumlicher Nachbarschaft punktuell verorteten Kundenstamm, während der hierdurch nicht voreingenommene Privatmensch in der Regel eine „mental map" einer Region rund um seinen eigenen Lebensmittelpunkt konstruiert. Die Unvereinbarkeiten zwischen diesen Positionen führen letztlich zur Gegenüberstellung einer territorialen und einer systemischen Auffassung von Region (vgl. Ritter 1998)[1], die im ersten Falle flächig, im zweiten Falle über Bezugsmuster bestimmt wird. Beidem muss der Regionsbegriff gleichermaßen Rechnung tragen.[2]

So sind industrielle Ballungsräume Räume von regionaler Größenordnung, die territorial verortet sind, deren Eigenleben aber primär durch relativ hohe stoffliche und energetische, gleichwohl aber auch finanzwirtschaftliche und informationelle Austauschbeziehungen zwischen Akteuren bestimmt wird, so dass sie deutlich systemischen Charakter haben – was die Bedeutung administrativer Grenzen wiederum deutlich relativiert. Auch zeigen diese Industrieregionen einerseits eine Art realräumlich fixierter Infrastruktur, gleichzeitig wird ihre innere Dynamik jedoch im Wesentlichen systemräumlich bestimmt. Und gerade wenn wir uns mit nachhaltigkeitsorientierten Entwicklungspotenzialen in industriellen Ballungsräumen beschäftigen, dürfen wir unsere Überlegungen deshalb nicht auf das Territoriale beschränken, sondern müssen uns auch den Beziehungsgeflechten und mentalen Vorstellungen der Akteure zuwenden. – Deren Handlungsergebnisse schlagen sich vielfach wiederum räumlich-materiell nieder und prägen hierdurch die territorialen Elemente. Das Aufgreifen und das Umgehen mit den mentalen Vorstellungen der problemspezifisch relevanten Akteure ist also ein wesentlicher Schlüssel nicht nur zum Begreifen der bislang materialisierten Formen, sondern auch zum erfolgreichen Anstoßen zukunftsverträglicherer Prozesse.

Diese Perspektive hat massive Auswirkungen für das Verständnis nachhaltiger Entwicklung. Nachhaltigkeit ist ein normativer Anspruch, den man auch von staatlicher Seite flächendeckend und damit territorial ausfüllen könnte, indem man ihn auf einen normativen Raum spiegelte. So könnte man für bestimmte administrative Einheiten (Territorien) bestimmte Verhaltensweisen vorschreiben oder mit entsprechenden Anreizen (Subventionen) oder Diskriminierungen arbeiten, um diesem Ziel näher zu kommen. Und ein systemisches Raumkonzept schiene hier zunächst einmal nicht erforderlich. Die Industrieregion wäre damit Teil einer territorial verstandenen Wirtschaftsregion, wie man sie etwa aus Nordrhein-Westfalen kennt, wo Wirtschaftsräume die lückenlos aneinander grenzenden Teilräume dieses Bundeslandes beschreiben.[3] Setzt man mit seinen Ansatzpunkten für Nachhaltigkeit in der Region dagegen beim Verhalten des privaten oder unternehmerischen Akteurs an, so beschäftigt man sich rasch mit Informations- und Kommunikationsmustern oder räumlich-systemischen Beziehungsintensitäten, die aus einem sehr vielschichtigen Milieu heraus entwickelt werden und in der Abstimmung verschiedener Arten von Eigeninteresse eine systemisch bestimmte Wirtschaftsregion skizzieren, die auch in ihrem physisch-materiellen Niederschlag ganz anders umrandet werden müsste als die genannten Wirtschaftsräume Nordrhein-Westfalens.

Tab. 1 Kontrastierende Beschreibung von territorial versus systemisch interpretierter Wirtschaftsregion (Quelle: Sterr 2000: 13)

	Territoriale Wirtschaftsregion	Systemische Wirtschaftsregion
allgemeiner Charakter	kodifizierter Rechts- oder Planungsraum	ökonomisch wirksamer Handlungsverbund, der über entsprechende Kommunikations- und Verflechtungsintensitäten bestimmt wird
räumliche Dimensionierung	Tatsache oder zumindest zweckgerichtete Vorstellung eines flächig ausgestreckten Phänomens, d.h. der davon eingeschlossene Raum ist mit dieser Eigenschaft lückenlos ausgefüllt	räumlich verortetes Netzwerk aus Knoten (wie bspw. Betriebsstandorte) und Kanten (Beziehungen, Verbindungen, Kommunikationsvorgänge); der dazwischen liegende Raum ist leer
wissenschaftliche Verfahren zur besonderen Hervorhebung	Projektion statistisch erhobener Daten auf administrativ bestimmte territoriale Einheiten	Anwendung von Methoden zur Identifikation räumlicher Beziehungsmuster (wie bspw. Clusteranalysen oder Gravitationsmodelle)
Grenzen	administrativ eindeutig bestimmt, scharf, räumlich allenfalls sprungfix veränderbar, präzise und von hoher Stabilität	Die Suche nach Außengrenzen führt zur Ermittlung mehr oder weniger breiter Korridore, die sich kontinuierlich verschieben können. Die systemische Wirtschaftsregion ist allenfalls über Hüllkurven eingrenzbar, die nicht nur das aus Knoten und Kanten bestehende System umschließen, sondern darüber hinaus auch die dazwischen liegenden systemexternen Leerräume
Distanz bestimmende Faktoren	streng realräumlich	entscheidende Bedeutung organisationaler Nähe sowie zeitlicher und mentaler Interaktionsabstände
Beispiele für graphische Darstellungsformen	politische Karten	Graphen, Netzpläne

Die Verknüpfung territorialer und systemischer Aspekte von Region könnte zunächst einmal über eine additiv multidisziplinäre Verfahrensweise erfolgen. Nachdem die notwendigen Voraussetzungen hierfür durch einen Analyseprozess gemäß dem Muster von Tabelle 1 geschaffen worden sind, könnte ein erster Syntheseschritt dahingehend erfolgen, dass man territorial und systemisch basierte Komponenten von Regionsauffassungen zu größeren Einheiten bündelt, um sie sodann folgendermaßen übereinander zu stapeln:

a) Beschreibung der wesentlichen physiogeographischen Einheiten und Elemente der *naturräumlichen Region*, wobei sich detailliertere Spezifikationen hiernach an der jeweiligen Fragestellung ausrichten sollten.

b) Beschreibung der Region als administrative Einheit *(Planungsregion)*, wobei es v.a. um die Darstellung aktueller Grenzen von Kommunen, Landkreisen und Raumordnungsregionen geht, die jede für sich nicht nur Planungs- und Verwaltungs-, sondern auch spezielle Rechtsräume bilden können.

c) Beschreibung der Region als Ausdruck regionaler Verflechtungsbeziehungen *(Verflechtungsregion)*, bei der es primär um die relevanten (horizontalen, vertikalen oder diagonalen) Verflechtungsbeziehungen zwischen verschiedenen regional verorteten Akteuren geht, die sich sowohl in materiellen (bspw. industrielle Stoffströme, Personen etc.) als auch immateriellen Transfers (bspw. Energie, Finanzen, Information) niederschlagen können. Der Raum wird in dieser Hinsicht also systemisch beschrieben.

d) Beschreibung der Region als kognitives Konstrukt *(kognitive Region)*. Hier geht es schließlich um innere individuelle Erfahrungen und unbewusste Wahrnehmungen des Menschen, die sich auf sein individuelles Regionsbild niederschlagen. Eine solche Raumabstraktion konturiert also ein mental gewachsenes und dabei oftmals auch kulturhistorisch gestütztes Abbild des persönlichen Lebensumfeldes, bzw. einer stetig erfahrenen und wahrgenommenen Raumhülle, die insbesondere emotionale Nähevorstellungen hervorruft. Gerade auch für die faktische Entwicklung kreativer lokal-regionaler Milieus sind solche Konstrukte bedeutend.

3. Potenzialfaktoren für Stoffkreislaufschließungen in Industrieregionen

Das zentrale stoffwirtschaftliche Charakteristikum der Industrieregion ist ihr verhältnismäßig hoher Materialumschlag pro Flächeneinheit, während bspw. der Ressourcenverbrauch pro Kopf verhältnismäßig niedrig ist.[4] Allerdings wirkt gerade das absolute Größen- und Verdichtungsproblem von Industrieregionen, auf die begrenzte Aufnahmekapazität der Umweltmedien und führt zu deren lokal-regionaler Überbeanspruchung. Andererseits erwachsen aus der regionalräumlichen Konzentration von Akteuren aber auch besondere Chancenpotenziale, die die Entwicklung ressourcenschonender regionaler Lösungspfade in besonderer Weise begünstigen können. So lassen sich die dort anzutreffenden verhältnismäßig großen stoffspezifischen Mengen an Inputs und Outputs zu relativ großen Transferpaketen aggregieren und reduzieren damit c.p. die Umweltbelastungen pro Transporteinheit. Im sog. „Pfaffengrundprojekt", einem stoffkreislaufwirtschaftlich orientierten Forschungsprojekt zur firmenübergreifenden Koordination des Umgangs mit Abfällen am Industriestandort (vgl. Sterr 1998), wurden so z.B. Altpaletten, Leuchtstoffröhren oder Papier standortintern gebündelt, bevor sie vom

spezifischen Verwerter abgeholt wurden. Ganz ähnlich können die Prozesse auch auf regio-naler Ebene ablaufen, wenn neben den materiellen auch die informationellen Voraussetzungen hierfür gegeben sind. Er wird hieran deutlich, dass der Prozess der Regionalisierung
- nicht nur Maßstabsverkleinerung im Sinne einer Vermeidung von Ferntransporten durch Auffinden intraregionaler Stoffkreislaufschließungen bedeutet,
- sondern bisweilen auch Maßstabsvergrößerung im Sinne einer lokalen Bündelung stoffspezifischer Kleinmengen zur Realisierung mengenbedingter Skaleneffekte.

Regionalisierung steht damit nicht nur für eine bloße Minimierung räumlicher Distanz zwischen Transferpartnern und schon gar nicht für ein normatives „small is beautiful" – es steht vielmehr für einen Prozess, der auf eine mesoskalierte Raumbeanspruchung hin gerichtet ist und von beiden Richtungen her erfolgen kann.

Abb.: Regionalisierung als Prozess mit mesoskalierter Zielrichtung (am Beispiel industrieller Stoffkreislaufwirtschaft)

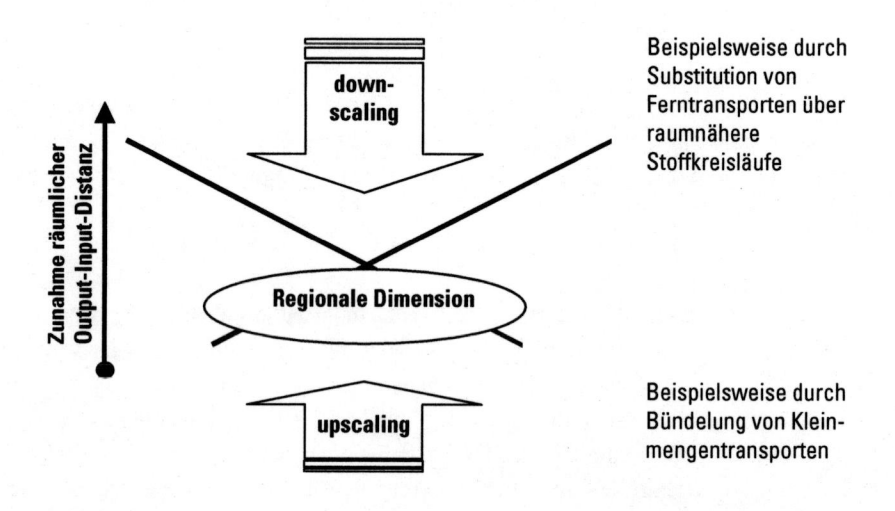

Nachhaltigkeitsorientierte Regionalisierung hat in diesem Sinne zum Ziel, den durch unser Wirtschaften in der Technosphäre bedingten produktions- und reduktionsseitigen Umwelt- und Ressourcenverbrauch zu minimieren, wobei es eben nicht nur um die Minimierung von Entfernungskilometern geht, sondern um die Minimierung eines Lösungsvektors, der sich aus einer Kombination von erdräumlichen, systemischen wie auch entropischen Distanzparametern ableitet und damit mehrdimensional ist (vgl. auch Sterr 2003: 373).

Entsprechend dieser Überlegung impliziert Nachhaltigkeit im Sinne von Ressourcenschonung bzw. einer Erhöhung der Ressourceneffizienz also Folgendes:

- Eine mit möglichst geringem Downcycling verbundene Rückführung unerwünschter Stoffe in den technosphärischen (oder auch den natürlichen) Stoffkreislauf, d. h. eine Minimierung prozessbedingter Unordnung bzw. Entropieerzeugung.

Die besonderen Chancenpotenziale der Industrieregion liegen hierbei v.a. darin, dass das Abfallaufkommen pro Flächeneinheit vergleichsweise hoch ist, so dass die für die ökonomische Rentabilität hochwertiger Verwertungsanlagen notwendigen stoffspezifischen Einzugsgebiete relativ klein gehalten werden können.

- Eine Minimierung räumlich-systemischer Distanz in dem Sinne, dass nicht nur Entfernungskilometer wertvolle Ressourcen verschlingen (mehr oder weniger lineare Beziehung), sondern auch Grenzüberschreitungen (stufenfixe Wirkung). Hierbei geht es heute weniger um die Zölle als vielmehr um Transferkosten, die an den Grenzen maschineller, betrieblicher oder überbetrieblich angesiedelter Systeme und Netzwerke entstehen, innerhalb derer Stoffkreisläufe geschlossen werden könnten.

Zu den besonderen Chancenpotenzialen von Industrieregionen zählen hierbei zum einen die aufgrund großer Akteursdichte auch kleinräumig tragfähigen Wertschöpfungskreisläufe, zum anderen aber auch die vielfältigen Gelegenheiten potenzieller Austauschpartner, einander persönlich kennen zu lernen und regelmäßige Face-to-face Kontakte zu pflegen. Der Aufbau gegenseitigen Vertrauens wird hierdurch stark begünstig und dadurch auch die Weitergabe von Informationen, die sonst oftmals hinter hohen Schutzmauern verborgen bleiben. Die bestehenden Systemgrenzen gewinnen so eine selektive Durchlässigkeit, die dazu führt, dass Transaktionskosten sinken und damit das Auffinden, insbesondere aber auch das Ausschöpfen ressourcenschonender Kombinationen wahrscheinlicher wird.

Nach diesen zunächst einmal theoretischen Ausführungen stellt sich die Frage nach empirischen Belegen, die konkret bezeugen, dass die Industrieregion in puncto Stoffkreislaufführung tatsächlich entsprechende Ergebnisse zeitigt oder zumindest die wirtschaftlich-technische Kompetenz und Kapazität hierfür besitzt. Hierzu offenbaren die im BMBF geförderten Modellprojekt „Aufbau eines nachhaltigkeitsorganisierten Stoffstrommanagements in der Industrieregion Rhein-Neckar" involvierten Industriepartner schließlich folgendes Gesamtbild:

Tab. 2: Räumliche Dimensionierung von Stoffkreisläufen bei Abfällen aus industrieller Produktion in der Industrieregion Rhein-Neckar

kreislauf-orientierter Prozess	Räumliche Dimension der Stoffkreislaufschließung					
	inner-betrieblich	industrie-standort-intern	kreisintern	regions-intern	zwischen benachbarten Regionen	zwischen ferneren Regionen
Kompostierung		zufalls-bedingt	typisch	in manchen Fällen		
Bauschutt-recycling		zufalls-bedingt	typisch	in manchen Fällen		
Altpaletten-aufbereitung	zufalls-bedingt	zufalls-bedingt	typisch	typisch	in manchen Fällen	
Kunststoff-regranu-lierung/ -wiederauf-schmelzung	bei Kunst-stoffverar-beitern bisweilen anlagen-/ betriebs-intern	zufalls-bedingt	vielfach	typisch (v.a. PE)	in manchen Fällen (bspw. PP)	
Altöl-aufbereitung	in manchen Großbetrie-ben (Emul-sionsspalt-anlagen)	zufalls-bedingt	in manchen Fällen	typisch	in manchen Fällen	
Elektronik-schrott-recycling			in manchen Fällen	typisch	in manchen Fällen	
Papier-recycling			zufalls-bedingt	typisch	typisch	
Metall-schlamm-aufbereitung				branchen-bedingt	branchen-bedingt	in manchen Fällen
Metall-recycling[5]	bspw. in Gießereien	zufalls-bedingt	typisch (schreddern)	vielfach (schreddern)		typisch metall-erzeugende Industrie

Wie die in obiger Tabelle dargestellten Projektergebnisse verdeutlichen, beschränkt sich die Möglichkeit, unerwünscht entstandene Outputs bereits innerbetrieblich wieder in den Produktionsprozess zurückzuführen, auf wenige Stoffe, und erfolgt dabei vielfach bereits anlagenintern. Auch innerhalb eines bestimmten Industriestandorts kann es zu hochwertigen und für die Partner zunächst einmal unerwarteten Kombinationen kommen, insbesondere wenn branchenfremde Akteure miteinander in Kontakt kommen. Gleichwohl sind die dadurch eventuell entstehenden Output-Input-Kombinationen hochgradig zufallsbedingt und von daher auch kaum auf andere Industriegebiete übertragbar. Dies ändert sich allerdings schon auf Kreisebene deutlich, und die Industrieregion Rhein-Neckar selbst ist schließlich in der Lage, für nahezu alle Abfallstoffe intraregionale Verwertungslösungen anzubieten.[6]

Tabelle 2 belegt, dass eine Industrieregion von der Größenordnung des Rhein-Neckar-Raums, die 1996 eine Gesamtbevölkerung von 1,8 Mio. Einwohnern mit 647.000 Beschäftigten (darunter 40,8 % im sekundären Sektor) besaß, hinreichend große Problemlösungskapazitäten besitzt, um in fast allen Bereichen auch als Stoffverwertungsregion in Erscheinung zu treten. Anlagentechnische Infrastruktur und damit auch die kritische Größe vor die wirtschaftlich tragfähige Bereitstellung stoffkreislauftechnischer Lösungen sind also vorhanden. Allerdings werden diese regionalen Output-Input-Möglichkeiten lediglich von einem Teil der untersuchten Unternehmen in Anspruch genommen, so dass man zumindest vorläufig noch von einem potenziellen Stoffverwertungsraum sprechen muss. Eine Ursache dafür, dass noch nicht alle gangbaren Verwertungslösungen realisiert werden, ist die (reduzierbare) Intransparenz regionaler Verwertungsoptionen – schließlich handelt es sich bei den Rückstandsannehmern des öfteren um branchenübergreifend wenig bekannte Kleinunternehmer. Eine weitere Ursache ist aber auch fehlendes bzw. noch aufzubauendes zwischenbetriebliches Vertrauen – ein gerade im Umgang mit Problemstoffen bisweilen recht zeit- und kommunikationsintensives Unterfangen. Ein funktionierender Stoffverwertungsraum bedarf also nicht nur einer hinreichenden Größe, sondern ganz wesentlich auch einer systemgrenzenüberwindenden Informationstransparenz bzw. des Faktors Vertrauen, welches die Kontrollkosten deutlich zu senken vermag, um technisch-wirtschaftlich mögliche Recyclingprozesse auch materiell in Gang zu setzen. Die Bildung betriebsübergreifender Stoffstrommanagementnetzwerke ist deshalb zumindest ein Mittel, um den Weg für die Ausnutzung bestehender und eine gemeinschaftliche Suche zusätzlicher Recyclingpotenziale zu ebnen.

Im Kontext mit Industrieregionen sind Stoffstrommanagementnetzwerke aus folgenden Gründen recht vielversprechend:

- Entsorgungsspezialisten und Recycler finden in der Industrieregion einen hinreichend großen Beschaffungs- und Absatzmarkt, um ihr wirtschaftliches Auskommen in nächster Nähe zu sichern;
- erstrangige Bildungseinrichtungen wie technische Hochschulen und Universitäten sind vorhanden, in denen eine Vielzahl engagierter Wissenschaftler und Techniker überlegt, systematisch forscht, experimentiert und kombiniert und dadurch neue Potenzialräume öffnet;
- eine Vielzahl kommerzieller Dienstleister vermag auf Basis eines langjährigen und großen Erfahrungsschatzes Spezialwissen anzubieten;

- die Ausstattung mit hohen (bis höchsten) staatlichen Organen erlaubt nicht nur Kontrolle, sondern v.a. Legitimation privatwirtschaftlicher Verhaltensweisen sowie eine Politik der kurzen Wege;
- Branchennetzwerke und branchenübergreifende Organe, wie bspw. die Industrie- und Handelskammern, besitzen das Potenzial für ein vielschichtiges und hochspezialisiertes Angebot zur betriebsübergreifenden Information, Kommunikation und Weiterbildung;
- eine große Anzahl privater Wirtschaftssubjekte vermögen ihrem Willen zugunsten eines lebenswerten Umfeldes individuell und gemeinschaftlich Ausdruck zu verleihen und fördern durch entsprechendes Verhalten tendenziell zukunftsverträgliche Veränderungen von Realitäten im Sinne des Einschlagens nachhaltigkeitsfördernder Entwicklungspfade.

Entwicklung und Ausbau eines kreativen Milieus (vgl. hierzu Fromhold-Eisebith 1999) im Sinne von Nachhaltigkeit auf regionaler Ebene sind dann zu erwarten, wenn die hier versammelten Kapazitäten und Kompetenzen stärker und unmittelbarer miteinander in Berührung gebracht werden können, und so das oben beschriebene Akteurskonglomerat in eine zunehmend systemische Qualität transformiert wird.

4. Vom potenziellen Stoffverwertungsraum zum faktischen Nachhaltigkeitsbeitrag

Setzen sich diese Akteure aus der Industrie und aus Wissenschaft und Politik aber tatsächlich alle an einen Tisch, um nicht nur Ansichten auszutauschen, sondern auch nachhaltigkeitsfördernde Fakten zu schaffen? Und selbst wenn dies erfolgte, gründen sich ökonomisch erfolgreiche Regionen heute nicht zunehmend auf eine besondere Rolle als „nodes in a global network" (Amin/Thrift 1992)? Tatsächlich werden zunehmend regionsexterne oder gar transnationale Kräfte relevant, die meist weder um regionale Identität noch regionale Verantwortungsübernahme bemüht sind. Dennoch seien auch jene mit der vielfach bestätigten Hypothese konfrontiert, dass wirtschaftlicher Erfolg in erheblichem Umfang „home based" sei: Er werde (so etwa bei Grabher 1993), ganz wesentlich von einer lokal-regionalen (und damit vor allem sozialen) Einbettung getragen, sei kontextgebunden zu betrachten und hänge vom Vorhandensein eines innovativen oder kreativen Milieus im Produktionsumfeld ab. Zudem stelle auch die besondere Zufriedenheit hochrangiger Entscheidungsträger mit ihrem außerberuflichen Lebensumfeld einen wesentlichen Standortfaktor dar.[7] Da sich dieses Lebensumfeld in aller Regel in räumlicher Nähe zum Arbeitsplatz befinde, werde der Entscheidungsträger sowohl direkt (z.B. durch unmittelbare Problemerfahrung) als auch indirekt – z.B. durch personifizierten (halb)öffentlichen Druck – mit den Folgen einer von ihm getroffenen ökologisch und/oder sozial suboptimalen Entscheidung konfrontiert. Es ist deshalb nahe liegend, dass er eher bereit ist, für sein lokal-regionales Umfeldmilieu einen sozial bzw. ökologisch verträglicheren Lösungsweg einzuschlagen als für einen weiter ab liegenden und von ihm emotional wesentlich neutraler empfundenen

Raum. An dieser Argumentationslinie, die auf individuelle Handlungsmuster fokussiert, welche aus der Einbettung des Menschen in ein entsprechendes gesellschaftliches Umfeld an Bedeutung gewinnen, ist sicherlich viel Richtiges – gerade in Hightech-Regionen mit ihrer hoch qualifizierten, gleichzeitig aber auch ökologisch sensiblen und sozial anspruchsvollen Arbeitnehmerschaft.

Auch diese Konstellationen dürfen allerdings nicht als Garanten für die Einschlagung stoffkreislaufbezogener Win-Win-Pfade interpretiert werden, da ein Wirtschaftsunternehmen von sehr vielfältigen Zwängen und Interessen bestimmt wird. Die Tatsache, dass das Umwelt- und Gesundheitsbewusstsein, dass Arbeitssicherheit und partizipative Ansätze in weiten Teilen der Arbeitnehmerschaft hierzulande bereits verhältnismäßig weit entwickelt sind und auch auf der kommunalpolitischen Ebene ein entsprechender Boden geschaffen ist, begünstigt allerdings nicht nur die Entscheidungsrelevanz entsprechender Forderungen, sondern auch deren faktische Einlösung. Auch spürbare politische Mitsprachemöglichkeiten oder die alltägliche Erfahrbarkeit bestimmter Ursache-Wirkungs-Beziehungen machen sich in einem solchen Mesoraum bemerkbar und wirken gerade auch im Sinne von Nachhaltigkeit motivierend und aktivitätsfördernd. Hinzu kommt, dass der lokal-regionale Problemdruck aufgrund überdurchschnittlich hoher Schadwirkungen pro Flächeneinheit gerade in industriellen Ballungsräumen deutlich erhöht ist und nach Abhilfe verlangt. Öffentliche Kontrolle brandmarkt Sünder und problemverursachende Entscheider erfahren sich vielfach zugleich als Betroffene.

Die Wahrscheinlichkeit ist aber vergleichsweise hoch, dass Entscheidungsträger sowohl aus ihrer gesellschaftlichen Einbettung als auch aus privatem Eigeninteresse heraus versuchen werden, ihre eigenen Problemlösungskompetenzen mit denen anderer so zu kombinieren, dass sie ihren täglichen Lebens- und Arbeitsraum verbessern. Problemlösungskompetenz und Entscheidungsmacht treffen folglich auf den Faktor persönliche Betroffenheit und können gerade so regionale Handlungsansätze begünstigen: Ist die Industrieregion klein genug, um überschaubar zu bleiben, gleichzeitig aber auch groß und reichhaltig genug, um Kreativität und Innovationskraft zu entwickeln?

5. Regionale Stärke, regionale Zukunft und Nachhaltigkeit – eine Zusammenfassung
Im Zeitalter zunehmender Globalisierung nicht nur von Finanz- und Informationsströmen, sondern auch von industriellen Stoffströmen – bis hin zum globalen Handel mit Industrieabfällen – scheint der Drang zur steten räumlichen Expansion ungebrochen. Und tatsächlich haben umfassende Handelserleichterungen die Bedeutung der Nation und ihrer Außengrenzen im weltwirtschaftlichen Geflecht in der jüngsten Geschichte deutlich zurückgehen lassen. Gleichwohl prosperieren einzelne Regionen allerdings umso mehr. Und es fällt auf, dass auch einzelne Weltunternehmen eine deutlich geringere Dynamik aufweisen als innovative und gleichzeitig regional gruppierte Produktionscluster. Scott & Storper (1992: 11) sehen in der Weltwirtschaft deshalb ein

„global mosaic of regional economies", von denen jede ihren spezifischen Markt besitzt, aber auch über Zugang zum weltumspannenden Netz interregionaler Verflechtungen verfügt. Zu erwarten wäre demnach eher eine Re- denn eine Ent-Regionalisierung – gleichwohl aber eine offensive Regionalisierung im Rahmen eines zunehmend globalen interregionalen Standortwettbewerbs. Eine hieraus entspringende Regionalisierung bildete damit keine Gegenbewegung zur Globalisierung, sondern entwickelte sich als substanzieller Teil von ihr.

Gleichwohl dürfte sich eine solche ökonomische Erstarkung der Region längst nicht für alle gewachsenen regionalen Einheiten erfüllen – wenngleich gewisse Chancen grade auch im Sinne selektiver Spezialisierung zunächst einmal allen offen stehen.

Grundsätzlich besitzt die regionale Ebene eine ganze Palette potenzieller Anlagen, die sich sehr positiv auf ihre Eigendynamik auswirken können (siehe Spalte 1 der folgenden Tabelle 3). Die Hoffnung auf eine hieraus entstehende Prosperität dürfte allerdings v.a. solchen regionalen Konstrukten vorbehalten sein, in denen gemäß Spalte 2 auch bestimmte qualitative Eigenschaften und Besonderheiten weiterentwickelt werden konnten. Denn zumindest hieraus könnten Wirkungen entstehen, die sich nicht nur für eine wirtschaftlich gesunde Entwicklung, sondern auch für die hiermit gerade in westlichen Industrienationen inzwischen untrennbar verbundene ökologische und soziale Gesundheit sehr positiv niederschlagen können.

Tab. 3: Potenzialfaktoren zugunsten erfolgreicher Regionalisierung vor dem Hintergrund wirtschaftlicher Globalisierungstendenzen[8]

	Begünstigende Umstände / Faktoren	Erwartete Wirkung
räumliche Nähe	vielfältige, dichte und zeitlich effizient funktionierende intraregionale Verkehrsinfrastruktur	Senkung intraregionaler Raumüberwindungskosten (ökonomisch, ökologisch, sozial), hohe Intensität wirtschaftlicher Austauschbeziehungen
persönliche Identifikation & mentale Nähe	Regionalbewusstsein (regionale Identität), kollektiv gestützte Einsichten (Kulturregion als regionale Basis)	kulturell-soziale Einbettung, soziale Verbundenheit, Aufbau von Vertrauenskapital, ehrenamtliches Engagement (für Soziales, Umwelt etc.), Mobilisierung von Eigeninitiative
hohe Intensität und große Vielfalt an wirtschaftliche Aktivitäten	Industrieregion / *industrial district*, Produktionscluster oder Clusterung andersartiger wirtschaftlicher Aktivitäten; kaufkräftiger „Binnenmarkt"	Economies of Scale; vielfältige Backward- und Forward-Linkages; technologie-, erfahrungs- und wissensbasierte Problemlösungspotenziale erleichtern die Umsetzung von Innovationsansätzen und schaffen Produktionssicherheit; Anziehung hochqualifizierter Fachkräfte; intraregionale Konkurrenz (Redundanz) wirkt wettbewerbs-, effizienz- und innovationsfördernd *(coopetition)*
Dezentralisierung politischer Macht	hinreichend ausgestaltete und effizient arbeitende Organisationsinfrastruktur; Entscheidungsstrukturen gemäß Subsidiaritätsprinzip; regionale Entscheidungsautonomien, Regionalparlamente	präziseres Bild von regionalen Stärken & Schwächen; Ausbau einer regionalen *„leadership capacity"*; regional angepasste Strategien auf der Basis endogener Potenziale ➡ Flexibilität, Potenzialausschöpfung; Politik der kurzen Wege; dezentrale Koordination & Kontrolle; Reduktion der vor dem Hintergrund weltwirtschaftlicher Dynamisierung zunehmenden Überforderung des Staates
Selbststeuerungsfähigkeit	hochrangige Einrichtungen in Bildung, Forschung, Wirtschaft und Politik; politische und institutionelle Arrangements; hohes Maß an Entscheidungs- und Kontrollkompetenz im regionalen Raum	vielschichtige Trickle-down-Effekte für die Region; Dynamisierung wirtschaftlicher, ökologischer und sozialer Prozesse auf der Basis regionseigener Begabung / endogener Kräfte; *regional governance* zur Wahrung soziokultureller, wirtschaftlicher und ökologischer Eigeninteressen der Einwohnerschaft
Netzwerkbildung	ausgeprägter Wille zu interorganisationalem Dialog und Kooperation (Vernetzungsmentalität); positive Erfahrungen mit politischen und institutionellen Arrangements; runde Tische; innovative Milieus; kartellrechtliche Erleichterungen zur Kooperation zwischen KMU gemäß §5b GWB; Produktions-, Dienstleistungs- und Forschungsnetzwerke; Wissens- und Informationsnetzwerke; möglichst weitgehende Überlappung zwischen regionaler Planungssicherheit, Kulturregion und wirtschaftlich bestimmtem Ballungsraum; gemeinsamer Interessenraum	Förderung von persönlichem Austausch, persönliches Vertrauen, soziale Interaktion (Beziehungshandeln) transparenzfördernder und kostensenkender Informationstransfer; Förderung von Hilfe zur Selbsthilfe, dichtes und sich dynamisierendes Innovationsklima, informelle Lernprozesse; Austausch nicht kodifizierter Kenntnisse; *collective learning* ➡kooperatives Lernen zur Reduktion von Unsicherheiten im Innovationsprozess, Senkung der intraregionalen Transaktionskosten ➡Stärkung der interregionalen Wettbewerbsfähigkeit; regionale Vermarktung & Imagebildung; Früherkennung akteursspezifischer Chancen und Risiken, positive Erfahrung hinsichtlich eigener Gestaltungsmacht gegenüber seinem unmittelbaren Lebensumfeld wirkt motivierend, innovierend und dynamisierend

Die hieraus für industrielle Ballungsräume erwartbaren Nachhaltigkeitspotenziale sind nicht nur deshalb relativ groß, weil in diesen Zentren von Produktion, Konsumtion und Reduktion die stoffwirtschaftliche Problemverursachung ihr Maximum hat und deshalb entsprechend große Absolutreduktionen in die Waagschale geworfen werden können, sondern auch, weil das für entsprechende Probleme notwendige Problemlösungsvermögen in hohem Maße bei den vorwiegend industriellen Problemverursachern in Verbindung mit deren regionalem Akteursumfeld anzutreffen ist. Allerdings bestehen in solch hoch verdichteten Räumen starke Nutzungskonkurrenzen, die nur unter Gewährleistung eines gemeinschaftlichen Interesses abgebaut werden können. Folglich müssen dauerhaft gangbare Lösungspfade auch ökologisch und sozial ausgewogen ausgestaltet sein.

Ist das regionale Gebilde hinsichtlich einiger der in Tabelle 2 genannten Kriterien allerdings in einer Schieflage,
- weil beispielsweise regionale Kontrollkompetenzen im Zuge der Internationalisierung verloren gegangen sind,
- weil bestimmte erstrangige Kommunikationspartner fehlen,
- weil geeignete Netzwerke und andere Austauschforen unterentwickelt sind bzw. mangels Vernetzungsmentalität keine Eigendynamik entwickeln oder
- weil die kritische Masse für einen endogenen Schub nicht erreicht werden kann,

werden dort auch Ansätze nachhaltigen Wirtschaftens nur punktuelle Erscheinungen bleiben bzw. es auch in industriellen Ballungsräumen schwer haben, zu einem festen Bestandteil des industriellen Normalbetriebs zu werden.

6. Verwendete Literatur

Adam, B./Th. Pütz/I. Schmalenbach (1999): Visionara – ein Agglomerationsraum auf dem Weg zu einer nachhaltigen Entwicklung. In: Informationen zur Raumentwicklung (IzR), Heft 7, 425–442

Amin, A./N. Thrift (1992): Neomarshallian nodes in global networks. In: International Journal of Urban and Regional Research. Jg. 16, 571,587

Arndt, O. (1999): Sind intraregional vernetzte Unternehmen erfolgreicher? Eine empirische Analyse zur Embeddedness-These auf der Basis von Industriebetrieben in zehn europäischen Regionen. Universität Köln, Working Paper No. 99-05. Köln

Bade, F.-J. (1998): Möglichkeiten und Grenzen der Regionalisierung der regionalen Strukturpolitik. In: Zeitschrift für Raumforschung und Raumplanung (RuR), Heft 1, 3–8

Becker-Marx, K. (1999): Die Region: Versuch und Versuchung. In: RuR, Heft 2/3, 176–181

Blotevogel, H. (1996): Raum. In: Treuner/ARL (Hg.): Handwörterbuch der Raumplanung. Hannover, 733–740

Blotevogel, H. (2000): Zur Konjunktur der Regionsdiskurse. In: IzR, Heft 9/10, 491–505

Bökemann, D. (1982): Theorie der Raumplanung – Regionalwissenschaftliche Grundlagen für die Stadt-, Regional- und Landesplanung. München/Wien

Brahmer-Lohss, M./A. von Gleich/M. Gottschick et al. (2000): Nachhaltige Metallwirtschaft Hamburg. Grundlagen und Vorgehensweise. (Zwischenbericht des gleichnamigen BMBF-Forschungsprojekts). Reihe: Universität Hamburg, FB Informatik, Mitteilung 296; Hamburg

Danielzyk, R./J. Oßenbrügge(1995): Regionalisierte Entwicklungsstrategien – „modisches" Phänomen oder neuer Politikansatz. Reihe: Materialien zur Angewandten Geographie, Bd. 30. Bonn

Dörsam, P./A. Icks (1997): Vom Einzelunternehmen zum regionalen Netzwerk: Eine Option für mittelständische Unternehmen. Reihe: Schriftenreihe zur Mittelstandsforschung, Nr. 75 NF. Stuttgart

Fischer, K. (1999): Region Rhein-Neckar – Region der Zukunft. In: Becker-Marx/Schmitz/Fischer (Hg.): Aufbau einer Region: Raumordnung an Rhein und Neckar. Schwetzingen, 75–122

Fritsch, M./K. Koschatzky/L. Schätzl/R. Sternberg (1998): Regionale Innovationspotenziale und innovative Netzwerke. In: RuR, Heft 4, 243–252

Fromhold-Eisebith, M. (1999): Das "kreative Milieu" – nur theoretisches Konzept oder Instrument der Regionalentwicklung? In RuR, Heft 2/3, 168–175

Frosch, R. A./N. E. Gallopoulos (1989): Strategien für die Industrieproduktion. In: Spektrum der Wissenschaft, Heft 11, 126–144

Grabher, G. (1993): The embedded firm. On the socio-economics of industrial networks. London

Hahne, U. (1985): Regionalentwicklung durch Aktivierung intraregionaler Potenziale: zu den Chancen „endogener" Entwicklungsstrategien. München

Havighorst, F. (1997): Regionalisierung in der Regionalpolitik. Reihe: Politikwissenschaft, Bd. 47. Münster

Klee, G./A. Kirchmann (1998): Stärkung regionaler Wirtschaftspotenziale – Bestandsaufnahme und Analyse innovativer Kooperationsprojekte. Reihe: IAW Tübingen, Forschungsberichte Serie B, Nr. 13. Tübingen

Kluge, Th./E. Schramm (2001): Regionalisierung als Perspektive nachhaltigen Wirtschaftens. – Konzeptionelle Betrachtungen. ISOE DiskussionsPapiere 19, Frankfurt am Main

Krätke, St. (1995): Globalisierung und Regionalisierung: Basiskonzepte. In: Krätke/Heeg/Stein (Hg.): Regionen im Umbruch: Probleme der Regionalentwicklung an den Grenzen zwischen „Ost" und „West". Frankfurt am Main

Raumordnungsverband Rhein-Neckar (ROV) (Homepage-Besuch vom 14.10.2002): www.region-rhein-neckar-dreieck.de

Ritter, W. (1998): Allgemeine Wirtschaftsgeographie. Eine systemtheoretisch orientierte Einführung. Wien

Schamp, E. W. (2000): Vernetzte Produktion – Industriegeographie aus institutioneller Perspektive. Darmstadt

Scott, A. J./M. Storper (1992): Industrialization and Regional Development. In: Storper/Scott (Hg.): Pathways to Industrialization and Regional Development. London/New York, 3-17

Sinz, M. (1996): Region. In: Treuner / ARL (Hg.): Handwörterbuch der Raumplanung. Hannover, 805-808

Sterr, Th. (1998): Aufbau eines zwischenbetrieblichen Stoffverwertungsnetzwerks im Heidelberger Industriegebiet Pfaffengrund. Reihe: Betriebswirtschaftlich-ökologische Arbeiten (BÖA), Bd. 1

Sterr, Th. (2000): Konzeptionelle Grundlagen zum Umgang mit dem Regionsbegriff vor dem Hintergrund eines regionalen Stoffstrommanagements. In: Liesegang/Sterr/Ott (Hg.): Aufbau und Gestaltung regionaler Stoffstrommanagementnetzwerke. Reihe: BÖA, Bd. 4; 1-25

Sterr, Th. (2003): Industrielle Stoffkreislaufwirtschaft im regionalen Kontext – Betriebswirtschaftlich-ökologische und geographische Betrachtungen in Theorie und Praxis. Berlin, Heidelberg (Diss. Heidelberg 2001)

Storper, M./R. Walker (1989): The Capitalist Imperative: Territory, Technology and Industrial Growth. Oxford

Zarth, M./P. Huege (1999): Auswirkungen der Globalisierung auf die Regionen der Bundesrepublik Deutschland. In: IzR, Heft 1, 1-7

Endnoten

1. Siehe in diesem Sinne auch die Kategorisierung von Ritter (1998), der territoriale, kommunikative und geosphärische Räume unterscheidet.
2. Siehe auch Sterr 2003: 193ff.
3. Zu der hiermit verbundenen ressourcentechnischen Problematik siehe z.B. Havighorst (1997).
4. Siehe auch Adam/Pütz/Schmalenbach 1999: 425.
5. Da nicht nur der Rhein-Neckar-Raum, sondern darüber hinaus auch Baden-Württemberg praktisch keine Metall erzeugende Industrie besitzt, wird der Metallkreislauf in aller Regel über Anlagen in Nordrhein-Westfalen (v.a. Eisen- und Stahl) geschlossen; im Falle von Buntmetallen bspw. auch über Hamburg. (Zur Rolle der Norddeutschen Affinerie als Senke für kupferhaltiges Sekundärmaterial s.a. Brahmer-Lohss, v. Gleich, Gottschick et al. 2000: 69 ff.
6. Das in Tab. 2 visualisierte Verwertungsmuster zeigt lediglich die Stoffklasse der Metallabfälle als gleichwohl wesentlichen Bereich für den die Einleitung intraregionaler Recyclingprozesse derzeit nicht möglich ist – und wohl auch zukünftig nicht möglich sein wird. (vgl. Fußnote 5).
7. Siehe hierzu auch die Ausführungen in Schamp 2000
8. Zusammenstellung durch den Autor nach folgenden Quellen: Arndt 1999, Bade 1998, Danielzyk/Oßenbrügge 1995, Dörsam/Icks 1997, Fritsch/Koschatzky/Schätzl/Sternberg 1998, Hahne 1985, Klee/Kirchmann 1998, Krätke 1995.

Dr. Thomas Sterr
IUWA – Institut für Umweltwirtschaftsanalysen Heidelberg e.V.
Tiergartenstr. 17
D-60121 Heidelberg

Thomas Kluge/Michael Treina

Räumliche Nähe und Beziehungsnetzwerke als Innovationsgeneratoren regional nachhaltigen Wirtschaftens

1. Zwischen Kreativität und Verbindlichkeit

Nachhaltiges Wirtschaften steht im Spannungsfeld von Kreativität und Verbindlichkeit: Es bedarf eines innovativen Milieus, das sich dem Neuen gegenüber öffnet, sich auf ein Risiko (das Unbekannte) einlässt, und sich eingefahrener Routinen und Strukturen bewusst wird. Auf der anderen Seite gehtt es um den Pol des „Schließens", da bei der Umsetzung von Innovationen auch Entscheidungen, Erwartungssicherheit und gesichertes Vertrauen erforderlich sind.

Dieses Spannungsfeld besteht auf verschiedenen Ebenen (als Handlungsebene und auch als analytische Referenz). Wichtig neben der betrieblichen Ebene ist vor allem die regionale Ebene mit den Kommunen, den politischen Administrationsstrukturen und einer Vielfalt an formellen und informellen Beziehungsnetzwerken. So kommt es zu einem Nebeneinander von Unternehmen, die sich auf die Herausforderungen nachhaltigen Wirtschaftens und der ‚policy' regionaler Entwicklungsvorstellungen einlassen.

Ein Bindeglied zwischen diesen Ebenen ‚Betrieb', ‚Kommune', regional governance' könnte das regionale Innovationssystem darstellen, das sich aus alten Verkrustungen herausbewegt, gleichzeitig aber auch in der Lage ist, Strukuren des kollektiven Konsenses herzustellen: durch Instrumente wie ‚Absprachen', Netzwerkinstallationen – was auf Dauer gesehen auch Ausschluss von Wettbewerb bedeuten kann sowie Grundlegung konservativer Strukturen (Abschottung). Diese Aspekte wurden bereits in anderen Beiträgen dieses Bandes mit je unterschiedlicher Zentrierung diskutiert; auf der betrieblichen Ebene durch M. Frank et al., auf der Ebene Unternehmensvernetzung und regional governance durch A. v. Gleich et al. und die Netzwerkinstallation besonders ausführlich durch J. Hafkesbrink und M. Schroll.

In diesem Artikel wird neben der verallgemeinernden Diskussion der zuvor erwähnten Aspekte der unterschiedlichen Regionalisierung nachhaltigen Wirtschaftens besonderer Wert auf die Raumbezüge gelegt: Welche unterschiedlichen räumlichen Muster schälen sich bei regionalen Innovationssystemen heraus? Ein Ergebnis auf der Ebene „regional governance" scheint uns für Deutschland besonders relevant. Es besteht eine große Lücke zwischen sich neu herauskristallisierenden Innovationspotenzialen (auf regionaler Ebene) und entsprechenden räumlichen institutionellen Repräsentationen. (Das spiegeln auf besondere Weise die Beiträge von Ch. Ax und A. v. Gleich et al. zur Hamburger Metropolenfunktion.) Hier denken wir sowohl an intermediäre Institutionen zur Erleichterung der Netzwerkbildung (vgl. Hafkesbrink und Schroll in diesem Band) wie auch an politische Repräsentationsorgane.

Die räumliche Skala liegt in der Regel unterhalb der föderalen Einheiten der Bundesländer (Ausnahme Stadtstaaten) und ist größer als die klassischen Zentren oder ihr Gegenteil davon: Randregionen (strukturschwache Gebiete). Dieser von uns als neu empfundenen Raumstrukturierung (Regionalisierung) fehlt eine Repräsentanz auf der Entscheidungsebene zwischen Landesregierung und Kommune. Gegen Ende unseres Aufsatzes rekurrieren wir hier auf den Vorschlag des Regionsvertrags als einen möglichen Ausweg.

2. Region als kollektiver Erlebnisraum
Dem bekannten Ausspruch „region is where common action is" liegt ein funktionales oder handlungsorientiertes Verständnis zur Klassifizierung und Einteilung des geographischen Raums zu Grunde. Im Vordergrund steht dabei eine Regionalisierung nach dem „gemeinsam Erlebbaren", wie das vor allem in den 80er und 90er Jahren hinsichtlich sozialer, kultureller, ökologischer oder ökonomischer Aspekte vermehrt diskutiert wurde (Aydalot 1988, Giddens 1988, Porter 1991, Storper 1995). Diese Art von Raumverständnis war nicht immer gegeben, vor allem in den Anfängen der raumbeschreibenden Geographie haben eher naturgegebene Erscheinungsformen wie Topographie oder Vegetation die Regionalisierung bestimmt.

Der eingangs angesprochene, am menschlichen Handeln orientierte Regionsansatz hat im Laufe der Zeit einen enormen Wandel durchgemacht. Im deutschen Sprachraum hat im auslaufenden Mittelalter vor allem die Ausstrahlung des Adels oder der von ihm eingesetzten Vögte die Abgrenzung von territorialen Erlebnisräumen bestimmt. Das Gemeinsame wurde damals durch Aspekte wie Steuerhoheit, Gerichtsbarkeit oder einheitlicher Währung definiert und entsprach meist einem Radius von einem oder mehreren Tagesritten – je nach Macht der entsprechenden Obrigkeit. Im Übergang zum föderal verfassten Bundesstaat blieben sowohl die territorialen Grenzen (heute Regierungsbezirke) als auch gemeinsame Wertsysteme zu einem großen Teil bestehen.

3. Die Region als Wirtschaftsraum
Im 19. und 20. Jahrhundert hat aber vor allem die industrielle Revolution und die Herausbildung neuer Transportmittel den regionalen Handlungsraum grundlegend verändert. Der Tagesritt zu Pferd wurde von der Eisenbahn und später durch Automobil und Lastwagen abgelöst. Diese Entwicklung der letzten 150 Jahre hat den Radius des individuell Erlebbaren enorm ausgeweitet und den Raum entlang der Transitachsen zur Implosion gebracht. Zudem hat der enorme Bedeutungsgewinn der Wirtschaft im menschlichen Alltag dazu geführt, dass Wirtschaftsaspekte heute als zentrales und Gemeinsamkeit stiftendes Element des menschlichen Handelns in den Vordergrund gerückt sind. Die heutigen, aus weiter Vergangenheit stammenden territorialen Grenzen tragen diesen neuen, ökonomischen Handlungsräumen nur noch wenig Rechnung (vgl. auch Treina und Zwiauer 1997).

Beispielsweise übergreift die Rhein-Main-Region wirtschafts-funktional drei Bundesländer; das hessische Ballungsraumgesetz zur besseren Verknüpfung der Wirtschafts- und Planungsaktivitäten ist im Grunde einseitig der Zentralfunktion der Stadt Frankfurt verschrieben und darüber hinaus viel zu kleinräumig orientiert. Unterschiedliche Steuersätze, Baugesetze, Verkehrskonzepte oder raumplanerische Richtpläne verursachen oft unüberwindbare Hindernisse bei der Gestaltung des heute gelebten Raums. Dieses Dilemma zwischen territorialer und funktionaler Rauminkongruenz bringt es zu teilweise zweifelhaften Blüten wie gegenseitige Konkurrenzierung um wichtige Unternehmer und Steuerzahler in der gleichen Wirtschaftsregion oder Doppelspurigkeiten in der Planung von zentralen Einrichtungen wie Universitäten, Spitälern oder Messegeländen. Diese Fehlentwicklungen kommen den Staat teuer zu stehen und werden auf lange Sicht nicht mehr bezahlbar sein. Der Versuch des Staates auf nationaler Ebene in diesem Konflikt zu koordinieren greift in Anbetracht der föderalen Autonomie der Regierungsbezirke (in der Schweiz Kantone) in der Regel nur in sehr unbefriedigender Weise.

Aufgrund dieser Problematik wird oft über eine Neugliederung der Regionen diskutiert, um die heute erlebbaren Kooperations- und Wirtschaftsräume neu in funktionalen Regionen zusammenzufassen. Entsprechend der langen Tradition der heutigen Territorialgrenzen wird diese Diskussion natürlich heftig geführt und kommt nur sehr langsam voran. Ein Beispiel ist der Versuch einiger Kantone im westlichen Mittelland der Schweiz, als sogenannter Espace Mittelland eine Kooperation aufzubauen, um die Planungspolitik zu koordinieren, die Verwaltungskosten zu senken sowie im nationalen Parlament für die regionalen Interessen und die Stärkung der Wirtschaft besser zu werben (Treina und Rupp 1994). Ein vergleichbarer Prozess fand in Deutschland statt; die Abstimmung zur Fusion der Länder Berlin und Brandenburg scheiterte jedoch.

4. Die Region als kooperativer Innovationsmotor

Die Regionalwissenschaften haben sich in den 80er und 90er Jahren in das Konzept der erlebbaren Region intensiv eingeklinkt und diese Diskussion mitgeprägt. Besonders zu erwähnen sind zwei parallel entstandene Ansätze: der Milieuansatz und der Clusteransatz. Beide Ansätze haben eine gemeinsame Wurzel im „industrial district". Marshall machte sich bereits um die Jahrhundertwende in Grossbritannien Gedanken darüber (Marshall 1947), warum sich gewisse Industriezentren überdurchschnittlich entwickeln konnten. Dabei stellte er fest, dass die räumliche Konzentration von zusammenpassenden Wirtschaftsakteuren (z. B. einer gleichen Branche) ein vorteilhaftes Wirkungssystem bilden kann. Ein solches System bezeichnete er als „industrial district" beziehungsweise als „a complex and tangled web of external economies and diseconomies (...) of historical and cultural vestiges, which envelops both interfirm and interpersonal relationships". Neben den grundsätzlich notwendigen Faktorvorteilen solcher Industriestandorte (Rohstoffreichtum, Verkehrslage etc.) besteht ein wesentlicher immaterieller Vorteil seiner Meinung nach darin, dass durch die Spezialisierung des lokalen Marktes die Informationsdiffusion beschleunigt wird. Marshall beschreibt damit als erster den Zusammenhang zwischen räumlicher Produktionsstruktur und unternehmerischer Innovationsfähigkeit. Dieser Ansatz wurde Jahrzehnte später wieder aufgegriffen und bildete in Europa die Basis zur Entwicklung des Milieuansatzes.

Hinter der von soziologischen und polarisationstheoretischen Gedankengut ausgehenden Milieuidee steckt ebenfalls die Annahme, dass der Innovationsprozess durch den Informationsaustausch zwischen verwandten Akteuren beschleunigt wird. Dieser Sachverhalt rückt die Bedeutung von Beziehungen in den Vordergrund, ganz im Gegensatz zum Schumpeterschen Erfinder, der in der stillen Kammer eine neue Maschine entwickelt. Eine Gruppe von Autoren in Europa widmet sich deshalb in letzter Zeit vor allem den Beziehungs- und Milieustrukturen im Innovationsprozess und beleuchtet speziell den Aspekt akteurübergreifender Beziehungsnetzwerke. Ihre Arbeit (Maillat, Quévit & Senn 1993) ist im Konzept der innovativen Milieus der GREMI (Groupe de recherche européen sur les milieux innovateurs) zusammengefasst, welches regionale Milieus und Netzwerke für die Innovationsfähigkeit von Unternehmen verantwortlich macht: „On peut définir le milieu innovateur comme un ensemble territorialisé dans lequel des interactions entre agents économiques se développent par l'apprentissage qu'ils font de transactions multilatérales génératrices d'externalités spécifiques à l'innovation et par la convergence des apprentissages vers des formes de plus en plus performantes de gestion en commun des ressources." Im Zentrum des Wirtschaftserfolgs steht bei GREMI somit der kollektive Lernprozess, der den Innovationsprozess antreibt. Dieser Lernprozess wird durch räumliche und soziale Nähe begünstigt, weil dadurch der Erfahrungsaustausch zwischen den Akteuren der regionalen Wertsysteme beschleunigt wird. Im Unterschied zu urban geprägten Innovationsansätzen steht bei diesem Konzept der regionale Charakter im Vordergrund, in einem Stadt-Umland-Gebiet ebenso wie in einem polyzentrisch geprägten Raum. In den Vergleichsgebieten der Projekte aus der Förderinitiative ‚Nachhaltiges Wirtschaften in der Region' sind jedoch beide Typen des Innovationsprozesses mit unterschiedlichen Anforderungstrukturen analysiert worden. Hafkesbrink und Schroll betonen in Korrespondenz zur polyzentralen Struktur des mittleren Ruhrgebiets die Relevanz der Netzwerkstrukturen für den regionalen Innovationsprozess; Frank, Fichtner und Rentz fokussieren intermediäre Einrichtungen, die für die lokale Ebene aber auch darüber hinaus (Verknüpfung zwischen Städten) katalytisch wirken sollen.

Der Vorteil der räumlichen Nähe liegt entsprechend GREMI im Vorhandensein von regionalem Beziehungskapital zwischen den Akteuren vor Ort, aus dem sich Kooperationsbeziehungen zur gemeinsamen Innovationsgenerierung herausbilden können. Damit in solchen Milieus kein Lock-in-Phänomen (gemeint ist das „Sich-zu-Tode-Laufen" mangels Impulsen von außen) auftritt, postulierte Camagni (1991) den Aufbau von Netzwerken, die auch regionsexterne Akteure einbeziehen. Der Unterschied zwischen Milieu und Netzwerk liegt darin, dass das Milieu ein vorhandenes, latentes Beziehungspotenzial darstellt und Netzwerke die eigentliche Konkretisierung von zielgerichteten Kooperationsbeziehungen sind. Das Vorhandensein eines Milieus vor Ort kann als grosser Wettbewerbsvorteil angesehen werden. Ein Milieu umfasst in der Regel nur spezifische Wirtschaftsbranchen, in welchen vor Ort ein international hohes Technologieniveau und Know-how vorhanden ist. Die GREMI unterstreicht deshalb die Pflege und Entwicklung solcher Milieus, wobei dem Staat im Rahmen der regionalen Wirtschaftspolitik hierbei eine wichtige Rolle zukommt. Dies wird durch die Ergebnisse einiger BMBF-Modellprojekte zum Nachhaltigen Wirtschaften (vgl. die Beiträge von Hafkesbrink und Schroll, Sterr und v. Gleich et al.) gestützt.

Ebenfalls auf Elementen von Marshalls industrial district entwickelte Lasuén in den 60er Jahren in Europa eine Clustertheorie. Die Hauptaussage dieser Theorie beruht auf der Interaktion zwischen räumlicher und wirtschaftlicher Entwicklung. Dementsprechend beschreibt Lasuén (1973) räumliche und sektorale Cluster, die sich gegenseitig anregen und zu einem kumulativen Wachstum führen. Ein innovatives Unternehmen kann beispielsweise mit seinem Erfolg andere Unternehmen anlocken und allmählich zu einem sektoralen Cluster führen. Der wirtschaftliche Erfolg führt längerfristig zu einer geographischen Konzentration von unterschiedlichsten Unternehmen und zu einer wirtschaftlichen und demographischen Ballung am Ort des Clusters, welche den ursprünglichen sektoralen Cluster untermauert. Da diese Cluster eine kritische Innovationsmasse brauchen, sind gemäß Lasuén die notwendigen Grundvoraussetzungen nur in den größeren Städten gegeben.

In der neoliberalen Ära Reagens wurde dieser Ansatz aus betriebswirtschaftlicher Sicht weiterentwickelt (Porter 1991). Porter geht davon aus, dass die traditionellen Handelstheorien insofern überholt sind, als im ausgehenden 20. Jahrhundert die nationalen Wirtschaftsgrenzen stets durchlässiger und die Produktionsfaktoren international zusehends mobiler werden. Auf einer breiten und weltweiten empirischen Basis kommt Porter zum Schluss, dass Volkswirtschaften aus unternehmerischer Sicht als spezifische Standorteinheiten betrachtet werden können, die je nach Konstellation für gewisse Unternehmen im internationalen Standortwettbewerb interessant und erfolgversprechend sind. Dabei basiert der branchenspezifische Erfolg von einzelnen Wirtschaftsnationen auf einem durch die nationalen Rahmenbedingungen gegebenen spezifischen Set von Bestimmungsfaktoren, die branchenspezifische Wertsysteme beschreiben. Vier Bestimmungsfaktoren beschreiben dieses Set: Die Produktionsfaktoren, die Nachfragebedingungen, zuliefernde und verwandte Branchen sowie die Unternehmensstrategien und die vorhandenen Wettbewerbsverhältnisse. Auf diese Bestimmungsfaktoren können zufällige Ereignisse (z. B. Krieg oder Katastrophen) und der Staat Einfluss nehmen. Durch Einbeziehung all dieser Elemente verbindet Porter mehrere Theorieansätze in seinem Wettbewerbskonzept wie beispielsweise die Theorie von Linder (Nachfrageseite), externe Effekte im Sinne von Böventer (Zuliefererumfeld) oder die klassischen, faktororientierten Standorttheorien. Wichtig an diesem Konzept ist, dass sich diese Bestimmungsfaktoren gegenseitig beeinflussen und stimulieren. Die gegenseitige Beeinflussung der als „Diamant" bezeichneten vier Bestimmungsfaktoren beziehungsweise der

Austausch der Produktionsfaktoren zwischen den Akteuren erfolgt bei Porter lediglich über Marktmechanismen.

Die räumliche Betrachtung ist bei Porter grundsätzlich auf den nationalen Rahmen ausgerichtet, obwohl er in seiner Empirie feststellt, dass sehr viele erfolgreiche Cluster – dieses sind miteinander verbundene Branchengruppen, die den Wirtschaftserfolg einer Wirtschaftsnation ausmachen – regional konzentriert auftreten. Er leitet daraus ab, dass die räumliche Nähe einen möglichen wettbewerbssteigernden Einfluss auf ein Branchencluster haben kann. Diese Wirkung erklärt sich dadurch, dass zum einen die räumliche Konzentration der Bestimmungsfaktoren den Austausch im „Diamanten" anregt (und damit dessen Eigendynamik) und zum andern lokale Standortvorteile den Diamanten verbessern. Im Unterschied zu den bisher dargestellten Ansätzen beschränkt sich Porter nicht nur auf den Industriesektor, sondern bezieht auch Dienstleistungsbranchen in seine Überlegungen ein, womit seinem Konzept eine grosse Anwendungsbreite zukommt (Hill 1995).

5. Die Region als kritische Masse

Empirische Forschungsergebnisse der letzten fünf bis zehn Jahre haben gezeigt (Crevoisier 1993, Geelhaar und Muntwylwer 1997, Treina 1998) dass sich solche regionalen Innovationsphänomene beobachten lassen und dass sich eine „regionale Geographie der Innovationsnetzwerke" identifizieren lässt, welche in den wichtigen Branchenclustern spielt; so zum Beispiel in der Uhren- und Pharmaregion der Schweiz oder in der Auto- oder Finanzindustrie Süddeutschlands. Die Verfolgung von großen Innovationsereignissen in solchen Branchenclustern hat deutlich gezeigt, dass ein ganzes Set von Akteuren in der regelmäßigen Zusammenarbeit starke und nachhaltige Innovationsimpulse auszulösen vermag. Dabei spielen auch kulturelle Aspekte eine wichtige Rolle, beispielsweise bilden Sprachgrenzen eine wirkungsvolle Innovations- und Diffusionsgrenze. Hinzu kommt, dass kommerzielle Dienstleistungen eine wichtige Triggerfunktion haben, da etwa Ingenieur-, Finanz-, Marketing- oder Informatikberatungsleistungen in allen Innvoationsprojekten eine wichtige Input- und Vermittlungsrolle spielen – ganz im Sinne von Camagnis „externen Netzwerkpartnern". Wie bei Lasuén sind damit die Zentren enorm wichtig für Innovationsnetzwerke, da solche Dienstleistungen vor allem dort angesiedelt sind. Damit wird auch klar, dass für den Erfolg von solchen eigendynamischen und innovativen Regionen eine gewisse kritische Masse nötig ist, da sich sonst die nötige Akteurdichte und Infrastruktur (Verkehrsknoten, Universitäten und Hochschulen, Messeplätze, internationale Beratungsfirmen, etc.) nicht herausbilden kann. Ein Bevölkerungspotenzial von ein bis zwei Millionen scheint als Saatbeet eine notwendige Grundvoraussetzung zu sein, um diesen Prozess überhaupt in Gang bringen zu können.

Weiter zeigen die empirischen Ergebnisse, dass für die nachhaltige Entwicklung von regionalen Innovationsnetzwerken sowohl kooperative als auch Wettbewerbs-Elemente von entscheidender Bedeutung sind.[1] Falls infolge der Kooperation Abschottung und Verfilzung überhand nimmt, stirbt die Innovationskraft der Netzwerke. Der Austausch mit dem Neuen und dem Andersartigen findet nicht mehr statt. Auf der anderen Seite zeigt sich auch, dass Konkurrenz alleine nicht die kritische Innovationsmasse zustande bringt, die das kooperative Zusammenlegen von know-how bringt. Im Kampf des gegenseitigen Wettbewerbs fehlt die gegenseitige Befruchtung, und der einzelne Akteur droht, sich allein zu verlieren.

Es lässt sich deshalb ableiten, dass die Region einen idealen Nährtopf von geeigneten und spezialisierten Standortfaktoren bereitstellen kann, welcher einerseits durch die räumliche und kulturelle Nähe der Akteure beziehungsmäßig ausgeschöpft und in Wert gesetzt werden kann. Andererseits muss aber genügend Wettbewerb herrschen, dass die nötige Unruhe und der Wille zum Wandel gewährleistet sind. Das regionale Innovationsnetzwerk mit seiner Faktoraustattung kommt also zwischen den zwei Polen Kooperation und Wettbewerb in eine innovationsorientierte Eigendynamik, welche langfristige regionale Wettbewerbsvorteile erzeugt (Treina 1998). Das Vorhandensein dieser eigendynamischen Innovationsnetzwerke ist zwar faszinierend, aber natürlich nicht ubiquitär. Common action ist auch jenseits von industriellen Distrikten möglich. Wir wollen daher unterschiedliche Regionstypen diskutieren, deren gemeinsamer Bezugspunkt der kooperative Gesamtstandort sein könnte.

6. Unterschiedliche Interaktionsmuster prägen unterschiedliche Regionstypen

Es ist schon fast zur Trivialität geworden: Globalisierung und Regionalisierung sind zwei komplementäre Prozesse (vgl. auch den Beitrag von A. Baier und V. Bennholdt-Thomsen). Die weltweiten ökonomischen Beziehungen bedürfen der Region als Grundeinheit für wirtschaftliche Entwicklungsprozesse. Die Region steht so im Gegensatz zur schwindenden Kraft der nationalen Volkswirtschaften. Die regionalen Produktions- und Dienstleistungscluster, in denen wissensbasierte Interaktionen zwischen Unternehmen und ihren Umwelten eine immer wichtigere Rolle spielen (vgl. Lux et al. 2001), stellen die Basiseinheit der gegenwärtigen Wirtschaftsdynamik dar und erzeugen zugleich emergente Strukturen als Basis neuer Regionalökonomien (Barthelt 2000, Porter 1998, Nijkamp et al. 1997). Auf diese Weise existieren je spezifische regionale Ausrichtungen von Branchen, die eine Vergleichbarkeit zwischen den Regionen kaum ermöglichen. Die je spezifischen sozialen und ökonomischen Prozesse im Raum produzieren unterschiedliche örtliche Milieus und regionale Wirkungsräume. Insoweit überlagern sich hier symbolische Regulative und interaktive Dimensionen im Raum und bilden im Ergebnis je eigene Raumdimensionen in verschiedenen Ausformungen aus.

Unterschiedliche räumliche Formen benötigen verschiedene Antworten auf ihre Probleme. Dabei ist die teilweise zu beobachtende Gleichsetzung von regionaler Nachhaltigkeit mit unterentwickelten, strukturschwachen Regionen oder zumindest Regionen fernab der Metropolen (wie Rhön, Mühlviertel, Berchtesgadener Land) problematisch. Die Förderinitiative „Regionale Ansätze nachhaltigen Wirtschaftens" hat mit Bedacht auf unterschiedliche Regionstypen, wie das mittlere Ruhrgebiet (polyzentrale Struktur) oder Heidelberg/Mannheim (urbane Struktur), oder Hunsrück (eher metropolfern) gesetzt. Die unterschiedlichen Raumausformungen und Regionstypisierungen (polyzentral, urban-verdichtet, metropolenfern) belegten dort, dass nicht mehr nur die klassische Infrastrukturvorgaben zur Entwicklung von Regionen, z.B. die linearen Entwicklungsbänder (wie Straßen, Eisenbahnbau, Telekommunikation; Energieversorgung usw.) von Bedeutung sind, sondern immer noch (Baier & Bennholdt-Thomsen) und zunehmend Aktionsbeziehungen eine zentrale Rolle spielen (vgl. hierzu insbesondere die Beiträge von Sterr, Frank et al., Ax, v. Gleich et al. in diesem Band). Derartige regionale Aktionsbeziehungen bestehen nicht nur zwischen verschiedenen Unternehmen oder verschiedenen Haushalten, sondern ebenso zwischen Unternehmen und Kommunen.

Neue Strukturvorgaben wie Städtenetze und Dezentrale Konzentration (vgl. BBR 2000 mit weiteren Nachweisen) zeigen, dass die Raumordnung versucht, sich wegzubewegen von den axialen, linearen Verkehrs- und Verbindungsachsen und daran angelagerten Siedlungsformen (vgl. Bose 2001).[2] Im Sinne von regional nachhaltigem Wirtschaften könnte insbesondere dem Städtenetz-Ansatz für die verdichtungsraumfernen Standorte (zwischen den Metropolen) zumindest eine Ergänzungs- und Stabilisierungsfunktion zukommen.[3] Das Städtenetzmodell in Kombination mit drei unterschiedlichen Raumentwicklungstypen – der Schwund- bzw. der Kompensations- und der Wachstumsregion – vermag insofern auch flächendeckende Raumbeschreibungen anzuleiten. Eine besondere Bedeutung bei Netzmodellen wie dem Städtenetz kommt den Beziehungen der Interaktionen zwischen Akteuren (Kommunen, Teilregionen etc.) zu (vgl. nächster Abschnitt).

7. Wissen als regionale Ressource und als Element für regionale Nachhaltigkeit

Die Innovationsfähigkeit von Regionen hängt zwar auch ab von sog. harten Raumausstattungsfaktoren wie Infrastruktur, bereits ansässigen Betrieben, aber auch von weichen Faktoren, wie landschaftsökologischen Potenzialen, kulturellen Milieus und Kommunikations- und Lebensstilen. Neben diesen Faktoren fällt insgesamt auf, dass in der neueren regionalökonomischen und raumwissenschaftlichen Literatur der sozialen Interaktion (den action settings), den Akteursbeziehungen als Innovationsgenerator für Regionen eine besondere Rolle zugesprochen wird. Diese Bedeutung des Sozialkapitals hängt mit der wachsenden Rolle der Wissensökonomie zusammen: dass nämlich der gesellschaftliche Wandel zunehmend ein wissensgetriebener ist – hin zur Wissensgesellschaft, deren räumliche Gestalt sich von der der Industrie- und einfachen Dienstleistungsgesellschaft löst.

Von entscheidender Bedeutung sind hier wohl zwei Aspekte:
- Die geringere Bedeutung der Transportkosten und damit verbunden die abnehmende Bedeutung der Raumüberwindung (vgl. Schramm/Lux in diesem Band) sind wesentli-

che Faktoren für die dispersen Siedlungsstrukturen. Diese Tendenz schwindender Raumbarrieren erfährt mit Blick auf die Information und das Wissen noch eine Steigerung.

Der Informations- und Datenaustausch kennt kaum mehr räumliche Widerständigkeiten. Die Information ist via Internet gleichsam ortsunabhängig geworden und praktisch an jedem beliebigen Ort verfügbar; hier scheinen der physische Raum und zeitliche Grenzen zu verschwinden.

■ Ganz anders verhält es sich mit dem Wissen. Wissen muss durch Problembezug und Kontextbindung lokalisiert werden.

Dort, wo Information in Wissen überführt wird, muss es sich verorten, denn die Transformation von Information in Wissen ist zeitaufwendig, an lokale, bzw. regionale Netze mit ihren spezifischen Problemdefinitionen und Anwendungskontexten gebunden (vgl. Becker 1999: 90ff.). Diese sind wiederum abhängig von bereits lokal-regional vorfindbaren Qualifikationen und wissenschaftlichen Organisationen. Region und Regionalisierung hängt hier sehr am Humankapital, an der Fähigkeit, Wissen zu bündeln, wissensbasierte Interaktionen zu ermöglichen, problemlösende, partizipationsoffene Netze herzustellen und letztlich auch das Potenzial zu direkten, persönlichen Kontakten' – face to face – zu ermöglichen. Wissen wird so zu einer regionalen Ressource, um deren optimale Allokation und Nutzung es geht. Unternehmen, die solches Wissen generieren, sind nicht nur klassische oder kreative Wissenschaftseinrichtungen, sondern auch zunehmend privatwirtschaftlich organisierte „Wissensunternehmen" (knowledge management/content management), deren Dienstleistung die Lieferung problem- und anwendungsbezogenen Wissens darstellt.

Wenn Wissen als regionale Ressource ortsgebunden ist, gebunden an eine regionale Infrastruktur der Wissenstransformation, an wissenschaftliche privat- wie betriebswirtschaftliche und kulturelle Organisationen, an vorhandene Qualifikationen und Kompetenzen, so weist dies auf die eminent wichtige Rolle des Sozialkapitals hin. Dennoch, Region erschöpft sich nicht in dieser Beschreibung; die Wohnumwelt der Region, ihre natürlichen und kulturellen Potenziale sind ganz entscheidende Bindungskräfte für das Humankapital; Natur- und Sozialkapital zusammen bilden erst den Kapitalstock der Region, das endogene Potenzial einer Region.

Eine Wissen angemessen berücksichtigende Regionalisierung hat auch gute Verwertungschancen; denn trotz aller Informationsflut ist das auf Probleme bezogene Wissen, das in einem konkreten Kontext eingepasste Wissen (also die mit Bedeutung versehene und auf Relevanz und Güte beurteilte Information), weiterhin knapp. „Wissen ist insofern, gerade bei steigendem Problemdruck ein auch ökonomisch knappes Gut." (Becker 1999: 91) Diese Erzeugung praxisrelevanten Wissens bedarf also der lokal-regionalen Einbettung in regionale Netzwerke in Form loser Kopplungen.

An dieser z.T. eher theoretisch analytischen Überlegungen lassen sich für Regionalisierungen weitere Schlussfolgerungen ziehen:

Erfolgs- und Innovationspotenzial einer Region resultieren nicht nur aus monokausal ausgerichteten Infrastrukturen (z.B. Verkehrsanbindungen), sondern bedürfen eines kombinierten Sets harter wie weicher Faktoren; jede Region bedarf eigener spezieller Entwicklungsfaktoren und Leistungsanforderungen (Kluge/Schramm 2001: 21ff.). Die Einbeziehung des Naturkapitals und des Sozialkapitals und seiner regionalen Träger muss auch gerade unter Langfristigkeitsaspekten gewährleistet werden (Bildung und Qualifikation als wichtige Voraussetzung für Wissensgenerierung).

8. Region als Projekt

Diese Aspekte stellen die Frage nach der regionalen Steuerung des regionalpolitischen Handlungsraums – sie provozieren die Frage, ob sich solche kreativen Regionen herstellen, designen lassen. Die Diskussion um die Steuerung und Steuerbarkeit von Region (Regionalentwicklungsprozessen) schwankt derzeit zwischen zwei Extremen: der harten und der weichen Variante.

Die weiche Variante betont den Designprozess, die Rolle informeller Verfahren, die Prozesshaftigkeit weicher Organisationsform, kommunikativer Praktiken der Überzeugungen usw. Weichhart bemängelt z.B., dass eine solche Art von Regionsbildung eine Art „Auslagerung oder Deregulierung von Teilen des politischen Gestaltungsprozesses" bedeutet (Weichhart 2000: 562). Dies ist aber bereits eine Bewertung, die sich eher schon an der harten Position orientiert.

Die harte Position präferiert eine Art regionaler Gebietskörperschaft bzw. Planungsverband (vgl. Danielzyk 1999, Priebs 1999, Fürst 1999). Dies sind demokratisch legitimierte Repräsentanzorgane mit entsprechender raumplanerischer Entscheidungskompetenz. Die politischen Widerstände gegen diese Konstruktion sind immens. Einerseits, wenn es sich um Regionen im Vergleichsmaßstab des europäischen Wettbewerbs handelt, sind dies Regionen, die mit Sicherheit die Regionsgrößen des klassisch politisch-administrativen Raums (Regierungspräsidiumsbezirk oder Bezirksregierung bzw. Kantone in der Schweiz) überschreiten und die eines Bundeslandes unterschreiten.

„In den politischen Systemen des deutschen Sprachraums ist die regionale Ebene, sofern sie einen anderen Zuschnitt aufweist als die bestehenden Länder/Landkreise/Kantone, als demokratiepolitisch legitimierte Bezugsgröße oder 'territoriales politisches Subjekt' nicht vorgesehen. Es existieren daher in der Regel auch keine politischen Instanzen, die als Repräsentanten der Region aktiv werden und deren Interessen vertreten könnten." (Weichhart 2000: 552)

Regionalisierungen, die sich nicht mit klassischen Verwaltungsregionen decken, scheinen von solchem Gewicht, dass entsprechende Landesregierungen sich entmachtet fühlen, wie es auch gleichsam als Anschlag auf das hohe Gut der Gemeindeautonomie bewertet wird (wie eben auch als Anschlag auf den Föderalismus). Hier tritt ein klarer Widerspruch auf zwischen den Erfordernissen einer Regulierung im Kontext einer globalisierten Ökonomie und den Beharrungskräften auf Landes- und Kommunalebene. Der Weg einer demokratiepolitisch abgesicherten Deckungsgleichheit von Funktional-, Wahrnehmungs- und Planungsraum, der Weg zu einer produktiven Designregion scheint hier systematisch verbaut. Diese Problematik verschärft sich dort, wo nicht nur Ländergrenzen, sondern auch Staatsgrenzen überschritten werden. Die in Deutschland noch eher gelungenen Beispiele für eine regionale Gebietskörperschaft (Regionalkreismodell) befinden sich je innerhalb eines Bundeslandes (Stuttgart, Hannover). Dieses Problem der unstimmigen Geometrie zwischen Problem- oder Handlungsraum und Verwaltungsraum ist an sich ein bereits gut bekanntes Phänomen in der Wirtschaft. In der Unternehmenswelt kennt man dieses Phänomen, wenn z.B. komplexe und interdisziplinäre Unterfangen – etwa eine komplexe Produktentwicklung – nicht innerhalb der bestehenden Linienorganisation angegangen werden kann. In einem Unternehmen oder auch in der Verwaltung bedient man sich in solchen Fällen normalerweise des Projekt-Managements und startet ein Projekt „neben" den gewachsenen und für diesen Zweck ungeeigneten Linienorganisationen – sprich in unserem Fall Verwaltungsräumen – und stattet dieses projektbezogen mit Kompetenzen und Ressourcen aus. Diese Handlungsweise entspringt letztlich der Erkenntnis, dass in einer veränderten und schnell-lebigeren Welt gar nicht mehr die Zeit und die Mittel bestehen, die fixen Organsiationsstrukturen den dringenden Herausforderungen anzupassen.

Die Fragen der Initiierung einer Designregion, die Absicherung von Designprozessen mit Beteiligung aller regional relevanter gesellschaftlichen Kräfte (wie Betriebe, Betriebsrepräsentanten, Bürger, NGO's, Fachbeamte usw.) müssten zunächst einmal die Gewähr bieten, den Rahmen dafür bereitstellen, dass sich Milieus für soziale, aber auch wissensbasierte Interaktion stabilisieren können; insgesamt also für die Prozessoffenheit zu sorgen, für die Ermöglichung problembezogener Netzstrukturen und Verbünde, die wiederum befähigt sind, Problemlösungen für die Region anzugehen. Ein wichtiges Element für eine solche Problemlösung könnte – analog zum Projekt in Unternehmen – der Aushandlungsprozess eines auf Zeit geschlossenen Regionsvertrags sein, der auf einen kooperativen Gesamtstandort in der Region zielt, auf eine gerechte Regulation der Lasten und Vorteile zwischen den Teilräumen im Gesamtstandort. So könnte ein multizentrischer Raum als Gesamtraum konzipiert werden, der soziale Kohäsion verbindet mit der Absicherung der natürlichen und gesellschaftlichen Entwicklungspotenziale. Um solche „Projekte" anzustoßen, ist die übergeordnete (meist nationale) Verwaltungsebene gefordert, weil sie diese durch das Zurverfügungstellen von Geldern auslösen kann. Die Förderung und Entwicklung von solchen „Netzwerkregionen" über die bestehenden Verwaltungsgrenzen hinweg kann dann als Aufgabe von nationalem Interesse wahrgenommen werden und der Region als Handlungseinheit für ein künftiges nachhaltiges Wirtschaften zum Durchbruch verhelfen.

Literatur:
Aydalot, P./D. Keeble. et al. (1988): High Technology Industry and Innovative Environments: The European Experience. London

Barthelt, H. (2000): Räumliche Produktions- und Marktbeziehung zwischen Globalisierung und Regionalisierung – Konzeptioneller Überblick und ausgewählte Beispiele. In: Berichte zur deutschen Landeskunde.Berlin, 97ff.

Becker, E. (1999): Globalisierung und Nachhaltige Regionalentwicklung, In: HLT Gesellschaft für Forschung, Planung, Entwicklung GmbH (Hg.), Hessen im Dialog, Zukunftsfragen: Wirtschaftsentwicklung, Zukunft der Arbeit, Neue Wege in der Umweltpolitik. Frankfurt am Main, 86ff.

Bose, M. (2001): Raumstrukturelle Konzepte für Stadtregionen. In: K. Brake/J. Dangschat/G. Herfert (Hg.), Suburbanisierung in Deutschland. Opladen, 247–260

Brake, K. (1999): Nachhaltige Regionalentwicklung in und mit Städtenetzen. In: Institut für Landes- und Stadtentwicklungsforschung des Landes Nordrhein-Westfalen (Hg.): Regionalentwicklung mit Städtenetzen. Ansätze und Perspektiven in Nordrhein-Westfalen. Dortmund, 33ff.

Brake, K./J. Dankschat/G. Herferd 2001: Suburbanisierung in Deutschland In: K. Brake/J. Dankschat/G. Herferd. Suburbanisierung in Deutschland. Opladen, 273ff.

Brake, K. (2001): Neue Akzente der Suburbanisierung, Suburbaner Raum und Kernstadt: Eigene Profile und neuer Verbund. In: K. Brake/J. Dangschat/G. Herfert (Hg.), Suburbanisierung in Deutschland. Opladen, 15–27

BBR (Bundesamt für Bauwesen und Raumordnung) (2000): Raumordnungsbericht 2000, Bonn

Camagni, R. et al. (1991): Innovation Networks: Spatial Perspectives. GREMI. Belhaven. London

Crevoisier, O. (1993): Industrie et région: les milieux innovateurs de l'Arc jurassien. EDES. Neuchâtel

Danielzyk, R. (2002): Regionale Kooperationsformen. In: Information zur Raumentwicklung, Heft 19, 577ff.

Fürst, D. (1999): Regionalisierung – Die Aufwertung der regionalen Steuerungsebene. In: Grundriss der Landes- und Regionalplanung. Akademie für Raumforschung und Landesplanung. Hannover, 153ff.

Geelhaar, M./M. Muntwylwer (1997): Ökologische Innovationen durch die Zusammenarbeit regionaler Akteure – diskutiert an Fallbeispielen aus der schweizerischen Güterverkehrs- und Nahrungsmittelbranche. Bern

Giddens, A. (1988): Die Konstitution der Gesellschaft. Grundzüge einer Theorie der Strukturierung. Frankfurt am Main

Hill, W. et al. (1995): Dienstleistungsunternehmen im internationalen Wettbewerb. Bern.

Kluge, Th./E. Schramm (2001): Regionalisierung als Perspektive nachhaltigen Wirtschaftens. Konzeptionelle Betrachtungen. ISOE Diskussionspapiere 19, Frankfurt am Main

Kommunalverband Großraum Hannover (1996): Regionales Raumordnungsprogramm 1996, Hannover

Lasuén, J. (1973): Urbanisation and Development. The Temporal Interaction between Geographical and Sectoral Clusters. In: Urban Sudies. Vol. 10. Edinburgh, 163ff.

Lux, A./C. Empacher/Th. Kluge (2001): Integration von sich verändernden Umwelten. Piloterfahrung mit einem Nachhaltigkeitsaudit. In: Ökologisches Wirtschaften Nr. 1, 22ff.

Maillat, D./M. Quevit/L. Senn et al. (1993): Réseaux d'innovation et milieux innovateurs: Un pari pour le développement régional. EDES. Neuchâtel

Marshall, A. (1947): Principles of Economies. An introductory Volume. 8th Edition. Macmillan. London

Nijkamp, P./M. Damman, M. Van Geenhoezen (1997): Innovative behaviour in european cities. The relevance of knowledge networks. In: Applied Geographic Studies 1, 13–30

Porter, M. (1991): Nationale Wettbewerbsvorteile. Erfolgreich konkurrieren auf dem Weltmarkt. München

Porter, M. E. (1998): Clusters and the new economics of competition. In: Harvard Business Review, Nov-Dec 1998, 97ff.

Priebs, A. (1999): Die Region – Notwendige Planungs- und Handlungsebene in Verdichtungsräumen. In: K. Wolf/E. Tharon (Hg.): Auf dem Weg zu einer neuen regionalen Organisation? Rhein-Mainische Forschungen, Heft 116, 11ff.

Stiens, G. (2000): Regionale Regulation und faktische Auflösung über regionale Raumordnung? Die deutschen europäischen Metropolregionen als Fall, In: Informationen zur Raumentwicklung, Heft 9/10, 517ff.

Storper, M. (1995): The Resurgence of Regional Economies Ten Years Later: The Region as a Nexus of Untraded interdependencies. European Urban and Regional Studies. Vol. 2, 191–221

Treina, M./M. Rupp (1994): Wirtschaftsraum Mittelland: Die Suche nach einem europafähigen Regionalmodell. In: DISP, Vol. 118. ORL. ETH Zürich

Treina, M./L. Zwiauer (1997): Espace Mittelland: Beschäftigungsstruktur, Arbeits-märkte und Pendlerverflechtung. DISP 129. ORL. ETH Zürich

Treina, M. (1998): Die Innovations- und Wettbewerbsfähigkeit der kommerziellen Dienstleistungen im Espace Mittelland. Analyse – Diagnose – Strategien. Geographica Bernensis. Vol. G 56

Weichart, P. (2000): Designerregionen – Antworten auf die Herausforderung des globalen Standortwettbewerbs? In: Informationen zur Raumentwicklung, Heft 9/10, 549ff.

Endnoten

1 Auch dies konnte durch die Modellprojekte des BMBF deutlich bestätigt werden (vgl. auch Hafkesbrink und Schroll und v. Gleich et al. in diesem Band).

2 Mit dem Modell der Städte-Netze, das insbesondere durch Förderkonzepte auf Bundesebene gestützt wurde, werden Verbindungen und Interaktionsräume zwischen Städten in Ost- und Westdeutschland initiiert. Das etwas ältere Konzept der Dezentralen Konzentration versucht gegenüber der dispersen Siedlungsverteilung (Siedlungs„brei" im Umland der Städte) punktförmige, dezentrale Zentrumsstrukturen herauszuheben. Solche Zentren sollen auch untereinander eigene Verkehrsverbindungswege entwickeln.

3 Denn der Netzansatz ist für verdichtungsraumferne Gebiete geeignet, die Leistungserwartung des kooperativen Gesamtstandorts einzulösen. Die kleinräumigen Teilstandorte sollen im Sinne einer Ergänzungs-und Stabilisierungsfunktion nicht in einen übergeordneten Standort aufgehen, sondern die Beziehungen zwischen den Teilstandorten (Integration von arbeitsteiligen, spezialisierten Teilstandorten) konstituieren erst den Gesamtstandort.

PD Dr. Thomas Kluge
Institut für sozial-ökologische Forschung (ISOE) GmbH
Hamburger Allee 45
D-60486 Frankfurt am Main

Dr. Michael Treina
Innosphere GmbH
Laupenstrasse 1
CH-3008 Bern

Joachim Hafkesbrink

Kleiner Almanach der Mobilisierung von regionalen umweltorientierten Akteurs-Netzwerken
11 Regeln einer Partisanenstrategie[1]

Vor dem Hintergrund der Erfahrungen und Ergebnisse der Förderinitiative „Regionale Ansätze nachhaltigen Wirtschaftens" und insbesondere des CuRa-Projekts (vgl. Beitrag Hafkesbrink/Schroll in diesem Band) können die folgenden Handlungsempfehlungen zur erfolgreichen Initiierung und Stabilisierung von regionalen Akteurs-Netzwerken, beispielsweise für ein Stoffstrommanagement, abgeleitet werden.[2]

1. Begreife Netzwerke als Instrument zur Herstellung von Konvergenz zwischen individuellen und kollektiven Zielen. Verstehe, dass individuelle Ziele eher ökonomisch, kollektive Ziele daneben eher ökologisch und sozial motiviert sind.

2. Suche Schlüsselpersonen, die über eigene funktionierende Netzwerke verfügen, versichere Dich ihres Images in der Region und analysiere die spezifischen Umgebungsbedingungen, auf die diese Schlüsselpersonen angewiesen sind. Infiziere die Schlüsselpersonen mit Deiner Idee.

3. Instrumentalisiere kollektive Verhaltensdispositionen als Mittel zur Verbesserung der individuellen Zielerreichung der Schlüsselakteure.

4. Schaffe Interaktions- und Verhandlungsräume, in denen sich die regionalen Akteure als Partner unter Gleichen verstehen. Schaffe Vertrauen unter den potenziellen Partnern durch Verstärkung gleichgerichteter Interessen. Wenn Du auf Widerstand triffst, suche Dir andere Kombattanten auf regionaler Ebene.

5. Nutze notfalls alle hierarchischen und marktlichen Steuerungsmedien zur Verhaltensbeeinflussung: drohe mit gesellschaftlichen Sanktionen, behaupte, dass die anderen Partner sich dem Netzwerk bereits angeschlossen hätten und davon profitieren, inszeniere Positiväußerungen unter Praktikern. Stelle Förderung in Aussicht, lebe von Ankündigungen.

6. Sorge dafür, dass die Schlüsselpersonen damit, dass kollektive Ziele umgesetzt werden, Geld verdienen können. Übertrage ihnen dafür die Verantwortung. Sorge für mutual benefits im Netzwerk.

7. Suche Stoffströme bzw. damit verbundene Probleme, die allen wehtun. Denke aber daran, dass Regionalität nur *ein* Problem der Ansteuerung von Stoffströmen und darauf bezogene Innovationen ist.

8. Sei Dir bewusst, dass Netzwerke nur zu inkrementellen Innovationen in der Lage sind und dass der Prozess wichtiger ist. Mache Dir klar, dass die Basisinnovation in der Initiierung von Lernprozessen der Beteiligten liegt. Sorge dafür, dass die Schlüsselpersonen als erste lernen und dann als Multiplikator wirken. Praktikern glaubt man eher!

9. Nutze alle Tricks zur Veränderung der Spielregeln, nutze psychologische Verträge, gebe Zauderern das Gefühl, sie verpassen etwas, wenn sie nicht mitmachen, nutze schamlos die bestehenden institutionellen Arrangements, profitiere vom Filz, blockiere Zweifler, lasse Pulsieren über die Region hinaus zu, überwinde das Denken in Kammergrenzen und Arbeitsamtbezirken.

10. Behaupte immer, dass die Transaktionskosten durch das Netzwerk optimiert werden, gönne den Teilnehmern insbesondere am Anfang first-mover Gewinne und vor allem persönliche Erfolge, mit denen sie sich gegenüber ihren Vorgesetzten profilieren können. Vermeide zu viele Knoten im Netzwerk, ansonsten stolpern die Akteure!

11. Verstärke die Eigendynamik des Netzwerks durch Öffentlichkeitsarbeit. Tue Gutes und sprich darüber. Wiederhole Deine Impulse, so oft wie nötig. Finanziere Dich dabei über öffentliche Mittel.

Endnoten
1   Für Regionalmanager, Forschungsberater, Beratungsforscher und andere Intermediäre.
2   Diese 11 Regeln wurden anlässlich des BMBF-Statusseminars „Modellprojekte zum nachhaltigen Wirtschaften" am 5. und 6. März 2001 in Bad Lauterberg als Impulsstatement im Rahmen einer Podiumsdiskussion vorgetragen.

Dr. Joachim Hafkesbrink
ARÖW: Gesellschaft für Arbeits-, Reorganisations-
und ökologische Wirtschaftsberatung mbH
Mülheimer Str. 43
D-47058 Duisburg

Thomas Kluge / Engelbert Schramm

Regionalisierung als Perspektive nachhaltigen Wirtschaftens – Übersicht und Ausblick

In der Förderinitiative „Modellprojekte nachhaltigen Wirtschaftens" des Bundesministeriums für Bildung und Forschung ist regionalen Ansätzen des Wirtschaftens und damit auch einer regionalisierten Orientierung des Wirtschaftens bzw. einer Verkleinerung der Wirtschafts- und Stoffkreisläufe ein besonderes Gewicht zugekommen. Diese Orientierung auf die Region hat sich in der mehrjährigen Erfahrung der Modellprojekte als sinnvoll erwiesen (auch wenn es sich zeigt, dass sie nicht in allen Einzelfällen das geeignete Mittel hin zu einem nachhaltigen Wirtschaften sein wird).

Mit einer kleinräumigen bzw. regionalen Ausrichtung wirtschaftlicher Tätigkeiten können unterschiedliche Absichten verbunden sein. Diese müssen nicht unbedingt direkt und absichtsvoll auf eine nachhaltige Entwicklung zielen, können diese aber unterstützen. Grundsätzlich sind mit einer Regionalisierung bzw. räumlich verkleinerten Ausrichtung der Wirtschaftsprozesse sehr unterschiedliche Erwartungen verbunden (vgl. zusammenfassend Kluge/Schramm 2001), die allerdings zumeist darauf beruhen, dass durch die Konzentration auf einen kleineren Raum „soziale Nähe" und damit auch eine verbesserte Überschaubarkeit entsteht.

Räumliche bzw. soziale Nähe als wichtige Charakterisierungsmerkmale von Regionalisierung bedeuten für uns zweierlei: Einmal kann durch die Wahl der Raumbezüge (Regionalisierung) Kommunikation erleichtert und auch stabilisiert werden, in dem damit Erwartungssicherheit hergestellt wird (vgl. Stalder 2001: 12, vgl. im weiteren hierzu die Ausführungen zu regionalen Kooperationsnetzen in den Beiträgen von J. Hafkesbrink/M. Schroll, Th. Sterr und Th. Kluge/M. Treina in diesem Buch). Zum anderen kommt bei der Regionalisierung Offenheit und Gestaltbarkeit zum Ausdruck. In den Modellprojekten macht Region nicht Halt an den Raumabstraktionen, z.B. politisch festgelegten Administrationsgrenzen. Gerade die Offenheit im Prozess der Regionalisierung ermöglicht durch ihre „Unschärfe" Kommunikation in regionalen Kooperationen. Dies gilt es zu bedenken, wenn wir in diesem Buch von „sozialer Nähe" sprechen und in diesem Begriff sowohl den sozialen als auch den räumlichen Aspekt aufgehoben wissen wollen. Insofern setzen wir nicht etwa die physikalisch-geographische Nachbarschaft und nutzbare Kommunikationsbeziehungen gleich (vgl. dazu auch Stalder 2001: 12); Kommunikation muss vielmehr hergestellt werden, und ihre Raumbezüge wechseln und ändern sich. All dies sollte bedacht sein, wenn wir von regionaler Ausrichtung wirtschaftlicher Tätigkeiten sprechen.

Mit Hilfe regionaler Wirtschaftskreisläufe können, so wird von Teilen der Politik und von der Wissenschaft erwartet, vielfältige Beiträge zu einem nachhaltigen Wirtschaften geleistet werden. Einige Zusammenhänge scheinen offensichtlich zu sein:

- Die aufgrund der Regionalisierung verkürzten räumlichen Entfernungen erlauben die sozial und ökologisch erwünschten kurzen Wege beim Transport und damit eine Verringerung von verkehrsverursachten Schadstoffemissionen und Energieverbrauch mit weiteren ökologisch und sozial positiven Auswirkungen.
- Die mit der Regionalisierung des Wirtschaftens einhergehenden Stoff- und Energieflüsse und deren Übergänge von der Anthroposphäre in die Natursphäre können leichter erfasst und gestaltet werden; aufgrund der kleinräumigen Orientierung können sie sowohl hinsichtlich einer Ressourceneffizienz als auch bezogen auf den regionalen Naturhaushalt und dessen biogeochemischen Stoffkreisläufen konsistenter optimiert werden.
- Produktion und Verbrauch von Gütern und Dienstleistungen in der gleichen Region kann bei Nutzung regional vorhandener Herstellungs- und Vermarktungskapazitäten dazu führen, dass die daraus resultierende Wertschöpfung zu einem vergleichsweise hohen Anteil in der Region verbleiben und somit zur vergleichsweise breiten Sicherung von Arbeitsplätzen und Einkommen (auch in davon nur mittelbar abhängigen Bereichen, z.B. Wohnungswirtschaft, Gastronomie und Baugewerbe) beitragen kann.
- Regionalisierung kann auch bedeuten, dass kleine – eher auf das örtliche Wirtschaften bezogene – Produktionsstandorte (z.B. zur Weiterverarbeitung von Lebensmitteln) weiter bestehen bleiben können, wenn die dazu passenden Vermarktungsstrukturen auf regionaler Ebene geschaffen oder erhalten werden. Somit können lokale Spezialitäten weiter produziert und regional gehandelt werden, ohne dass es zu Verschnitten (z.B. von Milch, Käse oder Wein) und den damit verbundenen Effekten einer geschmacklichen und produktlichen Homogenisierung kommt.
- Zugleich bleibt eine Transparenz über die verschiedenen, aufeinander in der Region erfolgenden Schritte der Produktion für die Konsumentinnen und Konsumenten möglich.
- Regionen erfahren gegenwärtig einen Bedeutungszuwachs, da sich viele der im Zusammenhang mit wirtschaftlichen und infrastrukturellen Austauschprozessen auftretenden (sozial-ökologischen) Probleme nicht (mehr) auf lokaler Ebene lösen lassen. Die kommunalen Handlungsspielräume entsprechen zunehmend nicht mehr den aktuellen Verflechtungsbeziehungen. Regionen als „mittlere" Ebene zwischen Gemeinde und Nationalstaat werden deshalb „wichtig, weil sich nachhaltige Entwicklungsimpulse über die traditionellen Gemeindeegoismen hinwegsetzen müssen und Probleme nicht einfach durch räumliches Verschieben gelöst werden können" (Bätzing 2000).
- Darüber hinaus sind sozio-kulturelle Ausprägungen von Wirtschaftsweisen und Lebensstilen oftmals regional geprägt (Brückner 2000). Regionen sind zudem Räume direkter Kommunikation und Interaktion: Auf regionaler Ebene bestehen – auch jenseits von bereits bestehenden Wertschöpfungsketten – persönliche Beziehungen von regionalen Wirtschaftsakteuren und häufig auch Netzwerke, die für den Aufbau einer Zusammenarbeit im Rahmen von Wirtschaftskreisläufen und deren Stabilisierung

genutzt werden können. Häufig führt ein durch gemeinsame regionale Erfahrungen oder Identifikationshaltungen geprägter Hintergrund diese Akteure zu ähnlichen Problemwahrnehmungen und eventuell sogar zu geteilten Werthaltungen, die dann Grundlage für wirtschaftliche Kooperationen bilden können (vgl. Geelhaar/Muntwylwer 1998).

■ Insbesondere kann auch verstärkt auf regionales Wissen (vgl. Fürst/Knieling 2002) zurückgegriffen werden. So lassen sich regional angepasste Technologien, aber auch passend gemachte ökologische Produktionskonzepte einsetzen.

■ Mit einer stärkeren Orientierung von Wirtschaftsprozessen auf kleinere und damit räumlich überschaubare Ebenen wird auch die Erwartung verbunden, das diese Überschaubarkeit auch dazu führt, dass sich Ursache-Wirkungs-Zusammenhänge des Wirtschaftens nachvollziehbarer und transparenter organisieren lassen.[1]

Wie in den bisherigen Beiträgen dieses Buchs deutlich und in der folgenden Darstellung noch vertieft wird, können diese Erwartungen an regionalisiertes Wirtschaften unmittelbare und mittelbare Vorteile für die Wirtschaftsakteure – sowohl Haushalte als auch Unternehmen und Gebietskörperschaften – ergeben, aber zugleich auch Anstöße und Richtungssicherungen für eine nachhaltige Entwicklung des Wirtschaftens bewirken.

Die oben aus der Literatur zusammengetragenen Erwartungen sind – je nach den in der Praxis gegebenen Ausgangsbedingungen – in unterschiedlichem Maße realisierbar.[2] Aus ihnen können sich zudem nicht nur Vorteile, sondern auch Hemmnisse im Prozess zu mehr Nachhaltigkeit ergeben.

Soziale Überschaubarkeit: Synergien für das Wirtschaften nutzen
Wirtschaften ist immer auch ein Kooperationsprozess – Zusammenwirken und diesbezügliche Absprachen zwischen verschiedenen Wirtschaftsakteuren sind beispielsweise zur Qualitätssicherung innerhalb einer Produktlinie bzw. Wertschöpfungskette und zur Produkt- oder Dienstleistungsverbesserung ebenso erforderlich wie zum Stoffstrommanagement.

Produktlinien umspannen heute den ganzen Globus: für Baumwoll-Textilien ebenso wie für Personalcomputer finden die verschiedenen Verarbeitungsstufen und das Recycling schon lange nicht mehr in einer Region statt. Die unternehmensübergreifenden Absprachen werden insbesondere mit Hilfe von (häufig weltweit gültigen) technischen Normen getroffen. Aus diesen Gründen müssen sich die Akteure nicht mehr direkt kennen lernen. Zunehmend kaufen beispielsweise Kaufhausketten per Internet ein – selbst ihre Ausschreibungen finden heute auf diese Weise weltweit statt.

Räumliche Nähe innerhalb einer Wertschöpfungskette mutet daher als längst überholtes Erfordernis an. Wieso sollen sich im Zeitalter der neuen Kommunikationstechnologien Wirtschaftsakteure noch persönlich kennen lernen? Die persönliche Kenntnis von Wirtschaftsakteuren erleichtert jedoch immer noch deren Tätigkeit. Die benachbarten Konkurrenten können, wenn das Umfeld selbst erfahren wurde, ebenso unaufwendig eingeschätzt werden wie die Favoriten und Erwartungen der Konsument(inn)en im Einzugsgebiet und die Möglichkeiten, wie diese am besten anzusprechen sind.

Die Ökonomie baut insofern stark auf Sozialprozessen auf. Wie A. Baier und V. Bennholdt-Thomsen in ihrem Beitrag zeigen, macht es viel Sinn, hier auch andere als marktvermittelte Wirtschaftsformen zu betrachten.[3] Insbesondere aufbauend auf der Lebensmittelproduktion existiert auch heute noch ein lokaler Versorgungskreislauf, der nur teilweise marktvermittelt ist. Sozialibität lässt sich durch ein auf die soziale Nähe bezogenes Wirtschaften erhalten und sogar verdichten.

Auch auf Marktvermittlung orientierte Wirtschaftsakteure bauen ihre Wirtschaftsprozesse in der Regel auf Kontakten zu anderen Wirtschaftssubjekten in der Nachbarschaft und der Region auf – selbst wenn diese häufig nicht unmittelbar auf ein gemeinsames Wirtschaften abzielen. Vielmehr sind diese regionalen Kontakte und Netzwerke auf Erfahrungsaustausch (z.B. branchenbezogen oder – meist politisch initiiert – problemorientiert), auf Wissensvermittlung oder auf eine gemeinsame Interessenvertretung (Kammer, Nachbarschaften) gerichtet. Nur eine kleine Zahl von Kooperationen zwischen Wirtschaftsakteuren ist auf eine gemeinsame wirtschaftliche Aktivität gerichtet, die wie z.B. Erzeuger-Verbraucher-Gemeinschaften oder regionale Wissenstransfer-Zentren regional ausgerichtet sein kann. Auch Lieferantendialoge und andere Absprachen innerhalb von (potenziellen) Wertschöpfungsketten lassen sich aber durch soziale Nähe – gegenseitige Bekanntheit und räumliche Nähe – vereinfachen.

Insbesondere in Innovationsprozessen können leichter und besser Absprachen getroffen werden, wenn persönliche Kontakte zu anderen Akteuren bereits bestehen oder aber leicht herstellbar sind. Das belegen Erfahrungen im Modellprojekt „Cooperation für umweltschonenden Ressourcenaustausch: regionale Unternehmensvernetzung zur Schließung von Energie- und Stoffkreisläufen", die J. Hafkesbrink und M. Schroll in diesem Band analysieren; sie konnten in der Region Mittleres Ruhrgebiet auf einem bereits bestehenden Netzwerk „Bochum mobil" aufbauen, um so innerhalb kurzer Zeit zur erfolgreichen Diffusion einer nachhaltigkeitsorientierten Innovation in der gesamten Region zu gelangen. Wo entsprechend nutzbare Kontakte bzw. Netzwerke nicht bestehen, wird es trotz einer räumlichen Nähe schwierig sein, entsprechende Innovationen zu implementieren. Allerdings wird es unter bestimmten Bedingungen möglich, wie sich im Modellprojekt „Entwicklung eines regionalen Energiemanagement-Konzepts und Anwendung auf die TechnologieRegion Karlsruhe" zeigte, dass sich Schlüsselpersonen aus benachbarte Unternehmen kennen lernen und über nachhaltigkeitsorientierte Innovationen in einem gemeinsamen Verbund nachdenken. Entsprechend ausbaufähige Kenntnisse über die Wirtschaftssubjekte in der Nähe können zunächst auch primär sozialer Natur sein, z.B. die gemeinsame Mitgliedschaft in einem Golfclub. Es ist erwiesen, dass regionale Netzwerke überbetriebliche Innovationsregimes erheblich vereinfachen können (vgl. die Beiträge von J. Hafkesbrink/M. Schroll, A. v. Gleich/ M. Gottschick/D. Jepsen und Th. Kluge/M. Treina in diesem Buch).

Soziale Nähe und regionale Überschaubarkeit kann – wie im Folgenden verdeutlicht wird – auch zu Unternehmenskooperationen mit dem Ziel eines regionalisierten Stoffstrommanagements führen (vgl. dazu auch die Beiträge von Sterr und v. Gleich/Gottschick/Jepsen). Sofern die räumliche Überschaubarkeit tatsächlich zu wirtschaftlichen Kooperationen bzw. zu regionalen Innovationsregimes führt, die auf die Erhöhung von Ressourcen-Effizienz, auf ein tendenziell konsistentes Stoffstrommanagement oder auch auf suffizientere Konsummuster gerichtet sind, kann sie zu einer nachhaltigen Entwicklung beitragen.

Regionales Wissen als Produktivkraft nutzen

Eines der regional wichtigsten Potenziale sind Kompetenzen der dort lebenden Menschen. Räumliche Nähe führt nicht nur zu einer sozialen Überschaubarkeit, sondern häufig auch zu einer kognitiven Überschaubarkeit. Das Wissen um die konkreten Zusammenhänge in einem Raum wird meist systematisch nicht von den Wissenschaften gesammelt, sondern liegt fast ausschließlich als individuelles (und z.T. auch kollektives) Erfahrungswissen bei den dort lebenden Menschen vor. Die dem Wissen zugrunde liegenden Erfahrungen wurden zumeist örtlich und kleinräumig in sozialen bzw. wirtschaftlichen Prozessen gemacht. Damit beruht dieses Wissen zu großen Teilen auf der räumlichen Überschaubarkeit bzw. auf der konkreten räumlichen Anbindung.

Dieses in kleinräumigen Erfahrungen kontextualisierte Wissen lässt sich für die Optimierung von Wirtschaftsprozessen nutzen; wer wirtschaftlich über dieses regionale Wissen verfügt, hat einen räumlichen Alleinstellungsvorteil gegenüber Konkurrierenden von „außerhalb".

Eine kognitive Überschaubarkeit kann auf unterschiedlichen Ebenen ein nachhaltiges Wirtschaften fördern.[4] Einerseits können auf diese Weise ökologische Besonderheiten der Region adäquat berücksichtigt werden, so dass eine nachhaltige Nutzung und Entfaltung der regionalen Natur- und Gesellschaftspotenziale verstärkt werden kann. Andererseits können die gesellschaftlichen Potenziale der Region spezifisch genutzt und entwickelt werden. Voraussetzung wäre allerdings, dass die räumlichen Limitationen der kognitiven Wissensgewinnung berücksichtigt werden.

Stoff- und Energienutzungen räumlich optimieren

Ein regional orientiertes Stoffstrommanagement kann dazu beitragen, dass stoffliche und energetische Nutzungen nicht nur bei einzelnen Wirtschaftsakteuren optimiert werden, sondern auch entlang von Produktlinien und unter Berücksichtigung des Lebenszyklus von Produkten. Ein solches, in der Regel branchenübergreifendes Stoffstrommanagement könnte auf Ebene der Länder oder Gebietskörperschaften politisch bei einer Orientierung an „regionaler Nachhaltigkeit" initiiert werden (vgl. Kluge/Schramm 2001). Räumliche Nähe, z.B. von Industriebetrieben, lässt sich auch dafür nutzen, gemeinsam bereits vorhandene Infrastrukturen zu nutzen oder vielleicht sogar eine neue gemeinsame Infrastruktur aufzubauen. Beispielsweise könnte ein Chemiebetrieb mit einer Eigenwasserversorgung nahgelegene Gewerbebetriebe und andere Industrieunternehmen, die einen Prozesswasserbedarf haben, mitversorgen; Gärtnereien, Schwimmbäder usw. könnten mit Abwärme beliefert werden. Das bereits angesprochene Modellprojekt „Entwicklung eines regionalen Energiemanagement-Konzepts und Anwendung auf die TechnologieRegion Karlsruhe", an dem global agierende Firmen mit Produktionsstätten in einem Industriegebiet in Karlsruhe wie Daimler-Chrysler oder StoraEnso beteiligt waren, bestätigte, dass es sogar möglich sein kann, nach dem Vorbild der aus den chemieindustriellen Komplexen entstandenen Industrieparks überbetrieblich eine gemeinsame Infrastruktur für die Versorgung mit Energie in Dampfform zu implementieren.[5] Erhebliche Probleme hat für dieses Modellprojekt – wie die Analyse von M. Franke, W. Fichtner und O. Rentz in diesem Band ergibt – jedoch die Privatisierung des Strommarktes bereitet, die sich insbesondere aufgrund der stark gefallenen Strompreise lange Zeit als gravierendes Hemmnis bei der überbetrieblichen Zusammenarbeit benachbarter energieintensiver Betriebe erwiesen hat. Erst das Erneuerbare-Energien Gesetz, mit dem seit 2002 Kraft-Wärme-Kopplung ausdrücklich gefördert wird, konnte hier stimulierend wirken und neue Anreize für den unternehmensübergreifenden Aufbau von Energieversorgungs-Infrastrukturen setzen.

Eine optimierte Stoff- bzw. Energienutzung kann – wie dies beispielsweise M. Frank, W. Fichtner und O. Rentz für überbetriebliche und gemeinsam betriebene Energieversorgungssysteme zeigen – so zu einem geringeren Ressourcenverbrauch führen. Nur wenn in der Bilanz die Kosten zur Errichtung neuer Versorgungs- oder Entsorgungsinfrastrukturen die Synergie- und Einspargewinne auf der Ebene der Ressourcenverwertung nicht übersteigen, führen diese Synergieeffekte somit zu einer erhöhten Umwelt- bzw. Ressourceneffizienz. Sie trägt insofern zu einer nachhaltigeren Entwicklung der einzelnen Unternehmen, aber unter Umständen auch der Region insgesamt bei.

Ein optimierter Umgang mit Energie und Stoffen kann – entsprechende Wirtschaftlichkeit für die Unternehmen vorausgesetzt – nicht nur durch interessierte Wirtschaftsakteure, deren regionale Zusammenschlüsse (z.B. Kammern), sondern ebenso durch neue Institutionen[6] und eventuell auch durch die Einbindung von Wirtschaftssubjekten als Praxispartner in transdisziplinäre Forschungsprojekte[7] und die Rückvermittlung von deren Ergebnissen über Ringvorlesungen[8], Fachgespräche und ähnliche öffentliche Vermittlungsformen angeregt werden. Allerdings wird hier ein geschickter Umgang mit dem Spannungsverhältnis zwischen dem tendenziell öffentlichen Charakter derartiger Vermittlungsformen und dem tendenziell exklusiven, nicht öffentlichen Charakter innovationsvorbereitender Absprachen erforderlich.

Dezentrale Ressourcen mit Synergiegewinnen bewirtschaften
Seit längerem werden wegen Skalen-Effekten und anderen ökonomischen Motiven kleinräumliche und regional zugängliche Ressourcen teilweise aufgegeben. Insbesondere im Bereich der Versorgungssysteme (Nahrungsmittel, Energie, Wasser) wird auf überregionale Strukturen zurückgegriffen.

Dies möchten wir am Beispiel der Nahrungsmittel erläutern. In die Regionen werden kostengünstiger produzierte Nahrungs- und Futtermittel aus Bördelandschaften und anderen ökonomischen Gunstlagen der Europäischen Gemeinschaft und tendenziell auch aus anderen Kontinenten eingeführt. Diese Importe bewirken in zwei Richtungen neue regionale Arbeitsteilungen, die beide tendenziell nicht nachhaltig sein werden:

■ Sie führen einerseits dazu, dass eine flächenunabhängige Tiermast aufgebaut werden kann; selbst kleinere Bördelandschaften, wie z.B. die im Modellprojekt „Ansätze regionalen Wirtschaftens in der ländlichen Gesellschaft" untersuchte Warburger Börde, mit ihren guten Böden, stehen derzeit in Gefahr, sich so von vielfältigen Agrarlandschaften zu landwirtschaftlich monostrukturierten Regionen zu wandeln.

■ Andererseits scheinen insbesondere die „Grenzertragsflächen" in den Mittel- und Hochgebirgen nicht mehr „produktiv" genug zu sein; sie werden tendenziell von der Agrarpolitik über „Flächenstilllegungsprogramme" aus der Landwirtschaft ausgesteuert. Anschließend werden, um die ehemaligen Wiesen und Weiden dieser alten Kulturlandschaften offen und touristisch attraktiv zu halten, aber z.T. auch für den Artenschutz zusätzliche Landbewirtschaftungsmaßnahmen notwendig (die nun zusätzlich und von der Allgemeinheit finanziert werden müssen). Als Folge einer Aufgabe der landwirtschaftlichen Produktion – aber auch von ernährungspolitischen Steuerungsmaßnahmen und Konzentrationseffekten – brechen im Übrigen auch die regionalen Verarbeiter im Nahrungsmittelbereich weg; z.B. werden Schlachthöfe, Molkereien, Mühlen oder Mostereien im Nahbereich geschlossen.

In der Elektrizitäts- und Wasserversorgung werden ebenfalls tendenziell vorrangig zentral verfügbare Ressourcen genutzt und zugleich zentralisierte Strukturen aufgebaut (z.B. Großkraftwerke in der Nähe des Braunkohlentagebaus). Zentrale Versorgungsstrukturen scheinen hier unter den gegenwärtigen Verwertungsbedingungen und dem sich durch die Privatisierungsdiskussion verschärfenden Rationalisierungsdruck rentabel zu sein, insbesondere wenn in der betriebswirtschaftlichen Kalkulation deren entropische Wirkung (z.B. die unzureichende Abwärmenutzung, Wegeverluste) ausgeklammert wird.

Nur bei ausschließlich betriebswirtschaftlicher Orientierung kann ignoriert werden, dass die in Versorgungssystemen bewirtschafteten Ressourcen nicht nur eindimensional nutzbar sind, sondern aus regionalökonomischer und ressourcenökonomischer Sicht wertvolle Kuppelprodukte haben. Für ein nachhaltiges Wirtschaften sollten diese Kuppelprodukte gleichfalls betrachtet werden, da nur so Synergieeffekte ökologischer bzw. ökonomischer Art zu erzielen sind.[9] Eine Beibehaltung der regionalen bzw. kleinräumigeren Bewirtschaftung der Ressourcen erlaubt es nämlich, die Kuppelprodukte synergetisch zu nutzen statt eindimensional zu wirtschaften.[10] In dem noch nicht abgeschlossenen Modellprojekt „Entwicklung eines Lernmodells zur regionalen Vermarktung von Nahrungsmitteln" wird dieser Fragestellung in den Mittelgebirgen Bergisches Land und Hunsrück (mit dem Nahetal) nachgegangen. Dabei zeigte es sich jedoch, dass es kaum möglich sein wird, Konsumenten aufgrund von Kuppelprodukten der Nahrungsmittelproduktion (z.B. der Landschaftspflege und der Umweltsicherung), die für sie selbst auch einen Zusatznutzen darstellen können, zum Kauf regionaler Produkte zu bewegen. Überraschenderweise lässt sich aber viel einfacher an die „regionale Idee" selbst anschließen, die für viele Wirtschaftsakteure handlungsorientierend sein kann (vgl. Beitrag von Ch. Ganzert und B. Burdick).

Kurze Wege bedeuten Verkehrsvermeidung
Räumliche Nähe innerhalb von Wertschöpfungsketten bzw. Produktlinien kann zur Folge haben, dass weniger weit transportiert werden muss. Eine entsprechende Logistik vorausgesetzt, lassen sich also die Transportkilometer stark verringern und die Transportintensitäten optimieren. Dies kann in mehrfacher Hinsicht sozial und ökologisch positive Effekte haben: Es wird nicht nur weniger Energie (Treibstoff, fast immer noch auf Erdölbasis) für den Transport benötigt; es wird auch Verkehr vermieden. Entsprechend verringern sich auch die verkehrsgebundenen Emissionen (CO_2, weitere Schadstoffe, Lärm). Durch die Verringerung des Verkehrs nehmen auch weitere unerwünschte Folgewirkungen ab; einerseits verringern sich Unfallrisiken und damit Unfalls- und Todesrisiken mit ihren extremen sozialen Kosten, andererseits nimmt aber auch die Verlärmung ab. Kürzere Viehtransporte bedeuten eine Verringerung der Tierquälerei auf dem Weg zum Schlachthof und so letztlich auch eine bessere Fleischqualität.

Außerdem könnte die Konzentration auf regionale Wirtschaftsakteure aber auch dazu beitragen, dass der befürchtete Verkehrsinfarkt auf den Straßen ebenso wie Straßenneubauten (mit ihrem Flächenverbrauch und ihrer Zerschneidung von Biotopen) vermieden werden und eventuell auf regionaler Ebene sogar wieder vermehrt Güter auf der Schiene oder per Schiff transportiert werden. Ähnlich wie Güterverkehre lassen sich u.U. auch Pendel- und Versorgungsverkehre durch eine kleinräumigere Orientierung im Wirtschaften reduzieren[11]; auf diese Weise kann auch ein Abbau von hierarchisch verfestigten Geschlechterverhältnissen und somit zu mehr Gerechtigkeit zwischen den Geschlechtern möglich werden (vgl. Spitzner 2000).

Bei weniger Verkehrsaufkommen und insbesondere bei der Nutzung leichterer Fahrzeuge im Güterverkehr ist die Instandhaltung der Straßennetze weniger aufwändig und kann viel vom sonst erforderlichen Ausbau von Straßen und Entladeplätzen für vielachsige, schwergewichtige Ferngut-Anhängergespanne gespart werden.

Nutzung und Stärkung sozio-kultureller Raumbindungen

Region stellt nicht nur ein funktionales Gebilde dar, sondern sie repräsentiert auch Raumbindungen, die sozio-kulturelle Identität stiften. Eine „regionale Identität" der beteiligten Wirtschaftsakteure soll, so wird teilweise in der Literatur erwartet, zu Kreativitäts- und Engagementspotenzialen für eine nachhaltig-regionale Entwicklung führen (vgl. Ipsen 1993, Ploch 1995, Majer et al. 1996: 18; Thierstein, Walser 2000).

Bestimmte, in der Regel historisch gewachsene Regionen oder diese prägende Landschaften ermöglichen, dass sich mit Marketing- und PR- Maßnahmen einerseits, politischen Prozessen z.B. im Rahmen der lokalen und regionalen Agenda-Prozesse andererseits eine Identifizierung mit ihnen stärken lässt. Wo eine solche regionale Identifikation vorhanden ist oder sich leicht ausbilden lässt, werden die über diese regionalen Bindungen Ansprechbaren auch vermehrt Produkte aus dieser Region kaufen wollen. Für Nahrungsmittel ist dieser Zusammenhang des Kaufs regionaler Produkte mit dem Image der Region bei den dort Wohnenden mittlerweile genauer untersucht worden (vgl. Wirthgen et al. 1999).[12] In Regionen, in denen eine solche regionale Identifikation und wenigstens teilweise eine wirtschaftliche Prosperität vorhanden ist (wie z.B. dem hessischen Teil des Mittelgebirges Rhön), lässt sich an diese Prozesse, wie insbesondere der Erfolg der Initiative „Rhöner Charme"[13] zeigt, wesentlich leichter anschließen als in Regionen, in denen aufgrund einer strukturellen Arbeitslosigkeit eine solche Prosperität nicht vorhanden ist und wo es aufgrund der wechselhaften Regionalgeschichte auch schwierig ist, allgemein akzeptierbare Angebote zu einer regionalen Identifikation zu entwickeln.[14]

Für eine Entwicklung regionaler Nachhaltigkeit wurde bisher die Ausbildung einer derartigen Raumbindung als erforderliche sozio-kulturelle Grundlage dafür angesehen, dass eine gemeinsame Verantwortung für diesen Raum ausgebildet und wahrgenommen werden kann. Diese sozio-kulturelle Raumbindung wird nicht in allen Regionen zu erreichen sein; es wird auch nicht möglich sein, hier den gewollten Regionszuschnitt zu erreichen. Beispielsweise lässt sich in metropolitanen Regionen, die wie der größte Teil von Berlin mehr als 40 Jahre durch eine Isolation gekennzeichnet waren, nur unter Schwierigkeiten eine regionale Identität aufbauen, die neben der Metropole auch das ländliche Umfeld in Brandenburg umfasst, wie es für eine regionale Lebensmittelvermarktung erforderlich sein könnte (vgl. auch Schäfer 2002).

Hier bietet die im Beitrag von Ganzert und Burdick dargestellte „regionale Idee" – für die es übrigens auch im Modellprojekt „Nachhaltige Stadtteile auf innerstädtischen Konversionsflächen" starke Indizien gibt[15] – einen interessanten Ausweg. Denn mit ihrer Hilfe kann es auch für Regionen, in denen positive Raumbindungen und Identifikationsprozesse erschwert sind, möglich werden, wirtschaftliche Regionalisierungsprozesse erfolgreich zu initiieren.[16]

Einwände gegen regionales Wirtschaften – entkräftet

In den vergangenen Jahren wurden gegen eine Regionalisierung des Wirtschaftens auch kritische Einwände geäußert (vgl. Pfister 1999). Hierbei handele es sich um nicht-nachhaltige, teure Produktionen, die nur für sehr wenige Wirtschaftsakteure von Vorteil seien. Angesichts von nur 15 Modellprojekten, die in den letzten Jahren in der Förderinitiative gebündelt wurden, kann dieser Einwand hier nicht empirisch entkräftet werden, auch wenn schon jetzt deutlich wird, dass die unterschiedlichsten Akteure Vorteile von einem kleinräumig bzw. regional bezogenen Vorgehen haben. Dennoch wird bei dieser restriktiven Auslegung bzw. Argumentation zu kleinräumigem Wirtschaften von einem Missverständnis ausgegangen. Bei bestimmten Produkten der Massenfertigung kann schon aus der Perspektive einer economy of scale unter globalisierten Bedingungen das Argument einer nicht-nachhaltig organisierten Produktion kaum entkräftet werden. Nur sind die regionalisierten Produkte, um die es in der Förderinitiative geht, zumeist von ganz anderer Natur. Im Regelfall sind es Nischenprodukte, deren Markt und Wettbewerbsfähigkeit darin liegt, dass sie sich durch Qualität vor Masse auszeichnen. Darüber hinaus heißt hierbei regionalisiertes Wirtschaften keineswegs nur Produktion in regional autark abgeschotteten Räumen, sondern Austausch auch über die Region hinaus.

Grundsätzlich weisen die hier und die im Beitrag von Kluge & Treina versammelten Argumente in die Richtung von zunehmender Spezialisierung, Arbeitsteilung und Ausbau der Nischenproduktion mit Anhebung der Qualität. Eine regionale Orientierung ist für zahlreiche Akteure hierfür Voraussetzung und lohnend.

Die Etablierung regionaler Wirtschaftkreisläufe wird besonders dort als sinnvoll angesehen, wo es um die Befriedigung täglich wiederkehrender Grundbedürfnisse geht, die mit einer vergleichsweise geringen Fertigungstiefe und einem hohen Energie- und Transportaufwand verbunden sind. Möglichkeiten für regionale Wirtschaftsstrukturen bieten sich daher für die Versorgung mit Nahrungsmitteln, aber auch für die Bereitstellung von haushaltsnahen und öffentlichen Dienstleistungen und von Freizeitdienstleistungen an (vgl. auch Hesse 1994). In einigen Produktlinien der Land- und der Holzwirtschaft gibt es zudem zahlreiche Initiativen und Projekte, die regionale Ansätze nachhaltigen Wirtschaftens erfolgreich verfolgen (vgl. DVL 1999).

Vielfach findet ohnehin – anders als die Einwender glauben – ein Wirtschaften noch oder (bereits) wieder im regionalen Kontext statt; so sind Handwerk und auch der Einzelhandel (von den meisten Handelsketten abgesehen) kleinräumig orientiert. Bezogen auf diese überwiegenden Formen regionalen Wirtschaftens ist aber die Frage zu stellen, ob und wann diese regionale Orientierungen bereits als auf dem Weg zu nachhaltiger Entwicklung einzustufen ist und wann dieser Weg verlassen wird. Daher sind in weiteren Vorhaben „Leitplanken" eines nachhaltigen Wirtschaftens zu bestimmen. Dabei ist auch zu klären, wie weit die oben dargestellten „Erwartungen" Bestandteil derartiger „Leitplanken" werden sollten und wie dafür geeignete integrierte Indikatoren aufgestellt werden können.

Gegen eine Orientierung an regionalisierten Formen des Wirtschaften wird auch kritisch eingewendet, dass sich die Debatte um regional nachhaltiges Wirtschaften eher auf periphere Räume beziehe. Allerdings haben ländliche Regionen keineswegs gegenüber den Metropolregionen Defizite aufzuholen und müssen sich dazu regionalisierter Formen des Wirtschaftens bedienen (vgl. Kluge/Schramm 2001). Auch in urbanen Regionen können auf diese Region bezogene Formen des Wirtschaftens zu nachhaltigkeitsorientierten Innovationen führen (wie im Mittleren Ruhrgebiet, im Rhein-Neckar-Raum und in der Metropolregion Hamburg gezeigt) bzw. Innovationsschübe für das Handwerk auslösen, die nicht nur zu einem Erhalt kompetenten Handwerks, sondern zugleich zu einer (nachhaltigen) Verlängerung der Lebensdauer der hergestellten Produkte führen kann (vgl. hierzu den Beitrag von Ch. Ax).

Innerhalb der Förderinitiative wurden bisher nur Modellprojekte gefördert, die auf win/win-Situationen aufbauten, wo also regionale Ansätze nachhaltigen Wirtschaftens Vorteile für alle beteiligten Wirtschaftsakteure versprachen. Grundsätzlich ist aber zu vermuten, dass eine Regionalisierung des Wirtschaftens den verschiedenen Akteuren in der Region und außerhalb der Region in unterschiedlicher Weise Nutzen bzw. keinen Nutzen bringt. Ist es dennoch möglich, auch jenseits von win/win-Situationen zu einem regional orientierten nachhaltigen Wirtschaften zu kommen? Die in dieser Broschüre versammelten Ergebnisse und Überlegungen machen deutlich, dass die Regionalökonomie immer Vorteile eines regionalisierten nachhaltigen Wirtschaftens realisieren kann.[17] Jenseits von win/win-Situationen werden jedoch betriebswirtschaftliche Akteure und – trotz der anders gelagerten Ergebnisse von Baier und Bennholdt-Thomsen – in manchen Regionen evtl. auch die Haushalte keine unmittelbaren Vorteile vom kleinräumigeren Wirtschaften erzielen. Sie werden allerdings mittelbar und häufig erst mittelfristig von den regionalökonomischen Verbesserungen profitieren. In diesen Fällen wird es von „weichen Faktoren" (z.B. sozio-kulturellen Raumbindungen) abhängen, ob sich auch diese Akteure für ein regionalisiertes Wirtschaften stark machen.

Die Strategie einer Regionalisierung des Wirtschaftens und des Aufbaus regionaler Kreisläufe ist kein Allheilmittel, mit dem sich alle Wirtschaftsprozesse grundlegend reformieren und erneuern lassen. Die Regionalisierung des Wirtschaftens darf daher auch nicht als der alleinige Weg zu nachhaltigem Wirtschaften missverstanden werden.

Im Verlauf der Förderinitiative „Regionale Ansätze nachhaltigen Wirtschaftens" ist deutlich geworden, dass Globalisierung und Regionalisierung keineswegs zwei sich systematisch ausschließende Strategien sind, wie dies anfangs in einigen Modellprojekten vermutet wurde. Regionale und globale Effekte greifen immer ineinander. Das Verfolgen von Ansätzen einer Regionalisierung des Wirtschaftens kann jedoch auch nicht dazu dienen, negative Effekte globalisierten Wirtschaftens zu kompensieren. Ebenso wie regionale Ansätze müssen auch globale Ansätze des Wirtschaftens nachhaltig werden. Regionale und globale Strategien hierzu schließen sich nicht aus, sondern sollten – vielleicht sogar gleichberechtigt – nebeneinander verfolgt werden (vgl. hierzu auch die Beiträge von Baier/Bennholdt-Thompsen und Sterr).

Regionalisierung erlaubt nachhaltige Regionalentwicklung

Eine nachhaltige Entwicklung der regionalen Ökonomie sollte möglichst auf einer vorsorgenden Nutzung und Entfaltung sowohl des regionalen Naturpotenzials als auch des regionalen Gesellschaftspotenzials beruhen (vgl. Kluge/Schramm 2001). Nachbarschaftliche Verpflichtungen, wie sie beispielsweise von Baier und Bennholdt-Thomsen beschrieben werden, können dazu beitragen, dass in den Regionen Klein- und Mittelbetriebe (auch im produzierenden Bereich) erhalten bleiben und so die mit der fortschreitenden Tertiarisierung zunehmenden sozio-ökonomischen Strukturbrüche und Benachteiligungen „strukturschwächerer" Regionen wenigstens abgemildert werden. Durch neue Formen des Wirtschaftens – auch durch einen erweiterten Begriff eines vorsorgenden Wirtschaftens (vgl. Biesecker et al. 2000) – und durch Neustrukturierung von Wirtschaftspolitik und Arbeitsmarkt können in der Region Arbeitsplätze und Versorgungsstrukturen gesichert und so Abwanderungen aus dem regionalen Wissenspool vermieden werden. Hierzu wurden insbesondere im Modellprojekt „Zukunft des Arbeitens" Vorschläge entwickelt, die jedoch aufgrund von Hemmnissen in der Region dort bisher nicht ausreichend verfolgt und implementiert werden konnten.

Eine bewusste Nutzung und Entfaltung der endogenen Potenziale der Region beruht in erster Linie auf entsprechenden Plänen, Vorgaben und Initiativen der Regionalpolitik oder kooperierender politischer Gemeinden der Region. Wenn die endogenen Potenziale genutzt und weiterentwickelt werden, wird hierdurch die Region gestärkt: So kann sie sich – z.B. als Standort in einer globalisierten Wirtschaft auch mit regionsexternen Wirtschaftsverflechtungen – behaupten. Davon wiederum können tendenziell die Wirtschaftssubjekte (Haushalte, Unternehmen, Gebietskörperschaften) der Region profitieren. Andererseits können aber unter Umständen die Wirtschaftssubjekte aus einer regionalen Orientierung ihres Wirtschaftens unmittelbar Gewinne erzielen; das Erzeugen solcher direkter win/win-Situationen stand in der Förderinitiative im Vordergrund.[18]

Region – einlinige Definitionen nicht ausreichend

Im Syntheseprozess der BMBF-Förderinitiative, der mehr als ein Jahr dauerte und an dem die Autorinnen und Autoren aller Beiträge dieses Buchs beteiligt waren, wurde deutlich, dass die in den verschiedenen Modellprojekten ausgewählten Regionen unterschiedlich festgelegt und nur sehr eingeschränkt vergleichbar sind.

Definitionen der Region waren zudem für die Modellprojekte nicht immer eindeutig zu treffen: Stofflich-materielle, ökonomische und soziale Beziehungen mussten in vielen Modellprojekten gleichermaßen betrachtet werden. Folglich müssen einerseits sozialwissenschaftliche Perspektiven, andererseits naturwissenschaftliche Perspektiven herangezogen und letztlich aufeinander bezogen und integriert werden (vgl. dazu insbesondere Beitrag Sterr).

Außerdem waren die Modellprojekte nicht alleine wissenschaftsorientiert, sondern zugleich praxisorientiert ausgerichtet. Folglich musste bei der Definition von Region auch berücksichtigt werden, dass die in der Förderinitiative untersuchten regionalen Ansätze nachhaltigen Wirtschaftens vorrangig durch Unternehmen bzw. andere Wirtschaftsakteure initiiert oder verfolgt wurden. Das Regionsverständnis in diesen „bottom-up"-Initiativen korrespondiert notwendigerweise mit dem Regionsverständnis der in ihr relevanten Akteure, das für die Modellprojekte vielfach prägend ist. Es müssen daher beim Verfolgen von wirtschaftlichen Regionalisierungsprozessen verschiedene Definitionen bzw. Konzepte von Region nebeneinander verwendet und unterschieden werden, die streng genommen nicht zusammen passen, sondern sich in gewisser Weise sogar ausschließen können. In der Folge kommt es zu einer Oszillation unterschiedlicher Perspektiven und Raumbezüge, die mit diesen verschiedenen Regionskonzepten verbunden sind (Kluge/Schramm 2001).

Regionale Prozesse statt Strukturen fördern
Im Syntheseprozess der BMBF-Förderinitiative wurde immer deutlicher, dass die sozialen Interaktionen und die Beziehungen zwischen unterschiedlichen Wirtschaftsakteuren eine entscheidende Rolle für einen erfolgreichen Prozess darstellen. (In der Förderinitiative wurde zur Beschreibung dieses Sachverhalts zumeist das Modell des Beziehungs- bzw. Innovationsnetzwerks verwendet.[19])

In gleicher Weise könnte eine Regionalisierung des Wirtschaftens aber auch „top down" initiiert werden, beispielsweise durch Landkreise oder Regierungspräsidien – dann wäre der Ausgangspunkt für die Regionalisierung zunächst ein Territorium mit seinen politischen Grenzen.

Auf der politischen Ebene, insbesondere von Programmregionen („Zonenrand", Landkreise etc.), war bisher jedoch Wirtschaftsförderung so konzipiert, dass vor allem die Herstellung von (Infra-)Strukturen gefördert wurde. Um ein nachhaltiges Wirtschaften zu initiieren und zu stützen, ist jedoch weniger eine politische Schaffung von neuer Infrastruktur erforderlich, als vielmehr die Gewährleistung von Aktivierungsprozessen, die – wie im zuvor erläuterten Sinn – in räumlicher Nähe zu nachhaltigem Wirtschaften führen.

Eine Flankenabsicherung derartiger Prozesse kann nach den von der Förderinitiative erarbeiteten Ergebnissen als praktikable und sinnvolle neue Aufgabe der regionalen Wirtschaftsförderung begriffen werden. Es geht auch darum, auf politischer Ebene die verschiedenen „bottom up"-Prozesse zu initiieren, zu stützen und zu bündeln und dabei auch zu erkennen, für welche regional wichtigen Bereiche entsprechende Beziehungsgeflechte zwischen regionalen Wirtschaftsakteuren bisher fehlen und initiiert werden könnten. Statt sich hierbei alleine auf die Branchenorientierung zu konzentrieren, sollten dabei zunehmend auch Produktlinien verfolgt werden. Zugleich bietet es sich an, auch auf die vorsorgende Entfaltung regional endogener Potenziale und somit eine nachhaltige Regionalentwicklung zu achten.

Eine Schwierigkeit, die sich bei einer solchen Prozessorientierung für die Politik ergibt, ist, dass sich Akteursnetzwerke (und ebenso auch industrielle und gewerbliche „Cluster"-Bildungen) nicht an die territorialen Grenzen halten, in denen die Regionalpolitik vorrangig plant und aktiv wird. Die in diesen politisch initiierten Prozessen entstehenden Regionen sind folglich häufig nicht deckungsgleich mit den Regionen, für die die Politik zuständig ist. Sie sind darüber hinaus vielfach auch nicht eindeutig festlegbar, oszillieren und verändern sich im Prozess.

Nur in Anerkennung dieser Offenheit der Regionen, ihrer oszillierenden Ränder, kann die regionale Wirtschafts- und Industriepolitik ihrer neuen Aufgabe nachkommen. Daher könnten die in der Förderinitiative erwähnten Institutionen z.B. zur stoffstrom- bzw. energiebezogenen Kooperation (vgl. die Beiträge von Sterr und v. Gleich et al.) bzw. die erwähnten Regionalkonferenzen (vgl. Kluge/Treina) geeignete Mittel zur regionalpolitischen Initiierung entsprechender Prozesse sein. Darüber hinaus können sich regionalpolitische Institutionen zur Initiierung und Stützung von regionalen Beziehungen zwischen Wirtschaftsakteuren auch verschiedener intermediärer Institutionen bedienen (vgl. Beitrag von Hafkesbrink/Schroll).

Voraussetzung dafür ist es, dass die Politik den Prozesscharakter eines regionalisierten nachhaltigen Wirtschaftens anerkennt. Folglich kann es nicht mehr nur darum gehen, dauerhafte leitungs- oder trassengebundene Infrastrukturen zu betonen und, so gesehen, klassische Strukturförderung zu betreiben, sondern darum, Regionalisierungsprozesse zu initiieren. Auf diese Weise kann die regionale Wirtschafts- und Industriepolitik eine wichtige Rolle einnehmen und sich dabei auf das Stärken nachhaltiger Wirtschaftsprozesse konzentrieren, welche einerseits eine nachhaltige Regionalentwicklung erlauben und andererseits auf sozialer Nähe beruhen und damit auch die - bisher häufig vernachlässigten oder als „informell" abgedrängten - Grundbedingungen eines Wirtschaftens ernst nehmen.

Literatur

Baccini, P. (1999): Netzstadt. Transdisziplinäre Methoden zum Umbau urbaner System. In: P. Baccini/F. Oswald (Hg.): Netzstadt. Transdisziplinäre Methoden zum Umbau urbaner System. Zürich, 203–215

Bätzing, W. (2000): Die Fränkische Schweiz - eigenständiger Lebensraum oder Pendler- und Ausflugsregion? Überlegungen zur Frage einer „nachhaltigen" Regionalentwicklung. Bamberger Geographische Schriften Sonderfolge 6, 127–150

Baumgärtner, St./J. Schiller (2001): Kuppelproduktion: Ein Konzept zur Beschreibung der Entstehung von Umweltproblemen. In: F. Beckenbach et al. (Hg.), Jahrbuch Ökologische Ökonomik, Band 2: Ökonomische Naturbewertung. Marburg, 353–393

Biesecker A./M. Matthes/S. Schön/B. Scurrell (Hg.) (2000): Vorsorgendes Wirtschaften – Auf dem Weg zu einer Ökonomie des guten Lebens. Bielefeld

Brückner, C. (2000): Strukturen eines regionalen Nachhaltigkeitspfades.In: ILS (Institut für Landes- und Stadtentwicklungsforschung des Landes Norsrhein-Westfalen, (Hg.): Zukunftsgestaltung durch nachhaltige Regionalentwicklung, Dortmund, 9–20

DVL (Deutscher Verband für Landschaftspflege, Hg.) (1999): Verzeichnis der Regionalinitiativen. 250 Beispiele zur nachhaltigen Entwicklung. Ansbach

Fürst, D./J. Knieling (2002): Konsens-Gesellschaft und innovationsorientierte Entwicklung. Neue Modelle der Wissensproduktion und -verarbeitung (Modus2) am Beispiel der „Lernenden Region". (Download unter www.sciencepolicystudies.de, 3.7.2002)

Geelhaar, M./M. Muntwylwer (1998): Ökologische Innovationen in regionalen Akteurnetzen. Fallbeispiele aus der schweizerischen Güterverkehrs- und Nahrungsmittelbranche. Bern

Hesse, M. (1994): Nachhaltigkeit und Region. Querdenken, Vernetzen, Modernisieren. IÖW/VÖW-Informationsdienst, 6, 10–12

Ipsen, D. (1993): Regionale Identität, Überlegungen zum politischen Charakter einer psychosozialen Raumkategorie. Raumforschung und Raumordnung 51, 9–18

Jochimsen, M./U. Knobloch (1997): Making the Hidden Visible. Ecological Economics 20 (2), 107–112

Klein, N. (2001): No logo. Der Kampf der Global Players um die Macht. Gütersloh

Kluge, Th./E. Schramm (2001): Regionalisierung als Perspektive nachhaltigen Wirtschaftens. Konzeptionelle Betrachtungen. ISOE DiskussionsPapiere 19

Kluge, Th. (2000): Wasser und Gesellschaft. Von der hydraulischen Maschinerie zur nachhaltigen Entwicklung. Ein Fallbeispiel. Opladen = Reihe Soziologie und Ökologie 3

Majer, H./J. Bauer/Ch. Leipert/U. Lison/F. Seydel/C. Stahmer (1996): Regionale Nachhaltigkeitslücken. Ökologische Berichterstattung für die Ulmer Region. Berlin = Schriftenreihe des Ulmer Initiativkreises nachhaltige Wirtschaftsentwicklung 2

Peters, U./K. Sauerborn/H. Spehl/M. Tischer/A. Witzel (1996): Nachhaltige Regionalentwicklung – ein neues Leitbild für eine veränderte Struktur- und Regionalpolitik. Trier

Pfister, G. (1999): Öko-unlogisch: regionale Wirtschaftskreisläufe. TA-Informationen 4/1999, 20–22

Ploch, B. (1995): Regionale Identität in Hessen. Ein Forschungsbericht. In: H. Schilling/B. Ploch (Hg.): Region. Heimat der individualisierten Gesellschaft. Kulturanthropologie Notizen 50. Frankfurt am Main, 535–561

Renn, O. (21994): Ein regionales Konzept qualitativen Wachstums. Pilotstudie für das Land Baden-Württemberg. Stuttgart

Rhöner Charme (2003): Rhöner Charme. Vom Pilotprojekt zum Wirtschaftsfaktor. Fulda

Schäfer, M. (Hg.) (2002): Biokunden in Berlin – so vielfältig wie ihre Einkaufsstätten. Berlin

Schramm, E. (2000): Am Bild des Kreislaufs. Perspektiven für den städtischen Umgang mit Wasser. In: Kunst und Ausstellungshalle der Bundesrepublik Deutschland (Hg.), Wasser, Köln (= Schriftenreihe FORUM Band 9) , 344–353

Schramm, E. (2002): Vernetzung regionaler Ansätze nachhaltigen Wirtschaftens. In: H. Kanning (Hg.), Netzwerke und Nachhaltigkeit. Vernetzte Probleme – vernetztes Denken – vernetzte Lösungen. Dokumentation der 2. Jahrestagung des DNW am 13.10.2001 in Hannover. Schriftenreihe des Doktoranden-Netzwerks Nachhaltiges Wirtschaften e.V., Band 6. Hannover, 35–43

Stalder, U. (2001): Regionale strategische Netzwerke als lernende Organisationen. Bern

Spitzner, M. (2000): Soziale Aspekte der Mobilität. (Hg.) Enquête-Kommission „Zukunft der Mobilität" Nordrhein-Westfalen. Landtag Nordrhein-Westfalen Information 13/0034. Düsseldorf

Thierstein, A./M. Walser (2000): Die nachhaltige Region: ein Handlungsmodell. (= Schriftenreihe des Institutes für Öffentliche Dienstleistungen und Tourismus, Beiträge zur Regionalwirtschaft, 1). Bern, Stuttgart, Wien

Wirthgen, B./H. Kuhnert/J. Osterloh/M. Altmann/A. Wirthgen (1999): Die regionale Herkunft von Lebensmitteln und ihre Entscheidung für die Einkaufsentscheidung der Verbraucher. Berichte über Landwirtschaft 77 (2), 243–261

Endnoten

1   Auf Grundlage der regionalisierten Wirtschaftsprozesse kann sich zudem der Gestaltungsspielraum der daran beteiligten Wirtschaftsakteure (Haushalte, Firmen, Gebietskörperschaften) in Hinsicht auf eine eigenständige und nachhaltige Entwicklung ihrer Region erhöhen (vgl. Renn 1994, Peters et al. 1996, Kluge 2000).

2   Damit auf die Frage eingegangen werden kann, wo und wie weit regionalisiert werden kann – d.h. welche wirtschaftlichen Aktivitäten in welchen räumlichen Bezügen sinnvoll koordiniert durchgeführt werden können, um zu nachhaltigen Effekten beizutragen – muss der Begriff der Region selbst definiert werden. Bisher werden in der wissenschaftlichen und politischen Debatte eine Vielzahl von Regionsbegriffen verwendet, die in unterschiedlicher Weise praktisch werden können (vgl. hierzu in diesem Band die Beiträge von Th. Kluge/M. Treina einerseits, von Th. Sterr andererseits). In den Modellprojekten hat es sich zudem gezeigt, dass die adäquate Wahl der Region entscheidend für den Erfolg von regionalisierten Wirtschaftsstrategien ist (vgl. die Beiträge von R. Gaitsch/Ch. Ganzert und R. Vetter/S. Deimling in diesem Buch).

3   Diese Perspektive haben insbesondere die Modellprojekte „Zukunft der Arbeit und nachhaltiges regionales Wirtschaften" und „Ansätze regionalen Wirtschaftens in der ländlichen Gesellschaft:" verfolgt.

4   Leider wurde dieser Wissens-Ansatz in den meisten Modellprojekten nicht verfolgt, so dass keine Aussagen darüber möglich sind, ob ein für nachhaltige Prozesse mobilisierbares regionales Wissen überhaupt noch in wesentlichem Umfang existiert.

5   Vermutlich ließen sich entsprechend auch betriebsübergreifende Verarbeitungs- und Verteilungszentren für Nahrungsmittel aufbauen. Ein derartiger Ansatz wurde im Modellprojekt „Nachhaltige

Wirtschaftsansätze für Ver- und Entsorgungssysteme in der Gemeinschaftsverpflegung – Produkte aus der Region für die Region" verfolgt.

6 Beispielsweise wurde im Modellprojekt „Aufbau eines nachhaltigkeitsorientierten Stoffstrommanagements in der Industrieregion Rhein-Neckar" hierfür ein eigener Verein, AGUM e.V., gegründet. Vgl. auch den Beitrag von Th. Sterr in diesem Band.

7 Dieser zunächst exklusive Wissenstransfer wurde beispielsweise in den Modellprojekten „Maximale Nutzung von nachwachsenden Rohstoffen zur Förderung regionaler Stoffkreisläufe – Beurteilung der Hemmnisse und Möglichkeiten auf dem Gebiet des Bauwesens" und „Cooperation für umweltschonenden Ressourcenaustausch: regionale Unternehmensvernetzung zur Schließung von Energie- und Stoffkreisläufen" beschritten.

8 Im Wintersemester 2000/2001 spielte eine im Rahmen des Modellprojekts „Nachhaltige Metallwirtschaft" organisierte Veranstaltung an der Fachhochschule Hamburg eine entsprechende Rolle für die informelle Vernetzung von unterschiedlichen Akteuren aus Wirtschaft und Politik.

9 Seitens der Raumplanung werden daher ebenso wie durch die Ressourcenökonomie und z.T. auch die Industrial Ecology positive Auswirkungen dezentraler Versorgungskonzepte betont; dies gilt einerseits für den nachhaltigen Umgang mit den Ressourcen (z.B. flächendeckenden Grundwasserschutz) und den Naturhaushalt, andererseits werden neben positiven regionalpolitischen Effekten auch Dämpfungen in der Kostenentwicklung vermutet. Nachwachsende Rohstoffe wie Hanf, die sich als Dämmmaterial beim Hausbau einsetzen lassen, können es erlauben, weiterhin dezentrale Ressourcen zu nutzen und Landwirtschaft auf Grenzertragsflächen zu betreiben. Dies war eine der Motivationen des Landes Baden-Württemberg, sich am Modellprojekt „Maximale Nutzung von nachwachsenden Rohstoffen zur Förderung regionaler Stoffkreisläufe – Beurteilung der Hemmnisse und Möglichkeiten auf dem Gebiet des Bauwesens" zu beteiligen.

10 Bei einem eindimensionalen Wirtschaften werden keine Synergiegewinne verbucht, da die Koppelprodukte nicht betrachtet, sondern externalisiert werden. Hieraus erwachsen neue ökologische und soziale Probleme (vgl. auch Baumgärtner/Schiller 2001).

11 Diese Dimension wurde in mehreren Projekten der Förderinitiative berücksichtigt: „Informieren – Anbieten – Verordnen. Wege zu nachhaltigen Konsummustern zwischen Konsens und Konflikt", „Nachhaltigkeit durch regionale Vernetzung – Erzeuger-Verbraucher Gemeinschaften im Bedürfnisfeld Ernährung", „Wege zur Verbreitung ökologisch produzierter Nahrungsmittel in Berlin-Brandenburg" sowie „Nachhaltige Wirtschaftsansätze für Ver- und Entsorgungssysteme in der Gemeinschaftsverpflegung – Produkte aus der Region für die Region".

12 Diese These spielte in den folgenden Modellprojekten eine Rolle: „Entwicklung eines Lernmodells zur regionalen Vermarktung von Nahrungsmitteln", „Nachhaltige Stadtteile auf innerstädtischen Konversionsflächen: Stoffstromanalyse als Bewertungsansatz", „Nachhaltigkeit durch regionale Vernetzung – Erzeuger-Verbraucher-Gemeinschaften im Bedürfnisfeld Ernährung", sowie auch im Vorhaben „Wege zur Verbreitung ökologisch produzierter Nahrungsmittel in Berlin-Brandenburg".

13 In zahlreichen Gasthäusern der Rhön werden seit nunmehr 10 Jahren unter dem Label „Rhöner Charme" Lebensmittel aus der regionalen Produktion, nicht selten auch kontrolliert biologisch erzeugt, angeboten. Vgl. Rhöner Charme (2003).

14 Entsprechende Hemmnisse sind in der Region Dessau-Wittenberg im Modellprojekt „Zukunft der Arbeit" beobachtet worden.

15 Die Bewohnerinnen und Bewohner des neuen Stadtteils Freiburg-Vauban, die zum Großteil nicht im Breisgau geboren sind, betonen die Wichtigkeit regionaler Produkte besonders stark; dabei reichte ihre Region über den Rhein bis ins Elsass. Vgl. hierzu die Beiträge von B. Brohmann und U. Fritsche.

16 Die von Ganzert und Burdick dargestellten Vorteile der „regionalen Idee" als Kommunikations- und Aktivierungskonzept nehmen inzwischen auch global agierende Unternehmen wahr (vgl. Klein 2001).

17 Allerdings ist die Regionalökonomie aber häufig gar kein formelles Wirtschaftssubjekt, so dass diese Vorteile gar nicht Geldwert zu Buche schlagen.

18 Es könnte jedoch für künftige Modellprojekte auch interessant sein, gleichzeitig die indirekten Folgen einer durch Regionalisierung und nachhaltige Orientierung des Wirtschaftens unterstützten Stärkung einer Region zu untersuchen.

19 Dort, wo funktionale Beziehungen und Verflechtungen zwischen den Bestandteilen relevanter sind als die Bestandteile selbst, werden Netzwerke relevant; dies gilt einerseits bezogen auf die sozialen Prozesse (vgl. hierzu Beitrag Hafkesbrink/Schroll, aber auch Stalder 2001 und Schramm 2002), andererseits aber insbesondere dort, wo es um stofflich-energetische Wechselbeziehungen geht (vgl. Baccini 1999, Schramm 2000). Netzwerke erhalten ihre theoretische Bedeutung dort, wo Beziehungen und Prozesse vorherrschen gegenüber den Systemelementen. Die Figur des Netzes sperrt sich gegen rein strukturbezogene Regionsbetrachtungen. Dies verstärkt auch die im Beitrag von Kluge und Treina aufgeworfene Frage, wie regionalen Netzwerke, die eher auf Beziehungen und Prozesse basieren, gesteuert werden können. Dabei stellt sich auch die von Sterr behandelte Frage, wie eine Kohärenz zwischen dem Verflechtungsraum, der administrativ-politischen Region sowie dem Identitäts- und Wahrnehmungsraum hergestellt werden kann.

PD Dr. Thomas Kluge
Dr. Engelbert Schramm
Institut für sozial-ökologische Forschung (ISOE) GmbH
Hamburger Allee 45
D-60486 Frankfurt am Main